李國山◎著

簡單易學

三合一姓名學

自序

很多人認為姓名不過是代表一個人的符號，而符號有那麼重要嗎？這是對姓名學一知半解之偏見，若深入去瞭解研究，則知道姓名不但是人的符號，而且姓名就是人，人就是姓名，猶如自己的影子，「如影隨形」伴著我們人過一生。

一個人的姓名之所以有一定靈動力，其主因姓名有極強聲波之能量，每天不斷地經由家人、親友、同事、同學，呼喚名字，遂將此聲波之能量輸入個人氣場中而產生靈動作用，若聲波之能量是好的，則無形中可提昇個人運程，若是聲波之能量是不好的，則反而會降低個人氣場能量，而影響個人運程。故名字的好壞，亦攸關人的一生命運，有人因名而得福，也有人因名而遭無妄之災，有人揚名四海，留芳百世，有人則遺臭萬年。

「姓名學」成為學術，生命理學中起步較晚的一門，不過姓名學派別也很多，例如：「筆畫數理姓名學」以八十一筆畫數之吉凶，三才五格彼此之間關係；「陰陽五行姓名學」係以五格間彼此的陰陽五行相生相尅關係之吉凶；「易經卦象姓名學」係以數字配卦解惑；「天運姓名學」係以每一年固定五行的磁場，配合五格之五行生尅關係之吉凶；「納音五行姓名學」以生年干支納音五行，再以名字納音五行做取向方法；「文義姓名學」係以名字的字義或字音直接拆解之吉凶；「九宮姓名學」另一套數理磁場的學理論法；「生肖姓名學」係以生年干支的五行，再以每一生肖環境、屬性、食性與名字的關係之吉凶；「乾坤姓名學」又稱「十神姓名學」係以名字五格以人格為主，對其四格產生生剋，比和做成十神論吉凶，林林總總，還有尚未公開發表的學派不勝枚舉。

本書的內容，分三大單元：筆畫數篇，五行篇，生肖篇。

筆畫數篇：在剖析姓名五格之畫數，以八十一畫數，三才五格論吉凶。

五行篇：在討論五行生剋關係，及其特性所在。

生肖篇：在探討生肖與姓名的關係，男女生肖配婚吉凶，姓氏與生肖配合吉凶，一般生肖姓名學的書籍，較少發表它的重要性。

筆者研究姓名學有二十年實務印證，以及廣播電台現場叩應節目十餘年的經驗，姓名之重點不外乎「筆畫數」、「陰陽五行」、「十二生肖」三大主流，筆畫數和陰陽五行的重點先查先天八字干支陰陽五行找出喜用神，再由姓名五格架構做調整，然後依其筆畫按生肖環境、屬性、食性取字是最客觀的命名、改名方式。

本書尚有許多特色，例如：命名、改名之姓氏筆畫配局，實例論斷，筆畫字典，部首字典，男女生肖配婚吉凶，姓氏與生肖配合吉凶……林林總總，都是本書最大的特色，此乃是筆者精心做有系統彙總整理出來的結晶。

「姓名學」學問博大精深，筆者謹將其精華提供一愚之見解，何者學派較準確，由讀者自行評斷。由於才疏學淺，疏漏難免，還盼同道先進，不吝指正，是幸！

歲次庚寅年冬至　李國山

自序

第一篇 筆畫數姓名學

第三篇 十二生肖姓名學

第二篇 陰陽五行姓名學

一、姓名與生命的關係

我們人的生命，是從出生開始到死亡為止，這是一定的事實，因此在我們民法有規定私權之享有，始於出生之時，而私權之喪失，則終於死亡而終止，所以我們人之生存在世，即是權利的主體，同時也是義務的主體，這就是人格，此權利義務的主體，如果沒有姓名，就不能去辨別個人的責任，所以我們人在出生後，六十天內就要向出生戶籍所在地，戶政機關呈報出生姓名而入籍，命名呈報後就是人權法權的代表，也就是姓名的開始，亦是生命的開始，然而生命的結束，亦是姓名的結束嗎？則不然，雖然人的生命結束，身分證作廢，可是姓名仍然存在入「公媽龕」受子孫來祭拜，這是生命可貴的所在，就像先總統蔣中正，國父孫中山，其人雖然生命已結束很久了，可是他們的名字至今猶存，這是姓名不滅的原因，亦是姓名的重要性。

二、先天命與後天運

「命」是先天的，代表年、月、日、時八字命天註定，「運」是後天的，代表姓名，故謂「先天命」與「後天運」。先天命是出生的年月日時，八字是與生俱來的，任何人都無法去改變它，除了剖腹產事先去安排出生的年月日時，事後也沒辦法改變它。

後天運的「姓名」乃是命理當中可以改變的一部分，這就是造命之學。「命名學」是我們人生旅程當中的一盞明燈，是迷途中的指南針，命運隨著時代在變動，它不會等待，但是需要靠我們自己去把握，緊緊的抓住好的機會，該行動的時候就儘管大膽的去做，才能事半功倍，相對地，運途不好的時候，該守就要沉的住氣，等待機會，這樣事業、財富才能進入佳境。

「姓名學」是命運學中最貼切扭轉乾坤的一種途徑。姓名學經過數十年在專業學者不斷的努力探討之下，有很多嶄新的理論突破，當然在這麼多姓名學者，何者才是真正「專業」，而能全方位，很客觀的做綜合性有系統的解析，那得靠機緣了。所以在「命名」或「改名」之時，必須注意先天命的八字與後天運的姓名陰陽五行互相調和，不考查先天的八字，若單以良好的文字命名或改名，實有危險之虞。

三、用姓名學來轉運

很多人都認為姓名只不過是一種代號而已，這個代號而能左右一個人生涯之命運，愚者才會相信它，其實這些人對姓名學一知半解之偏見，若能深入去瞭解或閱讀姓名學之書籍，或觀察周遭有「改過名」的朋友之查證，就會知道姓名不但是我們人的代號，而且姓名就是人，人就是姓名，同時姓名也就是人格。知道姓名不只是代號，也是代表後天運掌握在自己手裡，先天命八字是天註定無法改變它，但是先天命的缺點或不足，我們可以從後天運的姓名來彌補先天命的不足，這是利用「姓名來轉運」。這種轉運也比較快，利用先天命的八字年月日時天干地支陰陽五行的不足與尋其喜用神的五行，來從後天運姓名天格、人格、地格、外格、總格的數理吉數與陰陽五行、三才格局姓名架構，再配合本身生肖的環境、屬性、食性來取字命名或改名。

改了名字之後，要擇日向祖先秉告並呈上疏文，然後才開始使用新名（偏名），靠姓名的聲波產生靈動之能量來幫助您，如此一來就會逐漸轉危為安、逢凶化吉。不過還要注意不做壞事，才能更迅速達到意想不到的效果，否則徒勞無功。

四、姓名學有哪些學派

在姓名學的諮詢鑑定當中，常常遇到孤門獨派自吹自擂自己獨創學派最準確，結果另一學派鑑定論斷有其他見解，哪一學派才是正確？其實姓名學研究者如果有心去綜合統計分析，就會發現姓名學每一學派都有準與不準的地方，每一學派都有他的盲點與模糊的地方，只不過各門各學派都很堅定自己的學派才是最準，而去推翻或打壓別人的學術，殊不知每一種的學術只不過是統計印證出來的結果，何者學派最準確見仁見智。筆者有蒐集各方有發表各學派書籍之資料，做綜合分析提供讀者研究參考。

（一）筆劃數派—又稱「熊崎氏姓名學」、三才格姓名學，可以說是影響台灣最為深遠，幾乎老一輩從事姓名學命理研究的朋友都注重筆劃，筆劃數派在市面上的書籍也算最多，但比較沒有完整或有系統的詳細介紹，在命理網站上也到處都可以查得到，都是僅以筆劃數的好壞做論斷而已，其實，筆劃數是於民國二十二年由台灣總督派到日本的留學生「白惠文」（原名白玉光）將日本「熊崎健翁」所研究的「熊崎氏姓名學」引入國內的。熊崎式姓名學能在國內盛行，也證明有它的正確性，並且有相當參考價值存在。雖然有姓名學研究學者認為「熊崎式姓名學」較偏重於精神生活與性格方面，在物質及財運方面沒有判斷的理論與根據。

（二）陰陽五行派——又稱「河洛姓名學」，有易曰孤陽不長，孤陰不生的天格、人格、地格、外格、總格等五格之間陰陽五行相生相剋、比和之關係，要搭配得宜做論斷。此學派對於家族六親緣有獨特的見解。

（三）易經卦象派——又稱「易經姓名學」有中國易經學術流傳久遠，只要是數字的東西都可以求卦解惑，易經卦象姓名學成立歷史也非常久，但是仍然有不同分支，論法各有不同，其所強調姓名卦象須取吉的。

（四）天運派——以六十甲子每一年都有固定的五行天運磁場，再姓名天格、人格、地格、外格、總格等五格之五行相生相剋，這是每一學派命理學者公認的學理，且有一定公式推算天運屬性做論斷。

（五）納音五行派——有強調字讀音，以唇音（ㄅㄆㄇㄈㄨㄩ）五行屬水，牙音（ㄍㄎㄏ）五行屬木，舌音（ㄉㄊㄋㄌㄐㄑㄗㄙㄘ）五行屬火，齒音（ㄒㄓㄔㄕㄖㄧ）五行屬金，喉音（ㄚㄛㄜㄝㄞㄟㄠㄡㄢㄣㄥㄦㄤ）五行屬土，再以字的讀音屬性五行相生相剋做論斷。目前在國內多以國語、台語音來分出各種金木水火土屬性，但往往看到矛盾之處，比如同樣的字「家ㄐ一Ｙ」屬火，又屬土，非常亂，若哪天客家人、原住民對姓名學有相當主張時，其同字的屬性又不同了。

（六）文義姓名學——是完全以姓名的字義或字音直接拆解，不考慮當事人的生肖、數理、五行，論斷過程猶如拆字或卜卦一樣，融合論斷者的「自由心證」因此沒有一個特定的模式。目前中部有位「楊南風」先生自成一套文義姓名學，他只講姓名文義，他研究新聞主角的姓名，有三十多年經驗，也整理出一套截然不同的論斷方式。

（七）九宮學理派—有位「程天相」先生創立於民國七十九年的「九宮學理」強調一個人成功與失敗，自於經營以及人與人或夫妻相處，均有「它」磁場的學理。但在市面上不出書，都屬於私自授受的。

（八）乾坤姓名學——又稱「十神姓名學」係以姓名的筆畫數與陰陽五行分成天格、人格、地格、外格、總格等五格，以人格五行為主對天格、地格、外格、總格的陰陽五行相生相剋或比和做成十神來推論。如：人格十二畫五行屬火，天格十二畫五行屬木，天格生人格為正印（不同陰陽生我為正印，同陰陽生我為偏印），以姓名吉凶做論斷，如同先天八字以日柱對時、月、年柱對應做十神論法，也有它獨特的推斷。

（九）生肖姓名學——在於民國八十四年有位「陳安茂」先生所發表的十二生肖姓名學，目前是市面上相當熱門的學派，是完全推翻筆畫數的理論，只要生肖選字用字對不對，再依照每一個對應宮位，來論吉凶破綻。但目前分派別也非常多，同樣強調字形拆解的「甲骨文姓名學」、「倉頡生肖姓名學」、「甲子生肖姓名學」都認為字形要依照古字、象形、會意、形聲、轉注、假借的來源做分析。但是詳讀後會發現相同字形的拆解說法與代表意義已出現各種不同的版本了。

坊間市面發表姓名學派書籍至少有上列之學派，當然還有很多流傳而未公開的姓名學仍不少，基本上研究學者廣泛使用是熊崎式姓名學、陰陽五行姓名學、十二生肖姓名學，本書針對三大主流姓名學做有系統彙總整理歸納，以及實例解析探討提供讀者研究參考。

第一篇

筆畫數姓名學

一、數字五行的基本認識

（一）、數字與陰陽五行：

所謂數字是一到十。所謂陰陽，數字單數屬陽，雙數屬陰。所謂五行，是木、火、土、金、水。所謂數字五行，是數字一、二五行屬木，數字三、四五行屬火，數字五、六屬土，數字七、八五行屬金，數字九、十五行屬水。

1	陽	木
2	陰	木
3	陽	火
4	陰	火
5	陽	土
6	陰	土
7	陽	金
8	陰	金
9	陽	水
10	陰	水

（二）五行生與尅關係：

所謂五行，是木、火、土、金、水，至於五行相互間關係，有順（相生）有逆（相尅）。相生好比母生子，有相親相愛之情。相尅，即是相戰鬥，表示敵對的意思。

1、五行相生：木生火、火生土、土生金、金生水、水生木。

2、五行相尅：木尅土、土尅水、水尅火、火尅金、金尅木。

二、姓名與五格的意義

姓名分為天格、人格、地格、外格、總格等五格，以下五格排列之實例與五格之說明。

（一）姓名五格排列之實例：

（1）單姓單名

字	筆劃	五格
假成	1	天格 11 木（假成 1 + 孫 10）
孫	10	人格 14 火（孫 10 + 文 4）
文	4	地格 5 土（文 4 + 假成 1）
假成	1	外格 2 木（假成 1 + 假成 1）
		總格 14 火

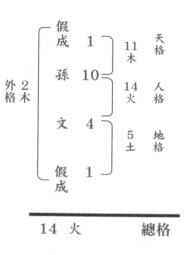

（2）單姓複名

假成	1	11 木	天格
孫	10	14 火	人格
中	4	7 金	地格
山	3		

外格 4 火

總格 17 金

（3）雙姓單名

歐	15		
陽	17	32 木	天格
修	10	27 金	人格
假成	1	11 木	地格

外格 16 土

總格 42 木

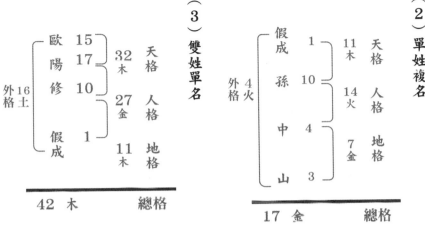

（4）雙姓複姓

歐	15		
陽	17	32 木	天格
明	8	25 土	人格
明	8	16 土	地格
外格 23 火			
		48 金	總格

天屬陽，地屬陰，天地交泰、陰陽和氣，是謂天之理，亦是萬象造化之理，是故人名者，不僅是人的意義，亦是天地之間一切萬物所造化，因此姓名分為天地人三格之義，凡是事物有內必有外，有分必有合，有鑑於此而定為外格與總格，這樣才能完成姓名之五格。

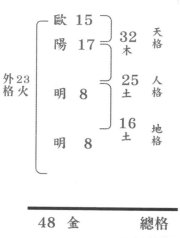

(二)姓名五格之說明

1、天格

(1)複姓(雙字姓)合計姓各字之畫數,單姓者,再加「假成一數」為天格。這是由祖先流傳而來,因此其數理所含的靈意並無直接影響,但與人格互相對照,則具有左右人成功與否的力量。

(2)天格代表父親、長輩、父母、長上、丈夫、公婆、工作場所輩份或職級比自己高的人。

(3)天格代表身體的養命之源,上焦、頭部、臉、血液循環。

(4)天格代表流年運為一歲到十二歲。

2、人格

(1)又名「主運」,是姓名中的靈魂,是左右人的一生大部分之命運,全為此人格所推移,其方法是取「姓」中最下字,再和名字第一個之畫數計算之。

(2)人格代表自己本身主運,看不到的我,精神內在,內心自己,社會面的表現能力,心態慾望,策劃判斷力,身體體質,疾病健康。

(3)人格代表身體的胸部、肺部、心臟、肝、中焦。

(4)人格代表流年運為二十五歲到三十六歲。

3、地格

（1）名字之字畫的總和，又稱前途，主中年前（三十六歲以前）之活動能力，關係一生之命運甚大，與給合人格之配置，互相左右吉凶禍福。

（2）地格代表下層關係、兄弟、夫妻、姊妹、子女、朋友、田宅、官祿。

（3）地格代表身體的腹部、子宮、脾胃、腎、下焦。

（4）地格代表流年運為十三歲到二十四歲。

4、外格

（1）名字第二字字畫加假成一數，單名地假成一數再加天假成一數為外格，此格命運之靈動力，僅次於主運，又名「副運」，其能力輔助主運的重大部分及其本人社會人際關係。

（2）外格代表兄弟姊妹、同事、同業、朋友、外緣（人際關係）、出國、外調、受訓、移民、工作事業、外在的後天一切。

（3）外格代表身體的手腳、四肢。

（4）外格代表流年運為三十七歲到四十八歲。

5、總格

（1）姓與名合計之全部字畫數，稱為總格，主中年至晚年之命運，又名「後運」。

（2）總格代表賺錢的內在、財庫、福祿、家庭運勢、岳父母、對外表現。

（3）總格代表身體腸胃、手腳。

（4）總格代表流年運為四十九歲到六十歲。

形成人格、地格、外格、總格之畫數，以對照後篇所述之八十一畫數之靈動，就能知其吉凶。

三、文字畫數的算法

文字畫數的算法，很多人都以平常寫法而計算，很少以部首畫數來算，尤其當下年輕人更為嚴重，只會打電腦用注音符號法寫字，很少去查「國語字典」之部首畫數，為什麼其文字畫數會有不同，是教育改革產生疑點？抑或現代社會之變遷？

其實，文字的構造，是由「點」與「線」所構成，這一點與一線，是要啟示命理最簡單之數理符號，所以姓名學就以文字之筆畫數，而測定字畫數理之靈動，來推理判斷姓名之吉凶禍福，所以文字畫數之計算是很重要的。

舉例來說，「四」字，按字形寫法是五畫，其實只有四畫的靈意，「五」字，字形寫法是四畫，但有五畫的靈動，同樣「七」、「八」、「九」、「十」字其字形寫法是二畫，但其靈意則七是七畫，八是八畫，九是九畫，十是十畫。

又如「添」字，按字形寫法是十一畫，但是其字旁「三」三點水，是水之意，要做「水」算四畫，所以「添」字要做十二畫看，以其有十二畫的靈動力。

列舉文字畫數的計算，容易發生錯誤之地方，提供如下做參考。

（1）忄（心），立心旁，以心字為四畫。例如：悅（11）、情（12）、愉（13）。

（2）扌（手），提手旁，以手字為四畫。例如：找（8）、承（8）、拜（9）。

（3）犭（犬），秉犬旁，以犬字為四畫。例如：猜（12）、猶（13）、獲（18）。

（4）攵（攴），是攴旁，以攴字為四畫。例如：政（8）、教（11）、敬（13）。

（5）示（礻），半禮旁，以示字為五畫。例如：祐（10）、祝（10）、福（14）。

（6）王（玉），玉字旁，以玉字為五畫。例如：珍（10）、琴（13）、珠（11）。

（7）衤（衣），半衣旁，以衣字為六畫。例如：表（8）、裁（12）、被（11）。

（8）艹（艸），草字頭，以艸字為六畫。例如：范（11）、茲（12）、莖（13）。

（9）月（肉），肉字旁，以肉字為六畫。例如：肖（9）、育（10）、肯（10）。

（10）辶（辵），走馬旁，以辵字為七畫。例如：通（14）、運（16）、達（16）。

（11）阝（邑），右耳鉤，以邑字為七畫。例如：那（11）、郁（13）、部（15）。

（12）阝（阜），左耳鉤，以阜字為八畫。例如：限（14）、陸（15）、隆（17）。

（13）氵（水），三點水，以水字為四畫。例如：沛（8）、泗（9）、洲（10）。

（14）四（网），網字頭，以网字為六畫。例如：罡（11）、罹（17）、羅（20）。

（15）罒（网），網字頭，以网字為六畫。例如：罕（9）、罔（9）。

（16）臼（臼），石臼旁，以臼字為六畫。例如：與（14）、興（15）、舊（18）。

以上是文字歸類部首和筆畫，都依照「清朝康熙字典」為準，不過仍然有很多字需要注意的地方就是字旁的誤會，研究姓名學者平常多翻「康熙字典」，才不會犯筆畫數計算錯誤的情形。

例如：「酒」字屬酉部，非「水」的部首，故正確是十畫，非十一畫，「巡」字屬「巛」部，非「辵」的部首，故正確是七畫，而非十畫，「夢」字屬「夕」部，非「艸」的部首，故正確是十四畫，而非十六畫，「成」字屬「戈」部，非「厂」的部首，故正確是七畫，而非六畫。不勝枚舉。

四、文字筆畫容易誤算的單字

筆者研究姓名學二十年來自己常誤算筆畫數之單字，提供給讀者做參考，當然時下很多年輕人研究姓名學之學者，都是靠電腦程式計算排列再判斷推論，若手中無筆記型電腦就可能難做事了。

（1）四畫：丐丏予母片之四。

（2）五畫：世卯巧弗瓜凸凹巨幼冊瓦以五。

（3）六畫：巡汜臣再夷亥印仰匡丞六。

（4）七畫：成些免延冷壯妝卵礽秀七。

（5）八畫：亞兔垂弧臾函政協武沛命表版艿承朋八。

（6）九畫：亮侯泰飛致姬泗幽罕罔肖宥盈九。

（7）十畫：育酒修芽哲恭城洲芙乘肯娉芝娜十。

（8）十一畫：卿朗海涕烹瓷罡胡斌翠偉紫貫晟敖胤那范。

（9）十二畫：能淵蚩博肅傑猜疏淅棌牌。

（10）十三畫：琴鼎裕路毓敬熙亂廉湧莉禽剿。

（11）十四畫：夢實第碧賓郎溫壽鳳誕豪榔慈與。

（12）十五畫：養興寬廣賜郵逸頤慕樋萬霈履穀儂漁。

（13）十六畫：燕龍錫龜導學舉都動潔運潤蓑燙義。

（14）十七畫：燦鄉隆聯鴻罹隸優勵檜璜蔗蓬疄蓮。

（15）十八畫：豐蕭翼爵繡叢禮斷穡彝璦懞總馥歸。

（16）十九畫：繩贊關瀉龐瀅曝擿薇薈韞嬿臆璽麗。

（17）二十畫：寶犧羅露嚴瓊瀛獻癢馨薰瀚釋。

（18）二十一畫：譽覽鶴藝櫻霸屬。

（19）二十二畫：鑒藻蘋藹驊邊權龔鑄。

（20）二十三畫：蘭纖蘚顯麟體鑠驗戀。

（21）二十四畫：蠶臟鑫靈隴靄靂讓。

五、姓名數理之靈動、吉凶

數字由一、二、三、四、五、六、七、八、九、十所組成，恰好與十天干配合，十天干內有五陰五陽的總和。十是圓滿之象，一橫是陰、一豎是陽，所以十是代表「天地宇宙的一切圓滿的力量。」像天主教的「十字」和佛教「卍字」，這都是暗示了「宇宙圓滿的陰陽運轉力量，同樣宗教禮儀當中的「拜拜」和「祈禱」也是雙手合掌為「十」，可見，數理的重要。

在姓名學的五格，天格、人格、地格、外格、總格也都包含著「數理」，而我們人的運程就由這些數理在運轉不息，這些數是以「九」為最高，所以把九再平方而變成八十一，因此姓名學的數理靈動是八十一再循環之數，也就是姓名學以八十一為末，以一為始，超過八十的要減掉八十，其「餘數」來做為數理靈動判斷吉凶，現在筆者把一到八十的數理靈動供參考，好讓讀者去體會其含意。

一畫的靈動力　吉

萬物之始，如旭日東昇，事事順心，操守廉正，精明公正，受人敬仰，可獲大成功，健全、榮華、富貴、名譽，可以享福終世之命運也。此數為數理之首，常人不堪當之。

使用此數理，必須先瞭解八字年、月、日、時的強弱，若能承受方可用，否則恐怕弄巧成拙。所以要適可而止，千萬不要隨意使用此數。

二畫的靈動力　凶

無獨立之氣魄，進退失自由，內外生波瀾，常苦不安。又多遭苦難，病弱，變動，短命損丁破財之數理。一生力弱多災厄之運勢。如果能伴其它好數理，可免致多災厄。

三畫的靈動力　吉

福祿雙全，名利雙收，進取之數。聰明有智慧，具有領導能力，能勤儉建業而事業昌隆。女性溫和賢淑，相夫教子之運勢。

四畫的靈動力　凶

破壞、滅裂之數，分離衰亡之象。性情孤獨而多劫難，有精神失常之慮，勞苦奔波而多病短壽。其中有孝子節婦、怪傑等出自此數中。

五畫的靈動力　吉

五陰五陽的調和，家庭和順榮昌之數。具有道德心，樂善好施，乃有福有德之象，可謂福祿長壽，榮華富貴，無所不至。出他鄉奮鬥成家，有富貴榮達，一舉成名之福。女性則溫和賢淑而伶俐，多才巧智而能助夫益子。

六畫的靈動力　吉

為人重義氣，講信用，智勇雙全，福壽興家而幸福。但與他運之配合不全者，恐如水之就下，所謂樂極生悲。但幸好具有天賦之美德，終身獲得安穩餘慶。女性則能勤儉刻苦又耐勞，並能助夫興家。

七畫的靈動力　吉

性情剛毅，精力旺盛，有勇往邁進精神。但因性情過剛，而失去內外不和感，招致辛苦艱難在所難免，更須宜有雅量，自然幸福增進。女性須留神養德，免其流於男生之情形。

八畫的靈動力　吉

天生聰穎，意志堅固，忍耐力強，能排除萬難，貫徹始終，勇往邁進，達到成功。如因他運配合不佳者，或有遭遇厄患。女性宜晚婚之運勢。

九畫的靈動力　凶

心身疲憊，破家亡產。帶刀刃之命而陷入窮途，逆運、慘淡、悲傷，或幼少離親，而招苦慘，或泣血緣不幸，甚至病弱、刑罰、短命、凶禍難測也。主運有此數者，凶莫大焉，一身難免災害、配偶喪失、缺子息之嘆，實在是一大凶數，但也有例外怪傑，富翁之人、出自此數。女性有失身再嫁之慮，忌用為妙。

十畫的靈動力　凶

一生徒勞無功，凡要成功，便會遇障礙，漸自失敗。一生嚐盡苦楚辛酸，難找出光明之道，境遇到絕崖。致家破妻離子散，財散，多陷入困境，或病弱，遭災難，刑罰等非運，若天、人、地格三才與數理之配合失調，大都中年前後，將步入黃泉之客。死滅為胎之初，絕處逢生，轉危為安，無不可能之事。女性多病弱或愛情的慘痛，難有幸福之運勢。

十一畫的靈動力　吉

萬物更新有如草木受春光發榮滋長，穩健著實，漸進發展，享受富貴，眾望所歸，萬事順調之好吉兆。女性虛榮心太強，而有愛情的煩惱，要勤儉自持與樸素，則一切平靜和順。

例如：李（7畫）文（4畫）造（14畫），人格為11畫吉數，其為長虹建設股份有限公司和宏林營造股份有限公司董事長，事業蓬勃發展。

十二畫的靈動力　凶

意志薄弱常有禍端難成全之事業，如不能安分守己，企圖不相應之事，反致身敗名裂之發生。家族緣薄，孤獨，遭遇苦境、病弱、不如意、困難等。若因他運數理凶數加之，則招意外之厄難、失敗。女性易通姦或不正常之畸戀，是個患死凶亡之數。

例如：吳（7畫）永（5畫）展（10畫），人格為12畫，有一天於清晨下班的時候，見到買早點女子落單可欺，強壓其女子上車用手銬銬住，載至附近汽車旅館性侵多次。

十三畫的靈動力　吉

允文允武，操守廉正，博學多才，具有智謀奇略，善於處理事物，遇有難事不形於色，巧於措施，以奏大功，得享富貴榮華之好運數，但過於自作聰明，反恐招悲難也。女性有助夫興家，子孫繁榮之運數。

例如：王（4畫）俞（9畫）涵（12畫）參加99年第一次國中基測為全國滿分之一，也是雲林縣首位拿到滿分412分。

十四畫的靈動力　凶

家運敗退，一貧如洗，家族緣薄，難享天倫之樂，諸事不如意，一生孤苦而骨肉離散，身弱短壽而有愛情慘痛之災厄。若他運之數理凶數配合不宜者，有短命、刑罰、有傷天壽。

例如：李（7畫）成（7畫）泰（9畫）人格為14畫，弒母拋崖「蘇花公路」旁滅屍。曾任保警。諸事不如意，一生孤苦而骨肉離散之寫照。

十五畫的靈動力　吉

慈祥有德，福壽圓滿，富貴吉祥，人溫和恭謙之精神，能受長上提拔，得立身成名就，德望高。女性多才巧智，清雅秀氣，有幸福美滿的生活，晚婚大吉。

例如：卓（8畫）志（7畫）哲（10畫）人格為15畫，其為聯發科技股份有限公司總經理，能受長上提拔，得立身成名就，德望高。

十六畫的靈動力　吉

克己助人，身集名望，安富尊榮，福壽雙全，成就大事大業，富貴吉祥，大吉大利。女性賢能榮夫而子孫昌榮，賢淑而持家有方。

例如：呂（7畫）美（9畫）月（4畫），其為勁永國際股份有限公司董事長，志得電子股份有限公司總經理。人格為16畫，身集名望，安富尊榮，成就大事大業，富貴吉祥。

十七畫的靈動力　吉

性情剛毅而不善解人意，意志堅韌，富有突破萬難之氣魄，當可獲得最大成功，如果剛直過分無理，會與人不合，變成固執，反而會失敗，而招厄患。女性易流於男性化，若能涵養是好女德，存心溫和，福祿自然隨之。

例如：梁（11畫）次（6畫）震（15畫）為廣達電腦股份有限公司總經理，其人格為17畫，意志堅韌，富有突破萬難之氣魄，獲得百人企業之成功。

十八畫的靈動力　吉

有權威、有勢力之主管領導格，官祿財帛兩旺，具有智謀，能排除萬難，克服難關，達成目的，獲得名利。由於自我心強，又乏包容心，性情過剛強，受人非難，宜養柔德，可得到成功。女性旺夫發福之格。

例如：郭（15畫）山（3畫）輝（15畫）為台昇國際股份有限公司董事長，順誠控股份有限公司董事長，其人格為18畫有權威、有勢力之主管領導格，官祿財帛兩旺，具有智謀能排除萬難，克服難關，達成目的，而獲得名利。

十九畫的靈動力　凶

人是頗有才能，具有活動力，足以建立大業，博得名利之實力，但中途常受到挫折、損丁破財、精神異狀病弱之苦。如果夫在主運有此數，但缺乏他運之數理吉數來扶持，仍會陷於病弱、廢疾、孤寡、寂寞之非運，進而有刑罰、殺傷、夭折、別離妻子之非運，故有短命之數。女性則一生薄幸，守寡或再嫁之嫌。

例如：廖（14畫）本（5畫）琪（13畫）台中市太平區人，其因不滿追求三年多女友有意疏遠，他攜刀趁女友入門之際，狂刺十多刀不治。其人格為19畫，精神異狀多疑心，19畫於人格主運，但缺乏外格之吉數來扶持，而陷於寂寞，進而殺傷……。

二十畫的靈動力　凶

一生多劫數、破裂、身弱病苦而一事無成，雖有平安之運格，此數為危機四伏，災難頻臨，陷於逆境，不如意，身心苦處而短命之慮。女性則有通姦害夫及病弱短壽之災厄，運途坎坷而短命。

例如：林（8畫）雅（12畫）玲（10畫）苗栗人，其因產後憂鬱症，趁丈夫上班之際，攜二名稚子於自家燒炭自殺身亡。其人格為20畫，陷於逆境，不如意，身心苦楚而有短命之慮。

二十一畫的靈動力　吉

具有獨立權威，潔白自如，人生路途難免遇困難，但要忍耐按步漸進，一定可建家立業，安富享福，有領導之格，受人尊仰。女性有此數，須與八字強弱之配合，不然過於陽剛強勢，辛勞，乃兩虎相鬥必有一傷，必無雙全。

例如：盧（16畫）正（5畫）昕（8畫）其人格為21畫，獨立權威，領導統馭之格，受人尊仰。乃為建華銀行董事長。

二十二畫的靈動力　凶

遇人不淑，懷才不遇，凡事不如意，正如秋草逢霜，常受到挫折，遭遇到困難，身世而凋零，晚年更加淒涼，身體衰弱多病，陷於孤獨境遇，有心神過勞之患。女性則會亂交男朋友而失身，畸戀，尅夫刑子之數。

例如：莊（13畫）美（9畫）玲（10畫）楊梅人，因憂鬱溺水死亡，於楊梅一處埤塘發現溺水死亡事件，後發現有可能疑患憂鬱症而投水自殺。其人格為22畫，是身體衰弱多病，陷於孤獨境遇，有心神過勞之患。

二十三畫的靈動力　吉

權威、氣勢昂盛，頭角嶄露偉大的首領運格。縱然出身於貧賤之家，仍可漸次進步，終至榮達，大志大業可成，誠偉人之昌隆暗示也。然平素活氣洋溢，臨事恐過度為憾。女性凡主運或他運出有此數，難免孤枕難眠。但須瞭解八字強弱之運用得宜為可用也。

例如：許（11畫）勝（12畫）雄（12畫）其任於中國生產力中心董事長，金仁寶集團董事長。人格為23畫，為有權威，氣勢昂盛，頭角嶄露偉大的首領運格。

二十四畫的靈動力　吉

才略智謀，出類拔萃，以致富貴而成功，可白手成家而越老越榮昌，而子孫可繼承其餘福。此數為金錢豐厚，富貴榮華，財源廣進之數。女性則多才而賢能之美德，有助夫益子之運勢。

例如：陳（16畫）沖（8畫）曾任於財政部金融局局長，證券交易所董事長、合作金庫銀行董事長，其人格為24畫，為才略智謀，出類拔萃，以致富貴而成功。

二十五畫的靈動力　吉

資性英敏，且有奇特之才能，方得大功之運勢，但因性情偏重一方，說話多帶諷刺性，或有怪脾氣，如不修身養性易與人不和之缺失，但能有涵養、和順恭敬即可成功，萬一意氣用事，恐弄吉反凶。但主運與他數吉數運用配合得宜，能緩和驕慢，過剛之質，得榮譽財祿也。女性則有才氣，且溫和賢淑，勤儉持家。

例如：陳（16畫）飛（9畫）龍（16畫）任於南僑集團總裁。其人格、地格皆為25畫有資性英敏，且具有奇特之才能，獲得大功之運勢。

二十六畫的靈動力　凶

是賦性穎悟，而富有義俠之精神，但多變動，致使風波不斷，遭遇挫折，飄逸不定，仍有不拔精神，來超越死線，奮鬥不懈，終於獲得成功，但若力量不足，意志不堅，則如隨浪濤，遇到挫折，招致傾家蕩產。若他運配合數理之凶數者，易陷於病難、短命、淫亂，或喪偶、失子女，一生不得順境之凶運，但仍有不少怪傑、烈士、偉人、孝子、異常人，都出自於此數也。女性則不宜早婚，否則易再嫁、守寡之發生。

例如：黃（12畫）宏（7畫）成（7畫）其人非原住民、非外國人，既然改名字為「黃志成台灣阿成」是台灣第一位漢人改成七個字，以及另一項創舉是二年四十三天環島全台三一九個鄉鎮之紀錄。其總格26畫是賦性穎悟，而富有義俠之精神，但多變動，致使風波不斷，遭遇挫折，飄逸不定，仍有不拔之精神，來超越死線，奮鬥不懈，終於獲得成功。

二十七畫的靈動力　凶

性情過強，內外釀出不和，多受誹謗攻擊，又孤苦無援，就容易陷於中途挫折，到老愈甚，若能自身反省，矯正弱點，待人接物，誠實和藹，不釀成內外責難，認真努力，亦可避免失敗。若他運配合數理凶數者，多陷於刑罰、孤獨、變死等之危機。女性有此數者，夫運易變。

例如：錢（16畫）海（11畫）玲（10畫）其人長相秀氣，外柔內剛，性情剛毅，有自信而獨立之性格，雖工作穩定，且與人不和，夫妻緣又薄弱，話不投機半句多，孤獨無奈，以致工作常異動。其人格27畫是性情過強，內外釀出不和，多受誹謗攻擊，又孤苦無援。

二十八畫的靈動力　凶

一生勞苦不絕，屢遭難數，但行動上仍有豪傑氣概，肆無顧忌，因此難免會產生反感，導致排斥、誹謗、災難相踵而至，一生難有幸福。女性心無定向，多陷於孤苦無依之運格。

例如：鍾（17畫）紹（11畫）管（14畫），其與友人合夥生意，因經營理念不合而拆夥，事後心有恨意，將友人之女童性侵，做為報復。其人格為28畫是一生辛勞不絕，屢遭難數……難免會產生反感，導致排斥、誹謗，災難相踵而至，一生難有幸福。

二十九畫的靈動力　吉

智謀優秀，有遠大之前程，而奏大功之格，富於財力，活動力，能成就大業，受福祿之吉相。但往往不知足，任慾從事，恐會弄巧反拙，導致不能收拾。女性則易流男性，或釀成荒之猜疑，嫉妬之心，宜戒慎之。

例如：黃（12畫）營（17畫）杉（7畫）任於台灣電力董事長。其人格為29畫是智謀優秀，有遠大之前程，而奏力功之格，富於財力，活動力，能成就大業，受福祿之相。

三十畫的靈動力　凶

浮沉未定，善惡難分，時成時敗，若得他運數理吉數配合得宜可能有所成就，其他運配到數理凶數，即沉於失敗。故乘吉運者，成功必至，宜居安思危，如守成不忠者，在不知不覺之中，會陷於失敗。困難是不可測。一生難免遇有一次冒險，或有絕死逢生者，必獲得成功亦有之。女性則難有好對象，而對婚姻不忠，以致再嫁或守寡之現象。

三十一畫的靈動力　吉

有堅定之意志，智、仁、勇三德俱全之首領格，能衝破難關，建立聲譽及偉大的事業。有領導之德望，統帥眾人，繁榮富貴，博得名譽、幸福。女性則和藹可親，上下敦睦，助夫興家而子孫鼎盛。

例如：羅（20畫）崑（11畫）泉（9畫），任喬山科技股份有限公司董事長，其人格31畫，具有堅定之意志，智、仁、勇三德俱全之首領格，能衝破難關，建立聲譽及偉大的事業。

三十二畫的靈動力　　吉

認真努力做事，時運必至，一日風雲際會便可昇天，故踏實實在，有責任心，可得貴人提拔，能捉住機會者大有成功，順利發達榮昌。女性則有愛情煩惱之慮。有首領運格。

例如：羅（20畫）結（12畫）是任於正新輪胎股份有限公司董事長，其為人格、總格都是32畫，是認真努力做事，時運必至，一日風雲際會便可昇天……。正新輪胎企業，擴展國外，越做越大，成為全台五十大企業。

三十三畫的靈動力　　吉

有智謀、才德兼備，富有權威，剛毅果斷之精神，能成大事大業，名滿天下之運格。但由於過剛毅武斷，恐反誤事。且運氣過於旺盛，貴重，常人不堪用，使用此數須瞭解其先天八字為弱，及他運配合吉數，可慎用之。女性仍要慎用。女生先天八字身強，忌用之。

例如：顏（18畫）慶（15畫）章（11畫）係任於復華金控股份有限公司董事長，其人格為33畫，具有智謀、才德兼備，富有權威，剛毅果斷之精神，能成大事大業，名滿天下之運格。

三十四畫的靈動力　凶

凶煞重重，劫禍層出不窮，而生大凶，大困難、大辛苦、內外破亂、萬事衰敗，悲痛無限。一生雖有成就，但終生困苦，事與願違、病弱、短壽、家破人亡之凶兆。女性孤苦貧賤之格。

例如：蘇（22畫）清（12畫）輝（15畫）61年次，有多項前科，才出獄不久，有一天之凌晨見落單19歲女子可欺，強壓至附近大樓地下室強姦，並將精液噴到女子身上，且成為ＤＮＡ犯罪之鐵證。其人格為34畫，凶煞重重，劫禍層出不窮，而生大凶、大困難、大辛苦、內外破亂，萬事衰敗，悲痛無限。

三十五畫的靈動力　吉

天性聰穎，溫和平安，有才智，對於文藝技術有愛好，須靠自己努力而獲成功。若懷有大志，展出恆力、毅力、魄力，有志者事竟成，以補不徹底之賦性及不足之權威勢力。惟缺膽略才謀，但能貫徹始終，最後會達到成功之目的。女性則可助夫興家而有賢慧之美德之格。

例如：魏（18畫）應（17畫）州（6畫）係任於康師傅食品股份有限公司董事長，其人格為33畫，具有天性聰穎，溫和平安，有才智，對於文藝技術有愛好，然靠自己努力而獲得成功，由內地發展回台灣。

三十六畫的靈動力　凶

前途茫茫，波瀾重疊而來，常有禍端，致使困難重重，雖有義俠氣概，捨己成仁，好為人排難，反而自己困苦艱難卻無法打開。若與他運數理配合不當者，有病弱、厄難、短命、孤寡之情事發生。

例如：李（7畫）進（15畫）榮（14畫），四十七年次，台北釘製貨運木箱工人，因喪弟情緒低落無心工作，竟以釘槍朝頭部太陽穴開二槍，胸部一槍，倒地送醫不治。共總格36畫，人格22畫與他運配合不當者，有病弱、厄難、短命之情事發生。

三十七畫的靈動力　吉

溫和忠實，獨立有權威，大德奏功無比，物事暢達，能以德取得眾望，始終具有篤行誠實，排除萬難，功成名就之大業，能享受天賦之人業，終身榮華富貴至極。但過於權威單行，乃陷於孤立，宜修身養性，留神平和，女性則清閒享福，過著快樂的生活。

例如：辜（12畫）濂（17畫）松（8畫）其任於中信金控股份有限公司董事長，其總和37畫是具有溫和忠實，獨立有權威，大德奏功無比，物事暢達，能以德取得眾物，始終具有篤行誠實，排除萬難，功成名就之大業，成為台灣百大之企業。

三十八畫的靈動力　凶帶吉

薄弱平凡，難望大成功，意志稍弱，而缺乏統率之威望與首領之才幹，致心有餘而力不足，頗難貫徹目的，自然易陷於不幸，故難獲大功，若能向美術、技藝方面發展，則能相當有進展之威力。女性則慵懶而身弱多病。

例如：陳（16畫）宏（7畫）興（15畫）因好吃懶做，高不成低不就，因而整天沉迷打電玩，長期坐而暴斃，靜脈血栓死亡。其地格22畫，總格38畫都為凶數，其數理靈動薄弱、意志稍弱……致心有餘而力不足，頗難貫徹目的，自然易陷於不幸之發生。

三十九畫的靈動力　吉

雲開見月，風平浪靜，具有富貴長壽，福壽興家，財帛豐沛，德澤四方，吉祥無上。一令發出，萬象附和，威勢壓倒天下之概。無奈貴重至極之中，都藏著悲慘凶象，所謂動極即靜，得要先天八字與後天姓名他運配置得宜為佳。女性則多於勞碌與孤寡。

例如：杜（7畫）總（17畫）輝（15畫）任於建弘股份有限公司董事長，其人格24畫，總格39畫都是財帛豐沛之數，德澤四方，吉祥無上。

四十畫的靈動力　　吉帶凶

英俊帥氣，智略才幹，膽力非凡，然性情傲慢而不得人緣，易受評擊，缺乏德望，好冒險投機心，欲活動反招失敗，若能安份守己則可平安過日。女性則意志薄弱而性情頑固，病魔纏身。

例如：李（7畫）鑑（22畫）敏（11畫）任於桃園國際航空站中控中心督導，涉性騷擾四名女員工，桃園航站開會決議將他停職，並移送司法院公務人員懲戒委員會懲戒。其人格29畫智謀優秀，有遠大之前途……往往不知足，任您從事，恐會弄巧成拙。總格40畫英俊帥氣，智略才幹，膽力非凡，性情傲慢……好冒險投機心，欲活動反招失敗，最佳之寫照。

四十一畫的靈動力　　吉

有才能、膽識、智謀，德望兼備，能展大志，成大業之實力，財帛豐富，天賦吉運，不忘向上繼續努力，前途是無可限量。女性則性情溫柔，可助夫興家之美德。

例如：陳（16畫）飛（9畫）龍（16畫）任於南僑企業股份有限公司董事長，有三才之格局，總格為41畫具有才能、膽識、智謀，德望兼備，能展大志，成大業，經營南僑企業體蓬勃發展。

四十二畫的靈動力　凶

聰明且多才多藝，是為智能之人才，但缺乏專心，加諸意志薄弱，以致十藝九不成，而會散逸、失意之現象。若能專心向目標邁進，可獲相當成就，否則必遭受失敗。女性則易發怒而多病、多災厄。

例如：沈（8畫）祥（11畫）麟（23畫），五十九年次，於台北市利用各大醫院重病房可自由出入特性之便，混入病房行竊。其人格19畫凶數、地格34畫凶數、總格42畫與他運配置不當，其意志薄弱，以致十藝九不成，而會散逸、失意，乾脆用偷來得快之思想偏差行為。

四十三畫的靈動力　凶

具有才能、智慧，但過於玩弄權謀術策，而意志不確定，結果失去信用，而致失敗。表面儼然成事，內部瓦解土崩，散財比盈收多。女性則性情孤獨而煩惱。

例如：陳（16畫）晉（10畫）陽（17畫），六十四年次，專門鎖定網拍家行搶，將賣家騙出後，強盜勞力士、浪琴錶，價值約87萬。其人格26畫凶數、地格27畫凶數、總格43畫與他運配置不當，多陷於怪傑、刑罰、孤獨等危機。

四十四畫的靈動力　凶

傾家蕩產、家財破敗、人口離異，悲哀苦慘，事與願違，萬事不如意，多勞苦、失意、病患、煩悶、遭難等，家屬之生死別離，或泣於不具廢。若與他運配合凶數不當者，有發狂、短命。但有不出世之怪傑、偉人、烈士、孝子、節婦等出自此數。

例如：劉（15畫）漢（15畫）華（14畫），二十四年次，花蓮人，性侵假釋犯戴電子腳鐐再犯案，涉嫌誘騙一名8歲女童至草叢脫下褲子用手指猥褻得逞。其人格30畫與他運配置凶數，即沉於失敗，總格44畫家財破敗，人口離異、悲哀苦慘……之靈動凶數。

四十五畫的靈動力　吉

一帆風順，官財兩旺，智謀遠大，可遂大志大業，時遇波瀾，能克制諸難，而獲成功，富貴繁榮至極。若與他運配置數理凶數者，則如浪中舵之船，或遭災難。女性則智勇雙全能創事業，家業興隆。

四十六畫的靈動力　凶

變怪奇數之數，一生潦倒而有禍端，意志薄弱，缺乏精力，易走入岐途，終身困難、辛苦、破壞、失敗者多。但能自志氣堅定，以仁義道德出發，予於災難過後，可獲成功。若與他運配置不當者，多陷於孤獨、刑罰、病患、短命等禍者亦有之。女性則守寡、病弱、短壽之凶亡之數。

四十七畫的靈動力　吉

衣食豐盛之吉數，可享天賦之幸福，能與他人雍睦共處，忠實建功，可以大事大業，即是進可攻，退可守，能夠生活的自由自在，並且能遺留福祿給子孫。女性則榮夫益子、富貴雙全。

四十八畫的靈動力　吉

具有天賦謀略之才能，德望具高，功利榮達，財壽齊全，實乃為人師表之運數。女性則賢慧能助夫興家，富貴有餘。

四十九畫的靈動力　凶帶吉

吉凶立於崎路，趨吉則安，遇凶則凶，故成敗、利鈍極趨浩大，遭受損失災害，幸福與否全賴三才之格局配置數理吉凶，如得吉則成功，若得凶則損失、災害、厄難。女性則病弱、短壽、守寡、再嫁之厄運。

五十畫的靈動力　吉帶凶

一成功即衰敗，先得「五」數庇蔭，而成大業，一度能享榮達之極，但又受「十」謂之盈數，瞬然又告失敗，零落，家破財散之數。若他運又屬凶數者，即為殺傷、離愁、孤寡之不幸災害頻臨。女性則愛美，奢侈，好虛榮。

五十一畫的靈動力　凶

吉凶相半，盛衰交加，一時必得盛運昌隆，博得名利，然後發現運中自然之凶兆，但晚年落魄、困苦、挫折、失敗，宜自重才可保平安。

五十二畫的靈動力　吉

勢大強大，由無而生有，而有遠大見識，及先見之明，善於計謀策略，他人之難並不為難，易功成名就之大業，名利雙全，享榮華富貴也。女性則富貴清雅，溫柔賢淑，助夫興家。

五十三畫的靈動力　凶

災禍將屆之凶數，由外表觀之儼然福祿盈門，其實內心多痛苦，大都數前半生幸福，而後半生不幸，或是前半生災禍，後半生富貴，一旦陷於不如意境遇、災禍，大抵家破人亡，家財耗散。若得他運數理吉數相配，亦得稍保安靜而已。女性則無好姻緣，或守寡、再嫁之厄運。

五十四畫的靈動力　凶

多憂愁少快樂，一生多災多難，障礙頻臨，終而大失敗、不和、損失、憂悶、刑罰、家破、病弱、短命，或因環境刺激，而死於非命之數，但中年運一段幸福者有之。

五十五畫的靈動力　吉帶凶

五乃為大吉數，五上加五，吉之重疊，有如錦上添花，然而吉之至極者反為凶，是為吉凶相半之運，因為由表面上看是榮華，其實裡面卻是禍害。若能堅定信用來克服困難，一定可以安享清福，反之意志薄弱，絕無立身之地。女性則憂心辛勞而多病，晚年可享福。

五十六畫的靈動力　凶

做事不專心而又無勇氣和實力，進取心薄弱，而遭遇艱難便挫折，而有損失、災厄、亡身。宜養精力與不屈精神，否則事與願違，難成全事業，至晚年更顯著。

五十七畫的靈動力　吉

資性剛毅，天賦之幸福，導致富貴，但一生中必遭大難一次，然後得享吉祥，繁榮，萬事可以如意。女性則中年多災晚年稱心如意。

五十八畫的靈動力　凶帶吉

浮沉多端，禍福無常，一旦遇凶則家破產亡之災，必經此大難之後，方得再興事業，至富貴繁榮，大都享受晚年餘慶之運，是所謂先苦後甘。女性則溫和伶俐，中年困苦，晚年隆昌。

五十九畫的靈動力　凶

意志薄弱，又缺乏耐力和勇氣，做事三心二意，凡事難成，一旦遇到困難，而無法再興業，多沉淪於厄難、失意、逆境，終生苦慘不休。女性則一生病苦或自殺之厄運。

六十畫的靈動力　凶

前途黯淡無光，行事搖動不定，出爾反爾，心迷意亂，難決定目標，致難獲事業上之成就，對事業要有謀略計劃，方可獲小有成就，不然一生無所成，多陷於失敗苦惱或刑罰，或導致疾患，短命，一生勞苦。女性則無興家之才能，一生辛勞。

六十一畫的靈動力　吉帶凶

名利雙全，繁榮富貴，如不守本分，出自於傲慢不遜，恐會釀成內外不和，家庭反目，兄弟鬩牆，家庭表面看是無事，裡面勾心鬥角，宜得修身養性，切守和順，自然可防凶於未然，可獲得幸福，享受天賦之禎祥。

六十二畫的靈動力　凶

事業難展鴻圖，乃於缺乏信用而懊惱又內外不和，漸入衰敗之境，招致災害，步步慘災不絕，而身弱家廢，一生難幸福。

六十三畫的靈動力　吉

良善積德，諸事如意，財祿顯榮，傳及子孫綿綿之幸福，能憐卹貧困，施於救濟，則能延年益壽，福祿無窮。女性則賢慧有德，溫柔孝順，榮夫蔭子。

六十四畫的靈動力　凶

性情剛強，沉滯破壞之凶數，多困苦，受意外之災害，及嚐骨肉離散之苦，抑或招禍臨身，一生多病痛而徒勞無功，病弱短壽。

六十五畫的靈動力　吉

富貴長壽，萬事如意，一生平安吉祥，家運昌隆，福祿滿堂，事事成功發達。女性則溫柔婉約，助夫興家。

六十六畫的靈動力　凶

進退艱難，內外不和，一生難幸福，損害災厄交至，招致身家破滅之慘運。

六十七畫的靈動力　吉

自力更生，受長上之提攜，萬事如意，家業昌隆，則利亨通，萬商雲集。女性則賢慧美德，能助夫興家之格。

六十八畫的靈動力　吉

意志堅強，勤勉力行，做事果斷，信用厚重，家運亨通，富有發明之才能，獲得眾望，名符其實也。女性則賢慧有德，多才多能。

六十九畫的靈動力　　凶

常陷於逆境，乃時運不佳，常生苦悶，致多病弱，挫折頻臨，失意之餘，導致精神異狀，搖動不安。

七十畫的靈動力　　凶

一生險惡、慘澹、命運多舛，有空虛寂寞之感，難免殺傷、廢疾、刑罰、離散等憂愁不絕也。不然便成為世上無用之人。

七十一畫的靈動力　　吉帶凶

富有自然的吉數，自應享受富貴福祿，無奈有徒加精神上麻煩，而缺乏實行貫徹之力氣，進取直行的勇氣也很微弱，致陷於失敗，若能恆心毅力及進取心，而不徒思計略者，尚可有成就。

七十二畫的靈動力　凶

有苦有樂，樂苦相伴，外觀吉祥，內實凶禍，哀樂悲喜兩兼之運，前半世幸福，後半世辛苦，甚至於晚年遭破家亡身之厄。

七十三畫的靈動力　吉帶凶

志氣高而不遷就別人，而力不從心，無實行貫徹之力氣，往往缺乏人助而無成就。倘若振起勇往直前之精神，可名利雙收而有福。

七十四畫的靈動力　凶

無智無能，坐食山空，逐漸衰弱之境遇，無能為用，如不奮發圖強，辛苦繁多，一生沉淪逆境悲運。

七十五畫的靈動力　吉帶凶

具有自然之吉相，卻缺乏策劃能力，易上他人之當，導致失敗，若能得長上提拔可達繁榮，但自進取必陷於失意，反之，退守可保吉祥。

七十六畫的靈動力　凶

傾覆離散之凶相，信譽與地位墜落，傾家破產，骨肉離散，貧病交迫，有短命之危。

七十七畫的靈動力　凶帶吉

凶中帶吉之象，能獲上位援護，得享受先天之福，幸福至中年，然後陷於不幸，悲嘆之運，若是前半生遭遇悲嘆，則於後半生可能反為幸運。

七十八畫的靈動力　凶

有得有失，中吉之數，禍福參半，但凶相力道較凶，是以中年之前能成功發達，一旦至中年以後即衰退，陷於辛苦艱難悲慘。

七十九畫的靈動力　凶

能伸不能屈，有勇無謀，缺乏執行之精力，一旦遇挫折精神不定，無法挽回之力氣，言而又不信，受人攻擊批難，為世所棄，成為廢物之人。然而身體是很健康，但家庭得不到幸福。

八十畫的靈動力　凶

一生艱難辛苦，有如波浪起起伏伏，終身多受挫折而多病患，災厄、刑罰、夭折，如能及早修行善德可以化凶為吉。

八十一畫的靈動力　吉

還元之數，為吉祥之至，福祿富貴榮華之大吉數。八十一數，還本歸元，數理相等基數之一，八十二數與二數相同。八十三又與三數無殊。故凡八十一數以上者，除其盈數八十，尚餘八十，將其所剩之數推理可也。例如一百八十之數，扣起八十，尚餘八十，乃將八十推理。例如一百六十五，扣除八十兩次，所剩五數，就將五數判斷之可也，其它傚此。

以上是八十一畫數的靈動力是用在於「姓名學」的天格、人格、地格、外格、總格可以由這些筆畫數的靈動力看其吉凶。不過千萬別執著姓名的筆畫數吉凶，如果名字取得不好聽，有諧音，或者用字古怪，字意不雅是不適用。「姓名」是彌補先天八字陰陽五行之不足，才由後天姓名之數理吉凶和陰陽五行來做調整，輔助您走人生光明的道路更加順暢。

六、各字畫數理之吉凶

為讓讀者熟記各字畫數理之吉凶，茲彙總整理參考如下：

1.吉數：1、21、31、41、81

半吉凶：61、71

凶數：51

2.吉數：32、52

凶數：2、12、22、42、62、72

3.吉數：3、13、23、33、63

半吉凶：73

凶數：43、53

4.吉數：24

凶數：4、14、34、44、54、64、74

5.吉數：5、15、25、35、45、65

半吉凶：55、75

6.吉數：6、16

凶數：26、36、46、56、66、76

7.吉數：7、17、37、47、57、67

半吉凶：77

凶數：27

8.吉數：8、18、48、68

半吉凶：38、58

凶數：28、78

9.吉數：29、39

半吉凶：49

凶數：9、19、59、69、79

10.半吉凶：30、40、50

凶數：10、20、60、70、80

七、字畫數理微妙之運數

八十畫數理藏有微妙之運數，在為子女撰取名，更改良名，是做父母自然之常情，因為「姓名」是代表一個人的身分，故有聞其名而知其人，人如其名之說法，但一般人只以為「名字」是一種符號而已，所以並不太在意或重視它，殊不知「姓名」卻關係一個人一生當中之個性、財運、婚姻、事業、運途、身體與人際關係都有密切關係，尚且影響一生之命運，良名為成功之本，惡名乃生敗之源。姓名五格的天格、人格、地格、外格、總格之格局，除天格以外，其它四格之任何一格局，都不可有數理凶數，但重要是「人格」主運來配置他運之吉數為佳。以下提供做學術研討之參考：

（1）三才五行的配置—

天格、人格、地格三才的數理吉數，陰陽五行，喜五行相生，而忌五行相剋，但前提得配合其八字天干地支陰陽五行，以及找出其喜用神調配得宜為佳。

（2）大吉祥之運數—

1、3、5、6、7、8、11、13、15、16、17、18、21、23、24、25、29、31、32、33、35、37、39、41、45、47、48、52、57、63、65、67、68等代表健康、財帛、幸福。

（3）次吉之運數—

26、28、30、38、40、49、50、55、68、61、71、73、75、77等多少會障礙，但後得顯現吉數。

（4）凶數之運數—

2、4、9、12、14、19、20、22、27、28、34、36、42、43、44、46、51、53、54、56、59、60、62、64、66、69、70、72、74、76、79、80等代表逆境、病弱、浮沉、短命。

（5）短命之運數—

4、9、10、19、20、34、44等為最凶惡之短命數，姓名的人格、地格、外格、總格中有二格是凶數者，禍劫臨身，必陷於不幸。

例如：①張（11畫）俊（9畫）豐（18畫），八十四年次，於嘉義水上樂園參加夏令營游泳訓練班，不慎溺斃水池內。其人格20畫數，配他運地格27畫，外格19畫，總格38畫都是凶數。禍劫臨身，必陷於不幸。

②黃（12畫）其（8畫）鼎（13畫），七十三年次，海洋大學之學生，偕同友人至台北萬里海水浴場戲水，突然被海上大浪捲走，急救不治。其人格20畫，外格14畫，地格21畫，總格33畫，人格、外格有二格是凶數者，禍劫臨身，必陷於不幸。

（6）美貌之運數—

4、14、12、22、24、31等為美貌之數，但個性倔強，有主見，異性緣佳，家族緣薄，辛勞而煩悶。又12、22、畫數者，易罹患胃疾。

例如：①王（4畫）欣（8畫）儀（15畫），五十九年次，東吳大學企管系畢業，曾任於電視台主播，台北市議員。其人格12畫，聰明而有氣質，個性倔強而有主見。

②林（8畫）瑛（14畫）瑛（14畫），六十二年次，台大法律系畢業，警察特考、律師高考，台北市中山警分局巡官，曾獲選中華小姐亞軍。其人格22畫，聰穎而有能力，為警界美女巡官。

（7）藝能之運數——

13、14、26、29、33、36、38、42等富有藝術才能，對於美術、藝道有上達之能力，並具有幻想創造發明之能力。

例如：①鄧（19畫）鴻（17畫）吉（6畫），五十二年次，建國工專機械系畢業，美國加州企業碩士，現於福彥電子股份有限公司董事長，發明數十項專利。其人格36畫具有幻想創造發明之能力。

②張（11畫）逸（15畫）閩（14畫），七十六年次，宜蘭高中，參加大學考第三類全國最高五二七·九四分，原住民加分後七〇三·九二分，第一志願台灣大學醫學系。其人格26畫，地格29畫，富於藝道有上達之能力。

（8）剛情之運數——

7、8、17、18、27、28、37、47等數，外觀雖是剛強，但內心柔弱，亦有神經過敏者，又姓名人格、地格、外格、總格之格局中，有二格以上居於此數者，易患肺、感冒及心臟之疾病，手腳發麻或傷害。

例如：①朱（6畫）淳（12畫）毅（15畫），七十八年次，新竹人，因不滿未成年女友要分手，憤而把女友亂刀砍53刀砍死，即向警方自首。其人格18畫，地格27畫，有神經過敏者，抑或傷害。

②張（11畫）式（6畫）健（11畫），四十九年次，台中地下衛浴器材工廠負責人，無執照而違建二層六百坪鐵皮工廠連宿舍與工廠一起，凌晨疑因電線短路引起火災九死六逃生。其人格17畫、地格17畫、總格28畫、外格12畫，姓名四格配置他運凶數，易意外與傷害之發生。

（9）柔弱之運數—

12、14、22、32等數是表面柔弱，但內心甚為剛強、易走極端。

例如：①劉（15畫）杞（7畫）慶（15畫），三十九年次，台北市人，是位計程車司機，十多年前婚姻破裂、染上賭博，喝酒的惡習又負債，不滿父親不幫忙，負氣下在住家後方樹林上吊自殺。其人格22畫、地格22畫、二格之運數易走極端。

②王（4畫）峰（10畫）偉（11畫），五十三年次，屏東人，疑患有憂鬱症，於自宅上吊自殺。其人格14畫、外格12畫，二格之運數易想不開。

（10）首領之運格—

3、16、21、23、31、33、39等數者，兼備智、仁、勇的能力，可居領導地位，可為主管或老闆。

例如：①劉（15畫）金（8畫）標（15畫），二十三年次，巨大機械股份有限公司董事長，生產捷安特自行車聞名海外。其人格23畫、地格23畫、外格16畫、姓名三格都為領導之運數。

②黃（12畫）茂（11畫）雄（12畫），二十八年次，東元電機股份有限公司董事長，生產電視機、冷氣、電氣相關產品聞名國際。其人格23畫、地格23畫、姓名二格都為領導格之運數。

（11）寡婦之運數—

21、23、33、39等數者，皆為首領格之數，適用於男性，不適用於女性。具有首領的女性，一生勞苦，或夫妻的一方必早死亡或離婚。使用此數須瞭解其八字強弱做調整為宜。

例如：陳（16畫）孝（7畫）萱（15畫），五十九年次，電視台演員、主持人，八十九年結婚，九十二年離婚。其人格23畫，配合他運地格22畫，總格38畫都為凶數，一生勞苦或離婚。

（12）溫和之運數——

5、6、11、15、24、31、32、35等數，個性溫和，為人豪直能與長輩晚輩相處融洽，圓滿之中權威輝煌。

例如：曾（12畫）馨（20畫）瑩（15畫），鴻海集團董事長夫人，其人格32畫、地格35畫，二格都溫和之數理，個性溫和，為人豪直能得上下之信望，圓滿之中權威輝煌。

（13）女德之運數——

5、6、15、16、32、35等數，因尾數有五行土之美德，女性有涵養、孝順父母、順從丈夫，教子有方。

例如：連方（18畫）瑀（14畫），前連副總統夫人，其地格15畫（冠夫姓連加地元一數）、總格32畫，三格都富有女德之數理，個性溫和，有涵養之美德，順從丈夫，夫唱婦隨，教子有方，子女各有成就。

（14）雙妻之運數——

5、6、15、16、32、39、41等數，一妻難偕老，如非生離死別或納有小室，金屋藏嬌。

例如：王（4畫）永（5畫）在（6畫），台塑集團董事長。其總格15畫，雙妻格。

（15）晚婚之運數—

9、10、12、17、22、28、34、35、38、43等數，理想、眼光高、好高騖遠，高不成、低不就，常受外界排斥，難早成婚。

例如：李（7畫）玉（5畫）錦（16畫），六十三年次未婚，長相亮麗，個性獨立，理想、眼光高。其人格12畫、外格17畫、總格28畫，姓名三格之中都是晚婚之運數。

（16）敗家之運數—

2、4、9、10、12、14、19、20、22、26、36等數，家運、事業難展鴻圖，但他運配置得當者未必盡然。

例如：吳（7畫）傑（12畫）人（2畫），五十三年次，曾任於高雄地檢署檢察官，此間逼姦一名美女證人，遭收押停職，因利用辦案機會邀約女當事人，不僅襲胸、吻耳，還逼姦，重判八年六月徒刑，並強制治療。其人格19畫、地格14畫，姓名三格之中帶有敗家之數，影響事業之發展。

（17）蔭家之運數—

3、5、6、11、13、15、16、24、31、32、35等數，可蔭家業昌隆，幼子出生於貧苦家庭者，得興家事業成功。

例如：羅（20畫）結（12畫）任於正新橡膠股份有限公司董事長，生產正新輪胎，聞名海內外，成為台灣百大企業集團。其人格32畫、地格13畫、總格32畫，姓名三格都為蔭家之數，符合羅董事長幼年家貧，白手起家，點滴節省，打拼奮鬥，才會今日之財富，成為員林首富。

（18）養子之運數—

11、13、39、41筆數，非過繼人子，便是招婿之數。

（19）喪偶之運數—

9、10、17、19、20、21、23、26、27、28、29、30、34、42、43等數。

例如：①郭（15畫）台（5畫）銘（14畫），三十九年次，鴻海集團董事長，其人格20畫，地格19畫、總格34畫，姓名三格局都為喪偶之數。

②李（7畫）宗（8畫）政（8畫），六十五年次，外表俊俏，內斂隱藏，固執，暴躁，嘉義

人，曾有三次婚姻，不滿其妻申請保護令而殺妻。其總格23畫為偶喪之數。

（20）孤獨之運數—

4、7、10、12、14、17、22、27、28、34等數，富有孤獨性僻，家族緣薄，潔僻，完美主義，難與人相處，中年運較易陷於孤獨境遇。

例如：王（4畫）裕（13畫）仁（4畫），五十七年次，生性孤僻，不合群，上班與同事不和，在家都窩於房間玩電腦足不出門，夫妻話不投機半句多。其人格17畫、地格17畫，姓名二格都是孤獨之數。

（21）好色之運數—

17、26、27、23、33、43、52等數，男女多喜性事，女性小心發生男女感情上糾紛，23、33數之人多為情多困，重感情。他運配合得宜雖淫而不亂。

例如：①魏（18畫）進（15畫）山（3畫），六十年次，台北市自營檳榔攤，雇檳榔西施上班四天，就以鍛鍊體力為由，至辦公室伏地挺身，而撲上去強姦得逞，並恐嚇不得聲張，被咬傷下體後報警。其人格33畫，姓名外格4畫、總格36畫都為凶數，更為好色。

②蕭（18畫）炳（9畫）坤（8畫），三十七年次，彰化縣有位少女見神明廳香火爐歪斜，請蕭法師到家作法，蕭見少女可愛可欺，說少女是前世夫妻，要吻少女，吸乳摸下體，事後少女報警，強制猥褻罪。其人格27畫、地格17畫，姓名二格都為好色之數。

（22）愛嬌之運數—

15、19、24、25、26、28、32等數，富有愛嬌之質，易受人憐愛。

例如：何（7畫）麗（19畫）玲（10畫），五十年次，任於春天飯店董事長。其人格26畫具有聰明、美麗、嬌媚、交際手腕好，交友廣泛，事業蒸蒸日上。

（23）破壞之運數—

20、28、36、40、50等數，品行不好，行為不檢點，不知潔身自愛，自毀前途。

例如：王（4畫）燕（16畫）明（8畫），五十四年次，台中市沙鹿區牛頓補習班負責人，性侵五名國小女童，利用其妻為國小老師招生，以輔導學生為由性侵女童被告。其人格20畫，總格28畫，姓名二格都是破壞之數，行為不檢，不知潔身自愛，自毀前途。

（24）病弱之運數——

2、4、9、10、12、14、19、20、32、34、36、46等數，身體衰弱，多疾病，抵抗力低。

例如：①陳（16畫）靜（16畫）文（4畫）宏仁集團董事長王文洋之夫人，胃癌病逝。其人格32畫、地格20畫，總格36畫，姓名三格都是病弱之數。

②楊（13畫）德（15畫）昌（8畫），三十六年次，電影導演，名歌手蔡琴之前夫，大腸癌病逝。其外格9畫、總格36畫，姓名有二格都是病弱之數。

（25）風流之運數——

4、12、14、15、16、24、26、28、35、37、45等數者，生性風流，對女人易產生興趣，亦有女人緣，易生桃色事件。

例如：鍾（17畫）美（9畫）賢（15畫），五十三年次，常夜不歸宿，罹癌妻託兒子在父親轎車裝置錄音系統，錄到丈夫與教會女教友，十多次同車外出出遊，對話車震呻吟。其人格26畫、地格26畫、外格16畫，姓名三格都是風流之數。

（26）財富之運數—

15、16、24、29、32、33等數者，能白手起家，財帛豐厚。24財源滾滾，29勞力之財，32財帛豐盛，33有意外之財。

例如：①徐（10畫）旭（6畫）東（8畫），三十年次，任於遠東集團董事長。其人格16畫、總格24畫，姓名二格都含有財富之數。

②蔡（17畫）宏（7畫）圖（14畫），四十一年次，任於國泰金控公司董事長。其人格24畫、外格15畫，姓名二格都含有財富之數。

（27）流血之運數—

17、19、20、27、32、34、44、47等數者，財源豐富，人際關係好。但有破壞之意念濃厚，致常家庭風波，生涯有流一、二次血。

例如：曹（11畫）來（8畫）春（9畫），五十年次，於45歲時娶酒店小姐，並收養其12歲兒子，還簽切結書保證不偷腥，違約賠一億元，結果不到一年就被抓包，被求償四仟五佰萬元，法官判賠一佰五拾萬元。其人格19畫、地格17畫，姓名二格都為流血之數，有破壞之意念，致生家庭風波。

（28）遭難之運數—

10、19、20、27、28、34、39、44等數者，會常受他人誹謗，排斥、遭到禍害，刑罰，生離死別之禍。28行為不當，犯小人易入獄。

例如：林（8畫）盈（9畫）雙（18畫），五十一年次，中油通霄廠區天然氣貯員工，中午參加歡送離職同事餐會，酒醉開車回家途中違規開進對向車道，與油罐車相撞死亡。其地格27畫、外格19畫，姓名二格都為遭難之數，發生生離死別之禍。

（29）自殺之運數—

10、12、14、20、22、27、34、36、46等數者，思想偏激，鑽牛角尖，胡思亂想，以致有自殺之意念，致使不幸發生。

例如：①黃（12畫）宜（8畫）君（7畫），六十四年次，花蓮，東華大學文學研究生，疑患憂鬱症，想不開自殺。其人格20畫、總格27畫，姓名二格都含有自殺之數。

②曾（12畫）素（10畫）芬（10畫），保齡球女國手，跳樓自殺。其人格22畫、地格20畫，姓名二格都有自殺之數。

③朴（6畫）容（10畫）夏（10畫），六十六年次，韓國藝人，上吊身亡。其地格20畫是自殺之數。

（30）發狂之運數—

4、34、44、54等數者，再配合其他三格有10、19、20、27、28、34、39、44等遭難之數或火、土之五行相通數者，會產生發狂之情事。

（31）佛緣之運數—

13、19、34為正佛緣格。12、14、20、22為偏佛緣格。具有佛緣格之數得宜做宗教文物或多做善事佈施，多修行，少吃牛、羊肉，才有福報。

例如：張（11畫）正（5畫）坤（8畫）（如本法師），四十四年次，高雄縣內門鄉人，於六十九年四月八日剃度出家受三壇大戒，佛學院畢業，鑽研三藏聖典七年有餘，隨後於台灣寶島南北弘法，並於全國有線電視台弘揚佛法，轉妙法輪。其地格13畫為正佛緣格，做善事佈施，弘揚佛法。

八、成功運與基礎運之研討

筆畫數理、陰陽五行姓名學，命名、改名注意天格、人格、地格、外格、總格五格皆為吉數，始為好名字，對天格、人格、地格三才之配置，必須適當，如果三才配置不當者，多遭疾病、凶禍，一生坎坷多波折，家運衰敗，致家庭不和、不安，無論如何奮發圖強，始終難以出人頭地，可見三才配置不當者，值得重視，而三才主要配置有二，就是天格與人格之配置謂之「成功運」，人格與地格之配置謂之「基礎運」。欲以姓名判斷人之吉凶禍福，必須看姓名之天格、人格、地格、外格、總格五格筆畫吉凶，然後瞭解三才（天格、人格、地格）配置適當否？即可一目了然了。

（一）說明─

（1）天格、人格、地格，若十數以上，要扣除其盈數，將所殘餘之零數，相互配比之。

（2）例如：人格16數扣除10數剩6數，地格15數扣除10數剩5數。

（二）舉例—

姓名	筆畫	格數
假成	1	天格 8
李	7	人格 15
宗	8	地格 24
憲	16	外格 17
		總格 31

運		解說
成功運	八—五	成功順利，自能達到目的。—吉
基礎運	五—四	得屬下之支援，充分之安定，逐漸發展，又得意外之進境。—吉

姓名	筆畫	格數
假成	1	天格 17
錢	16	人格 25
美	9	地格 23
鳳	14	外格 15
		總格 39

運		解說
成功運	八—五	成功順利，自能達到目的。—吉
基礎運	五—四	得屬下之支援，充分之安定，逐漸發展，又得意外之進境。—吉

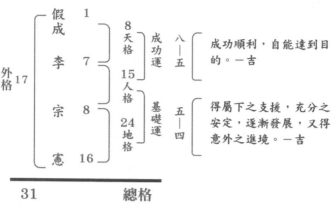

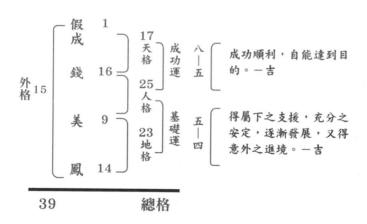

（三）人格木（1．2）配合天格及地格之關係表

天格	人格	成功運		人格	地格	基礎運	
木（1.2）	木（1.2）	同性相轉事事順利，成功達到平安。	吉	木（1.2）	木（1.2）	基礎安穩，且能得助力者，意志堅強。數理凶數，有災厄。	吉
火（3.4）	木（1.2）	各從其志向發展，事事如意，迅速達到目的。	吉	木（1.2）	火（3.4）	安然平安無事，但天格數理有水，天地相尅，必變凶兆。	吉
土（5.6）	木（1.2）	外表安祥，內在且痛苦，要成功是困難，雖用心努力想達到成功較遲，有胃疾。	凶	木（1.2）	土（5.6）	不變動，安如泰山。	吉
金（7.8）	木（1.2）	命運被壓抑，有志難伸。腦亦破損，腦神經衰弱，呼吸道之疾病。	凶	木（1.2）	金（7.8）	境遇易生變化，難免有被迫害，又受屬下之威脅，如坐針氈之上。	凶
水（9.10）	木（1.2）	如草木受雨露之滋潤，欣欣向榮。	吉	木（1.2）	水（9.10）	有短暫之成功發展，恐有浮動流亡，病弱之虞。	凶

例如：①嚴（20畫）凱（12畫）泰（9畫）任於裕隆集團董事長，其天格21畫屬木、人格32畫屬木、地格21畫屬木，事事順利，成功達到平安。基礎安穩，且能得助力者，意志堅強。

②黃（12畫）炳（9畫）彰（14畫）任於中信大飯店董事長，其天格13畫屬水、人格21畫屬木、地格23畫屬火，其志向上發展，事事如意，迅速達到目的。

③郭（15畫）秀（7畫）妹（8畫），六十五年次，花蓮人，與男友同居，男友劈腿氣憤於自宅七樓跳樓死亡。其天格16畫屬土、人格22畫屬木、地格15畫屬土，為人格22畫凶數之影響，外表安祥，內在且痛苦，要成功是困難的。

④謝（17畫）文（4畫）郎（14畫），四十九年次，台北市擁有三億土地，因炒股票後染毒，一年花掉三仟萬元，因毒品交易被逮。其天格18畫屬金、人格21畫屬木、地格18畫屬金，因命運被壓抑，有志難伸。境遇易生變化，難免有被迫害，為抒解壓力而染毒。

（四）人格火（3．4）配合天格與地格之關係表

天格	人格	成功運	人格	地格	基礎運
木（1.2）	火（3.4）	受長輩上司之提拔照料，步步高昇，事事順利成功。 吉	火（3.4）	木（1.2）	境遇平穩堅固，得屬下之幫助，名利雙收。 吉
火（3.4）	火（3.4）	得同事之輔助，事業成功。但地格有土時，雖有短暫成功，亦變凶兆。 凶	火（3.4）	火（3.4）	一時旺運，缺乏持續力，然大都能順和，但天格木則安全。 吉
土（5.6）	火（3.4）	事事如意，順利達成，功成名就，但數理凶者不然。 吉	火（3.4）	土（5.6）	基礎堅固，心身健康，但天格人格屬火時，內生分離作用，必陷於短命。 凶
金（7.8）	火（3.4）	上伸極為困難，徒勞無功，恐有神經衰弱，肺病，甚至發狂之災厄。 凶	火（3.4）	金（7.8）	外觀所見安穩，內在勞心，家庭或屬下之間，時有紛爭，又易起精神疲勞。 凶
水（9.10）	火（3.4）	受到壓抑，四面楚歌，難以成功，且有心臟麻痺，腦溢血，自殺等情事。 凶	火（3.4）	水（9.10）	相當不安定，有意外突變，致失生命財產。 凶

例如：①黃（12畫）茂（11畫）雄（12畫），二十八年次，任於東元電機股份有限公司董事長，其人格13畫屬火、人格23畫屬火、地格23畫屬火，生產電器產品，永續經營，聞名海內外。得同事之輔助，事業成功。

②郝（14畫）柏（9畫）村（7畫），曾任於國防部部長、行政院院長。其天格15畫屬土、人格23畫屬火、地格16畫屬土。功成名就，心身健康，事事如意。

③蔡（17畫）宏（7畫）彬（11畫），七十二年次，是新台北市樹林區一家烤漆工廠乾燥爐突然爆炸，其走避不及被炸斷右手臂後，活活被燒死。其天格18畫屬金、人格24畫屬火、地格18畫屬金，三才配置不當，易常生災厄之情事。

（五）人格土（5．6）配合天格與地格之關係表

天格	人格	成功運	人格	地格	基礎運
木（1.2）	土（5.6）	雖有不平不滿，幸有本來之美德，故無大過，唯恐有胃腸與腹部之病患。 凶	土（5.6）	木（1.2）	境遇平穩堅固，得屬下之幫助，名利雙收。 吉
火（3.4）	土（5.6）	有長上之愛護，或得祖上庇蔭，順調平安。 吉	土（5.6）	火（3.4）	一時旺運，缺乏持續力，然大都能順和，但天格木則安全。 吉
土（5.6）	土（5.6）	個性執著沉重，易親易離，成功雖遲，大致上仍得幸福。 吉	土（5.6）	土（5.6）	雖有不平不滿，幸有本來之美德，故無大過，唯恐有胃腸與腹部之病患。 凶
金（7.8）	土（5.6）	成功順利，自能達到其目的。 吉	土（5.6）	金（7.8）	有長上之愛護，或得祖上庇蔭，順調平安。 吉
水（9.10）	土（5.6）	凡事稍有困難，常會發生障礙，只要盡力突破，仍可達到其目的。 吉	土（5.6）	水（9.10）	仍得幸福。 吉

例如：①徐（10畫）弘（5畫）達（16畫），六十八年次，新北市海洋大學學生，與同學至新北市萬里海水浴場戲水，不幸被大浪捲走。其人格11畫屬木、人格15畫屬土、地格21畫屬木，三才配置不當，境遇不安，常有變化之情事發生。

②游（13畫）象（12畫）富（12畫）任於鴻海科技股份有限公司副總經理。其天格14畫屬火、人格25畫屬土、地格25畫屬火，有上司之愛護，屬下之支援，充分之安定，逐漸發展事業。

③林（8畫）松（8畫）貴（12畫），四十二年次，屏東人，頸椎長骨刺，長期受疾病之困擾而想不開，於自家喝農藥自殺死亡。其天格9畫屬水、人格16畫屬土、地格20畫屬木，基礎運配凶數20畫，有急變健康，事業一朝之間喪失。

(六)人格金(7.8)配合天格與地格之關係表

天格	人格	成功運		人格	地格	基礎運	
木(1.2)	金(7.8)	一時有困難，能突破邁進，也是能成功，但多半陷於身心疲勞，易生不遇不平。	吉	金(7.8)	木(1.2)	境遇平穩堅固，得屬下之幫助，名利雙收。	吉
火(3.4)	金(7.8)	成功運抑鬱，除有特別之例外，不遇不滿，有發狂自殺，腦症，肺患。	凶	金(7.8)	火(3.4)	絕對不安定，受屬下之強迫，有急變顛覆之虞，易惹思想之變化，患肺，腦疾，晚年易顯凶兆。	凶
土(5.6)	金(7.8)	上司惠澤深厚，心身健康，努力發展事業。	吉	金(7.8)	土(5.6)	基礎境遇安固，心身安定，德性堅實，而能奏大功。	吉
金(7.8)	金(7.8)	個性偏激陽剛，不和或有不測之禍，釀成夫妻間之紛爭，致於不幸者有之。	凶	金(7.8)	金(7.8)	過於剛毅，反遭災難，釀成不和批難，天格金時有傷害健康災厄。	凶
水(9.10)	金(7.8)	萬事順利，達成目的。	吉	金(7.8)	水(9.10)	自找苦吃，有急變，顛覆波瀾不幸之悲運。	凶

例如：①洪（10畫）明（8畫）裕（13畫），四十六年次，台南人力仲介公司負責人，引進越南女子來台工作後，威脅遣送回國為由，性侵猥褻，強迫裸照得逞。其天格11畫屬木、人格18畫屬金、地格21畫屬木。外觀基礎安定，內心難免不安，若不慎則顛覆，及有其他之難症。

②楊（13畫）德（15畫）昌（8畫），三十六年次，電影名導演，歌手蔡琴之前夫，大腸癌病逝。其天格14畫屬火、人格28畫屬金、地格23畫屬火，三才配置不當與凶數之數理，有急變顛之虞，晚年易顯凶兆。

③王（4畫）寧（14畫），八十三年次，高雄市正興國中參加96年國中基測，連跳二級，考上高雄中學。其天格5畫屬土、人格18畫屬金、地格15畫屬土，三才配置得宜，身心健康，天資聰穎，努力發展。

（七）人格水（9．10）配合天格與地格之關係表

天格	人格	成功運	人格	地格	基礎運
木（1.2）	水（9.10）	雖然成功順暢，但家庭不幸，半吉半凶，數理配置凶數時更凶。 凶	水（9.10）	木（1.2）	境遇平穩堅固，得屬下之幫助，名利雙收。 吉
火（3.4）	水（9.10）	意志堅定者，雖能成功，然多陷於逆境，而禍亂混雜。 凶	水（9.10）	火（3.4）	基礎運不安定，有急禍急變之大災來襲，恐患心臟之疾病。 凶
土（5.6）	水（9.10）	徒勞無功，反受災難，又被人嘲笑。 凶	水（9.10）	土（5.6）	表面若安定，精神會不安，必被捲入失意、逆境。 凶
金（7.8）	水（9.10）	受意外之照顧及有祖蔭庇佑，但數理若凶，必顯現於 方。 吉	水（9.10）	金（7.8）	基礎鞏固，且有名利，緩和數理之凶，向上發展之氣旺盛。 吉
水（9.10）	水（9.10）	素行不修，荒亡散財，有破大荒之大成功，但亦變為泡影，注意地格數理吉凶。 凶	水（9.10）	水（9.10）	雖有發揮一時之大勢力，但恐會有變動意外之災，及孤獨、飄零之悲運。 凶

例如：①馬（10畫）素（10畫）惠（12畫），五十七年次，高雄市人，與男友發生爭吵，憤而跑至男友住宅前，引火自焚死亡。其天格11畫屬木、人格20畫屬水、地格22畫屬木，人格20畫凶數自殺數，地格22畫凶數，數理配置凶數時更凶，家庭不幸。

②蘇（22畫）昌（8畫）賢（15畫），七十七年次，屏東人，凌晨五點半普通列車上強壓女學生到火車上廁所性侵得逞，其結婚一年多有8個月大的女兒。天格23畫屬火、人格30畫屬水、地格23畫屬火，人格數理凶數多陷於逆境，而禍亂混雜。

③賴（16畫）大（3畫）王（4畫），四十五年次，任於力特光電股份有限公司董事長，其天格17畫屬金、人格19畫屬水、地格7畫屬金，基礎鞏固，且有名利，緩和數理19畫凶數，向上發展之氣旺盛。

九、姓名與社交運之關係

從姓名的人格與外格可以略知一個人的社交運，並且可以體會出一個人在社交上有優劣點，其方法是從姓名的人格五行與外格五行之間的關係，並且舉例說明，提供給讀者做學術研討之參考：

人格	外格	吉凶	社交運的靈動
木	木	吉	個性坦白，剛直，多做事少說話，是個很踏實的人，但且多疑心。
火	木	吉	有親和力，異性緣佳，外表很樂觀，內心很痛苦，表裡不一，做事不切實際。數理吉可逢凶化吉。
土	木	吉	女性嬌艷、迷人，有成仁之美德，男性心理不平衡，易有不滿，而苦惱。數理吉可逢凶化吉。
金	木	凶	言行不一，言而無信，為貪女色而惹火燒之厄。
水	木	吉	言而有信，起其言而過之行，做事三思而後行，處事泰然，無憂無慮。

例如：①劉（15畫）先（6畫）覺（20畫），四十七年次，美國密西根大學，數學系碩士，任於台灣全球人壽股份有限公司總經理，其人格、外格都是21畫屬木，為人正直，踏實，少說話多做事的代表。

②蔡（17畫）辰（7畫）洋（10畫），三十八年次，台北市喜來登飯店董事長。其人格24畫屬火，外格11畫屬木，有親和力，外表樂觀，人際關係佳，外交手腕好，擁有多家公司之董事長。

人格	外格	吉凶	社交運的靈動
木	火	吉	外表很樂觀，內心很勞苦，付出多得到少，若他格數理吉數相助者大成功。
火	火	凶	個性急躁易與人不和，做事雖果斷且難以接受別人意見，亦受人批評與攻擊。
土	火	吉	個性內斂，缺乏果斷力，平易近人，但易受社會之惠澤，得人緣而成功發展。
金	火	凶	太執著難與人相處，不受人喜歡。恐有頭疾或急變，若數理吉數稍平安。
水	火	吉	多少會有困難，只要忍耐去突破萬難，即能成功發達。

例如：①馬（10畫）玉（5畫）山（3畫），二十三年次，任於冠德集團、環球購物中心董事長。其人格15畫屬土、外格4畫屬火，平易近人，受社會之惠澤，使購物中心成功之拓展。

②林（8畫）芳（10畫）裡（13畫），四十七年次，台中市大肚區人，疑與女友為了分手及金錢問題而發生爭執，怒而持汽油潑灑自己及對方點火，企圖同歸於盡，自己卻燒成焦屍。其人格18畫屬金、外格14畫屬火，個性太執著放不開，外格14畫凶數，恐有急變之發生。

③林（8畫）文（4畫）淵（12畫），四十一年次，曾任於台灣電力股份有限公司董事長、中國鋼鐵股份有限公司董事長。其人格12畫屬木、外格13畫屬火，領導中鋼公司，轉虧為盈，雖遇困難且能努力突破萬難，而達到成功。

人格	外格	吉凶	社交運的靈動
木	土	吉	自視清高，盛氣凌人，少說多做，終可成功。
火	土	吉	為人正直，做事實在，按部就班，易被人誤會，終究知其為人，而獲扶成功。
土	土	吉	意志不堅，優柔寡斷，若三才數理配置吉數，則可成功。
金	土	吉	做事不敷衍了事，認真努力行事，誠懇實在，成功發達。
水	土	吉	謹慎小心行事，安份守己，有智慧，能勤勉的奮發，成功榮昌。

例如：①蔡（17畫）宏（7畫）圖（14畫），四十一年次，任於國泰金控股份有限公司董事長。其人格24畫屬火、外格15畫屬土，為人正直，做事實在，受貴人扶持，企業體越做越大，成功之企業經營者。

②張（11畫）虔（10畫）生（5畫），三十三年次，任於日月光集團、宏璟建設股份有限公司董事長。其人格21畫屬木、外格6畫屬土，理想很高，有衝勁，帶頭領導，事業成功。

③辜（12畫）仲（6畫）諒（15畫），五十二年次，曾任於中國信託銀行股份有限公司董事長。其人格18畫屬金、外格16畫屬土，做事細心規劃執行，企業發展成功至金控公司。

人格	外格	吉凶	社交運的靈動
木	金	吉	謙虛有禮貌，且能捨己救人，終能以德服人，而獲得成功。
火	金	凶	虛榮心強，不接受別人意見，容易得罪人，做事不周密，終結失敗。
土	金	凶	為人忠厚，但不得要領，不討好別人，易受人欺騙而洩敗。
金	金	吉	生性不修邊幅，為人風流，雖奮鬥心強，常與人衝突，被人所棄而孤獨。
水	金	吉	能言善道，口齒伶俐，有主張而能成功發展。

例如：①陳（16畫）政（8畫）憲（16畫），六十八年次，與女友同為文化大學之班對，女友考研究所，男而去當兵，此間男擔心女友情變，故常以電話查勤，女友受不了，男退伍後與女友談

判不合，男藏刀刺女友七刀，自刺五刀脫險。其人格24畫屬火、外格17畫屬金，虛榮心強又多疑心，不接受別人意見，意氣用事，終告失敗。

②王（4畫）裕（13畫）隆（17畫），五十八年次，高雄市高樹分駐所副所長，以潘素雲女毒販當女線民，並供資金，進而追求做女友，女友因與女同居（同性戀），不滿人財兩失，而殺死女友。其人格17畫屬金、外格18畫屬金，為人風流，為緝查業績，思想偏差，與人衝突，而影響事業之前程。

人格	外格	吉凶	社交運的靈動
木	水	吉	藝術才能，以其才華成功發達，易受貴人惠助，步步順調成就。
火	水	凶	個性內向，多愁善感，難與人融合，好酒色而誤事，易患頭部之疾病。
土	水	凶	好出風頭，容易得罪人，家族緣薄，難與人共同相處生活。
金	水	凶	言行不一，自私心重，缺乏犧牲精神。又好色，終身失敗。
水	水	吉	個性內斂穩重，誠實肯做，財帛豐富，利己心強，成功隆昌。

例如：①洪（10畫）學（16畫）和（8畫），三十三年次，南投縣草屯鎮人，因常家暴妻子，妻子申請保護令，致須搬出家庭居住，自覺委屈，於清晨又與妻子起衝突，盛怒之下竟拿榔頭一鎚把妻子打死。其人格26畫屬土、外格9畫屬水，家族緣薄，難與人共同相處生活，加諸於人格、外格數理凶數，更為凶。

②黃（12畫）淑（12畫）貞（9畫），五十八年次，苗栗縣竹南某國中音樂老師，因懷疑先生外遇，開車到山區於車內燒炭自殺。因一年前罹患憂鬱症，前幾天才因先生外遇之事爭吵，進而想不開燒炭自殺。其人格24畫屬火、外格10畫屬水，多愁善感，易患頭部之疾病。

十、姓名與性格之關係

從姓名數理靈動力與吉凶之影響，再至姓名五格天格、人格、地格、外格、總格，以及三才天格、人格、地格等詳細介紹，深信讀者有所瞭解，現在再來談「姓名與性格之關係」，是從姓名的表現性格的部位，是在於「人格部分」，只要詳細觀看個ㄋ人姓名人格其數理，即可明瞭對方性格。例如：陳怡君之人格型態如何瞭解，將陳之16畫，加怡之9畫，等於25畫即是人格之數，去其盈數之20數，將所餘之5數，或是簡單的看人格數理之25畫個位數5數也可以，然後再對照左列之數，就可以瞭解對方性格之表面，至於其內在之性格深入瞭解探討，須進一步姓名五格之數理靈動數、陰陽五行相生相剋做全盤解析。

（1）人格部有一數之人—

個性沉著、穩重、溫和而有理智，做事多被動，但有不屈不撓的精神。唯有猜疑嫉妒之心，但有此數之人貪財而多情。

（2）人格部有二數之人─

其個性隱忍不動，保守，吸收力強，刻苦耐勞，外表溫和，內心倔強，個性較執著，而有嫉妒心強，貪財又喜歡異性，宜慎之。

（3）人格部有三數之人─

熱忱如火，活動力強，交際手腕靈敏，智謀卓越，感情敏銳，個性急躁，缺乏耐性，是愛好權勢名利的人。

（4）人格部有四數之人─

外表文靜，內心暴躁，富有才智，個性機敏，但因性格表裡矛盾，易熱易冷之心情，情緒化，卻又愛權勢名利。

（5）人格部有五數之人—

表面之土，多有同化力，反抗力很強，外柔內剛，溫和且有雅量，穩健沉著，唯感情善變，易親易疏。榮譽心強，稍有嫉妬心之缺點。

（6）人格部有六數之人—

六、十六數者，外表溫和，內心很剛毅，能獲相當成就，享受家庭幸福二十六、三十六、四十六數者，有俠義之風格，並富有同情心，但有變動不定，病弱之象，一生難有安定，此數出有傑出者，亦有愚蠢者。

（7）人格部有七數之人—

性格剛強，缺乏同化力，自我心強，有不屈不撓的精神，做事果斷和堅強之耐力，及好權勢等特點。

（8）人格部有八數之人——

剛毅木訥，個性堅定如礦石，頑固而無通融性，致人際關係不好。雖是礦石之心，具有堅強之耐力和進取心，但對事愛打抱不平，若能善加修身養性，必能光明磊落。此數不適合於女性，有過陽剛之嫌。

（9）人格部有九數之人——

個性好動，富有相當活動力，片刻不能靜止，但有智慧，理性力佳，性極淡泊，且變動不定，易陷於放縱荒誕，貪財好權是其特性。

（10）人格部有十數之人——

如沉滯不流之湖泊或井水，遲滯不動，有才智且缺乏活動力，然易受衝動，一旦時機來臨，又將湖泊一變，會變成汪洋一片，似洶濤駭浪，易失敗而破產。有才智、好權威及愛財之性格。

第二篇
陰陽五行姓名學

一、五行之相生相剋

1. 所謂五行是指木、火、土、金、水五種。

2. 古代聖賢對其宇宙觀乃至人生觀，將如何收納在五行之中，茲列記如下：

（1）木：數理一、二，一屬陽，二屬陰，天干為乙，方位為東方，四季為春天，日為早晨，色水是綠色，味為酸，性是仁，五臟屬肝，六腑屬膽。

（2）火：數理三、四，三屬陽，四屬陰，天干為丙，天干為丁，方位為南方，四季為夏天，日為中午，色水是紅色，味是苦，性是禮，五臟屬心，六腑屬小腸。

（3）土：數理五、六，五屬陽，天干為戊，六屬陰，天干為己，方位為中央，四季為四季交接，日為日輪當中，色水是黃色，味為甘，性是信，五臟屬脾，六腑屬胃。

（4）金：數理七、八，七屬陽，天干為庚，八屬陰，天干為辛，方位為西方，四季為秋天，日為下午，色水是白色，味為辣，性是義，五臟屬肺，六腑屬大腸。

（5）水：數理九、十，九屬陽，天干為壬，十屬陰，天干為癸，方位為北方，四季為冬天，日為夜晚，色水是黑色，味為鹹，性是智，五臟屬腎，六腑屬膀胱。

3. 五行相生──

（1）木生火：火要依靠柴薪來維持燃燒。

（2）火生土：土要依靠太陽來不斷普照。

（3）土生金：金要依靠山岩來儲藏保存。

（4）金生水：水要依靠鐵器來開穿疏導。

（5）水生木：木要依靠雨露來濕潤灌溉。

4. 五行相剋──

（1）木剋土：過鬆的土壤要木材來防其崩解。

（2）火剋金：過硬的金屬要火燃來促其熔化。

（3）土剋水：過急的水流要土壤來阻其泛濫。

（4）金剋木：過盛的木材要金屬來行其砍伐。

（5）水剋火：過烈的火熱要水流來滅其災禍。

天格、人格、地格三才格局的融合或失調，乃須依於宇宙循環的法則所確定。三才五行相生者，即有順應萬象生成的自然運行，有助事業順利，身體強壯，家庭美滿。三才五行相剋，其配置有違背自然之運行，是萬物腐滅的逆理，當然會有礙事業發展，身體健康，家庭不和諧。

二、五行相生相剋的制化

五行相生相剋的制化在姓名學上少有運用與推論，茲為單純五行相生相剋之延讀，好讓讀者細心參閱，多看幾遍以達靈活運用之境界，分述如下：

（1）金賴土生，土多金埋。土賴火生，火多土焦。木賴水生，水多木漂。水賴金生，金多水濁。火賴木生，木多火烈。

（2）金能生水，水多金沉。水能生木，木多水縮。火能生土，土多火晦。土能生金，金多土變。木能生火，火多木焚。

（3）金能剋木，木堅金缺。木能剋土，土重木折。水能剋火，火多水蒸。火能剋金，金多火滅。土能剋水，水多土流。

（4）金弱遇火，必見銷熔。火衰逢水，必為熄滅。水弱逢土，必為堵塞。土弱逢木，必遭傾斜。木弱逢金，必為砍伐。

（5）強金得木，方挫其鋒。強水得木，方泄其氣。強火得土，方止其焰。強土得金，方制其害。強木得火，方化其頑。

三、人體五行的組織

姓名學就只以「姓」與「名」的數理、陰陽、五行、字意、字象，以及生肖和姓名之搭配，研究出的一種學術。

所以說：萬物之生息，就是陰陽的交度，有陰無陽，有陽無陰，有男無女，有女無男，是不能生育。

在於宇宙萬物，綿綿不息，傳宗接代，就是陰陽相配所造成，這是現代科學理論，也是陰陽理論。

五行是指木、火、土、金、水之氣，依據現代醫學常識所知道「五行」在我們人體的組織當中，都包含有哪些呢？茲列供學術研討之參考。

（1）姓名學數理之五行屬「木」：含有人體內的蛋白質。例如：木材的結構，還有蛋白質是由氧、氫、碳之化學元素所組成。

（2）姓名學數理之五行屬「火」：就是說我們人體內的體溫大約攝氏36度半左右，這就是人體內的熱量。

（3）姓名學數理之五行屬「土」：就是我們人體內的鹽類、碘、磷、硫黃等非金屬的化學元素。

（4）姓名學數理之五行屬「金」：是指金屬化學元素內的鉀、鈉、鈣、鐵、鎂、鉛、銅、錳等等。

（5）姓名學數理之五行屬「水」：就是我們人體的組織結構中，水分須佔有百分之七十比率。

由此可見我們姓名學數理之「五行」結構是很重要的，有五行的調和我們才有活力、有精神。但是很多人在命名、改名時都未重視數理、陰陽、五行、字意、字象的姓名五格，天格、人格、地格、外格、總格的結構組合，這是沒有研究的人不瞭解其重要性。

四、五行人的特性

論姓名可從名字的格局天格、人格、地格、外格、總格的數理吉凶與靈動力，以及五格的陰陽五行相生相剋來瞭解其個性，但坊間姓名學之書籍學派繁多又複雜，一般初學讀者閱讀很吃力，往往一本書閱讀完畢，仍是霧裡看花，作者有鑑於此特別深入淺出，簡單扼要重點細述，只要詳細閱讀熟記，就不難瞭解一個人其特性了。

一般而言，五行相剋者若名字的字形、字意、字象取得好，比較能夠有作為，其次才是五行相生者，再其次為五行比和者。例如：金剋木、木被剋，木的特性就會完全發揮出來，困木得金剋，木就能成器，依其意願而成何種器，所以在論五格相生相剋時，不可一昧認為被剋為凶，捨棄不敢用，殊不知「四時無常位，五行無常勝，聖人無常師」，五行相生或比和不一定全部是吉，五行相剋不一定都為凶，有時候反而能激發其潛能，成就大事業。

（1）木行人的特性—

A.相剋：金剋木，人格屬木被天格、地格金受剋，為標準的木行人，其個性剛毅，主觀意識強，果斷直接，膽大心細，主動，積極，自大頑固，臭屁，敢衝敢做，開創性，反應快，改變現狀，事業心強，霸氣十足，吃軟不吃硬，喜歡領導他人，不易心服別人，能屈能伸，韌性強，無情，好高騖遠。女性木行人，是最勤勞肯做的人，勞碌命，在家閒不住，宜做職業婦女，抑或自行創業。相對娶木行人做為老婆，做為先生則比較輕鬆，因為木行人的老婆最能幹，手藝又好，又肯幫夫，願為家庭付出、犧牲、勞碌一生。

B.相生：木生火、木木比和，人格屬木去生天格、地格的火或木木比和者，為一般的木行人，其屬於燃燒自己、照亮別人，付出多得到少，犧牲奉獻，凡事會帶頭，打頭陣，主動、積極、不服輸，責任心重，猜疑心重，自我意識又強，但數理凶數名字的字形、字象、字意取不好，則天馬行空，一意孤行，一事無成。

外格	字	筆畫	數理	格
13 火 外格	假成	1	7 金	天格
	伍	6	11 木	人格
	必	5	17 金	地格
	翔	12		

23 火 總格

必翔電動機車股份有限公司 董事長

外格	字	筆畫	數理	格
4 火 外格	假成	1	8 金	天格
	何	7	21 木	人格
	壽	14	17 金	地格
	川	3		

24 火 總格

永豐餘紙業股份有限公司 董事長

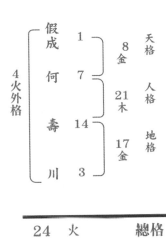

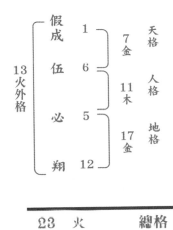

裕隆集團　董事長

外格	字	筆畫	數	格
10 水外格	假成	1	21 木	天格
	嚴	20	32 木	人格
	凱	12	21 木	地格
	泰	9		

41　木　　總格

微星科技股份有限公司　董事長

外格	字	筆畫	數	格
2 木外格	假成	1	11 木	天格
	徐	10	21 木	人格
	祥	11	12 木	地格
	假成	1		

21　火　　總格

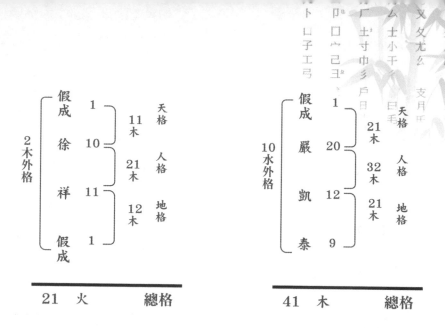

（2）火行人的特性—

A.相剋：水剋火，人格屬火被天格、地格水受剋，為標準的火行人，其人做事熱心，為人熱忱，喜好打抱不平，情緒不穩定，急躁易衝動，三分鐘熱度，敢賭敢冒險，很會說話，審美觀念強，破壞力很強，有時極端反應，在學業表現得聰明、成績好，但有時會虎頭蛇尾，持續力不夠。

女性火行人，常會有矛盾的個性，對自己人很熱心，愛分析、設計，活動力強，好管閒事，多學不精，有利益觀念，簡單又複雜化，其耐力較弱，性情易浮躁、不滿。

B.相生：火生土、火火比和，人格屬火去生天格、地格的土或火火比和者，其人屬於活潑、外向型，學習能力強，做事積極迅速，講求效率，怕獨處沒有安全感，不易相信別人，有時容易精神緊張，情緒變化大，排斥力強，但是如果名字數理吉數且其字形、字意、字象都配合好，則能在社會建立良好的名聲，不然易鋌而走險，失去人際關係。

假成 1

陳 16

沖 8

假成 1

天格 17 金

人格 24 火

地格 9 水

外格 2 木

24 火 總格

前合庫銀行 董事長

假成 1

吳 7

伯 7

雄 12

天格 8 金

人格 14 火

地格 19 水

外格 13 火

26 土 總格

中國國民黨 前黨主席

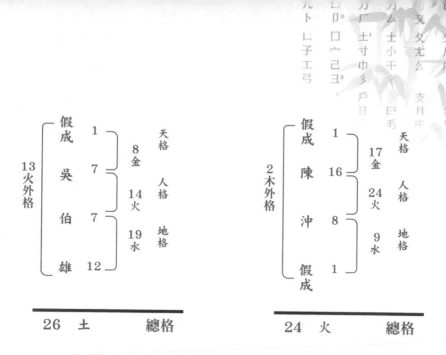

廣達電腦公司 總裁

外格	字	筆畫	數理	格
	假成	1		
			9 水	天格
8 金外格	林	8		
			14 火	人格
	百	6		
			13 火	地格
	里	7		

21 木 總格

東元電機股份有限公司 董事長

外格	字	筆畫	數理	格
	假成	1		
			13 火	天格
13 火外格	黃	12		
			23 火	人格
	茂	11		
			23 火	地格
	雄	12		

35 土 總格

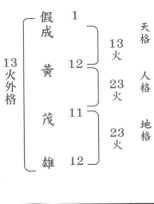

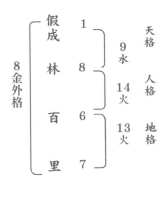

（3）土行人的特性—

A.相生：木剋土，人格屬土被天格、地格木受剋，為標準的土行人，其個性執著、固執、保守、被動、內斂、隱藏、踏實、實在、守紀律、善於企劃、守成，不適合單打獨鬥開創事業，不善言辭，過於正直，按部就班，一步一腳印，重承諾，言出必行，有受人之託，必忠人之事的精神。女性土行人，外冷內熱，內蘊多思，表裡不一，不善言辭表達，不易溝通，人際關係不佳。適宜從事企劃性、整合性工作、作家、公務員等。

B.相生：土生金、土土比和，人格屬土去生天格、地格的金或土土比和者，其個性溫和、有禮、守秩序、講道理、行事中規中矩、行事保守、求穩定、固執、重信用、勤奮工作、踏實、不拖泥帶水。名字的數理吉數且其字形、字會、字象配合不佳，容易被騙受累，或遭到意外打擊。

假成	1	18 金	天格
蔡	17	25 土	人格
明	8	12 木	地格
介	4		
外格 5 土			
29 水			總格

聯發科技股份有限公司　董事長

假成 1
蔡 17
明 8
忠 8

天格 18 金
人格 25 土
地格 16 土
外格 9 水
總格 33 火

富邦金控股份有限公司 董事長

假成 1
李 7
明 8
元 4

天格 8 金
人格 15 土
地格 12 木
外格 5 土
總格 19 水

台灣 麥當勞集團 總裁

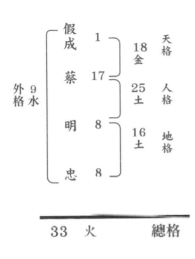

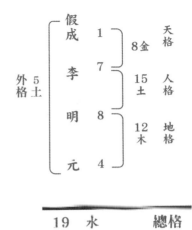

假成	1	12 木	天格
張	11	25 土	人格
榮	14	26 土	地格
發	12		
外格 13 火			
37 金			總格

長榮集團　總裁

（4）金行人的特性—

A.相剋：火剋金，人格屬金被天格、地格火受剋，為標準的金行人，其個性為完美主義、情緒化、具敏感度、注重儀表、做事謹慎、有耐心、善於思考、分析、推理、研究，有同情心、幽默感，協調性好，但缺點是有時做事不夠果斷，別人對他太好時會感覺有壓力，別人對他不好，時又感覺被冷落，行事作風有時喜歡反操作，容易被人激將法得逞。

女性金行人，個性矛盾，完美性、有耐心、有幽默感、樂天、判斷力強，小心謹慎、協調性高，靈敏度好，但缺點是反覆、多慮、神經質、疑心稍強、個性情緒化、挑剔、嘮叨。

B.相生：金生水、金金比和，人格屬金去生天格、地格的水或金金比和者，個性主觀、好勝心強、重義氣、毅力強、律己嚴、說服力好、易溝通、談判力很好。相生者，大都是付出多得到少、犧牲奉獻、擁護主人、效忠派。五行比和，大都是個性比較隨和，有人緣、貴人多。名字的數理吉數，字形、字象、字意配合得宜，更有笑容，開放自己，多與人接觸，則貴人多助，得人疼惜。反之，如果名字數理凶數，字形、字象、字意、字象配合不佳，不苟言笑，不得人緣，苦命，落難之人。

外格 6土	假成	1	9水	天格
	林	8	17金	人格
	泰	9	14火	地格
	生	5		

22　木　　總格

麗嬰房　董事長　收藏古代童衣，童帽

	假成	1	13 火	天格
外格 13 火	黃	12	17 金	人格
	世	5	17 金	地格
	惠	12		

29 水 總格

三陽工業股份有限公司、慶豐集團　董事長

	假成	1	8 金	天格
外格 8 金	吳	7	18 金	人格
	敏	11	18 金	地格
	求	7		

25 土 總格

旺宏電子股份有限公司　董事長

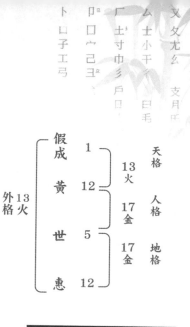

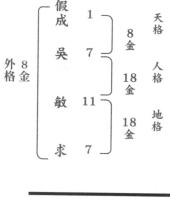

	假成	1	天格 11木
	徐	10	人格 18金
外格 11木	明	8	地格 18金
	哲	10	
	28 金		總格

伍豐科技股份有限公司　董事長

（5）水行人的特性—

A.相剋：上剋水，人格屬水被天格、地格土受剋，為標準的水行人，其人親和力強，配合度夠、很合群、廣結善緣、樂天派、愛好自由、安逸生活、坐享其成、害怕壓力、虎頭蛇尾、想的多做的少。腦筋好、反應快、學習能力強、但往往不夠深入。喜新厭舊，追求變化性事物，天生愛美，適合做輔佐、策劃、設計、分析、幕僚人員。

女性水行人，很聰明，有分析力，可接受他人、異性緣佳、有聚合力、動力弱、愛幻想、心性難捉摸、而且會較做作、好逸惡勞、攀附性強、天性愛美。適合從事美容、美髮設計、化粧品、模特兒、服務業。

B.相生：水生木、水水比和，人格屬水去生天格、地格的木或水水比和者，其人具有天賦的軍師，聰明、機智、組織力強、判斷力敏銳。有包容力、寬宏大量、攀權附貴，重精神生活，為理想主義者。適合往宗教、哲學方面去追求心靈上的寄託。名字的數理凶數，字形、字象、字會的配合不佳者，容易有是非牽累及災難病變之發生。

假成	1		
		19 水	天格
魏	18		
		35 土	人格
應	17		
		23 火	地格
州	6		

外格 7 金

41 木 總格

康師傅股份有限公司　董事長

字	筆劃	數理	格
假成	1		
		5 土	天格
王	4		
		9 水	人格
令	5		
		20 水	地格
興	15		
外格		16 土	
總格		24 火	

東森寬頻電信事業 經理
亞太線上娛樂事業 協理

字	筆劃	數理	格
假成	1		
		9 水	天格
林	8		
		16 土	人格
明	8		
		20 水	地格
傑	12		
外格		13 火	
總格		28 金	

禾伸堂電子股份有限公司 董事長

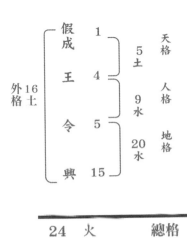

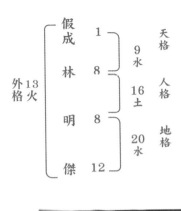

假成 1
莊 13
聰 17
榮 14

天格 14 火
人格 30 水
地格 31 木
外格 15 土

總格 44 火

甲山林廣告股份有限公司　財經專業人員

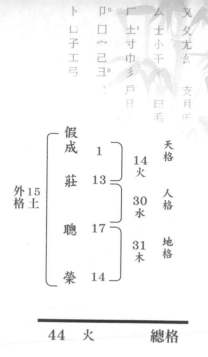

五、五行的顏色

五行是木、火、土、金、水都各有所屬之顏色，若有效運用平常個人穿著顏色之搭配會幫助的。首要瞭解自己先天「八字」年、月、日、時的天干地支五行缺點，找出其喜用神之五行，除用以後天運「姓名」之五格、天格、人格、地格、外格、總格的數理吉數、五行相生相剋之調配，亦可從平常個人穿著衣服搭配適合之喜用神五行，仍有助於其運途、事業、疾病。以下提供五行顏色之參考。

（1）木：青色、綠色。

（2）火：紅色、紫色、橙色、粉紅色。

（3）土：黃色、土色、咖啡色。

（4）金：白色、米色、金色、銀色。

（5）水：黑色、藍色、灰色。

六、五行與疾病

姓名五格與天格、人格、地格、外格、總格的格局五行配置與身體健康有息息相關，若三才五行與總格五行配置不當，會因而引發出疾病，會影響身體器官之病變。其實姓名學不是要用來尋求延年益壽，而是以姓名的五行來瞭解自己健康的維護有一個正確方向，在疾病上避重就輕，來提高身體健康的品質，在醫學上也可做到防治之道。

數理	天干	五行	臟腑
1	甲	木	膽
2	乙	木	肝
3	丙	火	小腸
4	丁	火	心
5	戊	土	胃
6	己	土	脾
7	庚	金	大腸
8	辛	金	肺
9	壬	水	膀胱
10	癸	水	腎

（1）屬木的疾病—肝、膽、神經系統

肝火大、容易疲勞、肝炎、肝硬化、肝功能失調、肝癌、膽結石、失眠、青春痘、火氣大、肝腫瘤、眼疾、黑斑、雀斑、躁鬱症、皮膚炎、血液循環。

（2）屬火的疾病—心、小腸

心臟病、高低血壓、心肌梗塞、心悸、中風、焦慮、麻痺、口乾舌燥、心律不整、神經衰弱、頭昏、頭痛、血管硬化、血脂肪過高、三酸甘油脂、敗血症、腦疾。

（3）屬土的疾病—脾、胃

各種胃病、胃潰瘍、胃出血、拉肚子、腹脹、消化不良、食慾不振、直腸癌、腳、風濕痛、脫腸、牙周病、免疫功能差、唇。

（4）屬金的疾病──肺、大腸

肺癌、肺氣腫、肺結核、鼻子過敏、支氣管炎、氣喘、呼吸道感染、胸悶、咽喉痛、肺炎、大腸癌、乾癬、香港腳、灰指甲、痔瘡、疝氣。

（5）屬水的疾病──腎、膀胱

腎臟病、糖尿病、尿毒、洗腎、蛋白尿、耳疾、泌尿系統、生殖系統、水腫、尿失禁、子宮肌瘤、手腳冰冷、卵巢炎、陰道炎、婦女病、性病、痛風、經痛、不孕、甲狀腺亢進、腎結石、腰酸、腎衰竭。

七、姓名三才配置健康關係

（1）金剋木—（木剋金、木比木、木生火）

在姓名三才配置病原上，金剋木最具誘發疾病的威力，金剋木型本來就屬開創性格，對事情每必躬親，如果天格、人格均以金剋木方式剋向地格都屬凶險，再加上總格也是金剋地格木會更為凶險型，往往發生疾病或意外時都會很嚴重。

假成	1		天格
		12木	
章	11		人格
		18金	
孝	7		地格
		21木	
慈	14		

外格 15土

32 木　總格

前東吳大學校長發生腦溢血而搶救不及。

假成	1	天格 11木
洪	10	人格 21木
翊	11	地格 21木
芳	10	
外格 11木		
31 木		總格

當業務經理，因工作壓力大，罹患憂鬱症和躁鬱症，受不了業務工作壓力，而跳樓自殺。

（2）木剋土—（土剋木、土比土、土生金）

在姓名三才配置病原上，天格、人格為木剋土，同時木剋土的方式剋向地格，原則上會誘發脾、胃方面的重大疾病，如果筆畫吉數入格時，可以化險為夷。

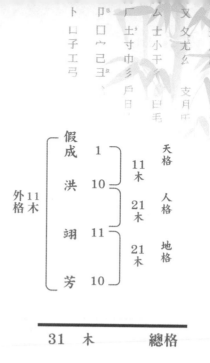

字	筆劃	格
假成	1	天格 11 木
夏	10	人格 26 土
學	16	地格 27 金
曼	11	
外格 12 木		
總格 37 金		

台北人，因罹患乳癌遭美國丈夫遺棄，帶自閉症兒子返台就醫。

字	筆劃	格
假成	1	天格 17 金
陳	16	人格 25 土
怡	9	地格 25 土
靜	16	
外格 17 金		
總格 31 木		

王文洋原配，因罹患胃癌病逝。

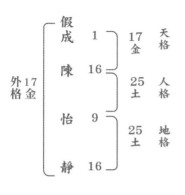

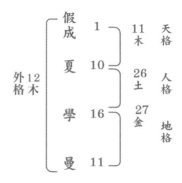

（3）火剋金──（金剋火、金比金、金生水）

在姓名三才配置病原上，天格、人格為火剋金，同時火剋金的方式剋向地格，加上三才又有與總格相剋，往往會誘發重大疾病，如果筆畫凶數入格時，會產生更加嚴重，若是筆畫吉數時，則可化險為夷。

字	筆畫	數理	格
假成	1	14 火	天格
楊	13	28 金	人格
德	15	23 火	地格
昌	8		

外格 9 水

36 土 總格

電影名導演，前妻為歌星蔡琴，因大腸癌病逝。

字	筆畫	格
假成	1	天格 8 金
吳	7	人格 14 火
秀	7	地格 30 水
蘭	23	外格 24 火
		總格 37 金

高雄人，羅患肺癌末期飽受治療痛苦，丈夫捨不得妻子先走與化療之痛苦，開車載妻衝入高雄情人碼頭雙雙死亡。

（4）土剋水—（水剋土、水比水、水生木）

在姓名三才配置病原上，天格、人格為土剋水，同時土剋水的方式剋向地格，加上三才又有與總格相剋，在姓名醫學認為是易罹患慢性病，腎病、婦女病，在疾病發展的過程十分緩慢。

外格	姓名	筆畫	五格
	假成	1	
			5土 天格
	王	4	
11木 外格			10水 人格
	再	6	
			16土 地格
	修	10	

20 水 總格

24歲退伍之後不到半年發現已罹患尿毒症，終年與洗腎機器相伴。在30歲有機緣獲無名氏贈腎臟，經台中榮總施行換腎手術成功。

外格	姓名	筆畫	五格
	假成	1	
			16土 天格
	劉	15	
11木 外格			25土 人格
	玲	10	
			20水 地格
	玲	10	

35 土 總格

台北，深坑人，因罹患血癌厭世，於自家七樓頂樓跳樓自殺身亡。

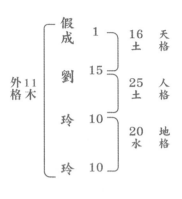

（5）水剋火—（火剋水、火比火、火生土）

在姓名三才配置病原上，天格、人格為水剋火，同時水剋火的方式剋向地格皆容易罹患心臟病、高低血壓、心律不整等慢性病，因此三才或總格之間有水剋火者，平時要注意飲食及生活起居正常，並且定期做健康檢查，往往忽略小病而產生嚴重後果。

外格	姓名	筆劃	數理	格
27 金	楊	13		
			29 水	天格
	陳	16		
			24 火	人格
	金	8		
			22 木	地格
	鳳	14		

51　木　　總格

台中，梨山果農，因罹患心臟病、糖尿病、高血壓等慢性病，疑厭世自殺，急救不治。

	假成	1	19 水	天格
	戴	18	33 火	人格
外格 15 土	興	15	29 水	地格
	溪	14		

47 金　　總格

台北市殯儀館員工，到萬華阿公店餐廳喝花酒，疑因酒醉摔倒頭部受傷，腦死。

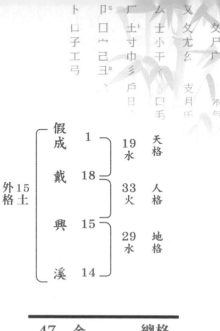

八、五行之行業基本認識

公司行號命名的方法，是行號名稱的五行和公司行業的五行配合相生，並參考公司負責人與主事者生辰八字喜用神，調整最佳之五行，所以在命名時須配合公司名字的五行及數理吉數，將行運格、主運格的數理為吉數。

（1）木性之行業——

家具、紙業、書局、花店、做服裝、布行、木材、裝潢、紡織、印刷、種植業、青果商、文具店、造紙業、木製品、樹苗業、藥草物界、醫療界、文學、文藝、文化事業、文人、作家、寫作、公教界、出版社、宗教物業、宗教家之事業、培育人才業……等等。

（2）火性之行業—

照光、照明、光學、油品業、酒類業、食品業、化妝品製造業、理容院、美容業、電腦業、電器業、水電工程、玻璃業、餐飲業、塑膠射出、軍警界、司法界、政治界、影視娛樂業、評論家、雕刻師、演說家、心理學家……等等。

（3）土行之行業—

土產、地產、農作、畜牧業、仲介業、防水事業、農務業、水泥加工業、建築界、房地產買賣業、陶磁業、石板業、土木板模業、當舖業、古董家、鑑定師、製糊業、地政士、律師、法官、護理、設計、顧問、秘書、書記、會計師、記帳士、禮儀業、墓碑店、墓地管理、和尚、尼姑、遺體服飾業……等等。

（4）金行之行業—

金屬工具材料買賣商、五金商、砂石業、開礦業、金融業、汽車業、機械業、交通業、珠寶業、科學家、武術家、鑑定師、工程科學、民意代表……等等。

（5）水行之行業——

貿易業、買賣業、流動業、水族業、水產業、清潔性質、航海業、航空業、製冰業、水利業、冷藏業、泳池業、美容業、直銷業、保險業、娛樂業、服務業、觀光業、旅行業、玩具業、徵信業、運動家、魔術、馬戲團、旅社、採訪記者……等等。

（6）公司行號之運格——

①行運格：要配合行業屬性與使運格之數理吉數者，可以協助公司聲譽行銷之力量。

②使運格：要配合行運格之數理吉數者，可以幫助聚財之能量與鞏固內部人事組織健全，讓主人與員工能相處融洽圓滿。

③主運格：要配合行運格五行之相生和數理吉數配置者，可以得天時地利之輔助，使公司行號能永續之經營。

字	筆劃	格
伍	6	行運格 24 火（伍＋豐）
豐	18	
科	9	使運格 62 木（科～司）
技	8	
股	10	
份	6	
有	6	
限	14	
公	4	
司	5	

86 土　主運格

字	筆劃	格
土	3	行運格 11 木（土＋林）
林	8	
紙	11	使運格 69 水（紙～司）
業	13	
股	10	
份	6	
有	6	
限	14	
公	4	
司	5	

80 水　主運格

字	筆畫	數	格
年	6	21 木	行運格
興	15		
紡	10	73 火	使運格
織	18		
股	10		
份	6		
有	6		
限	14		
公	4		
司	5		

94 火 主運格

字	筆畫	數	格
國	11	29 水	行運格
豐	18		
實	14	92 木	使運格
業	13		
股	10		
份	6		
有	6		
限	14		
公	4		
司	5		

101 木 主運格

九、姓名學與婚姻之關係

在於筆畫數理和陰陽五行姓名學中，極少數書籍在探討和實例說明姓名學與婚姻之關連性，其實姓名筆畫和五行之靈動力，是主導個人的思想觀念，以及個人的行為表現，都是來自不同的思想與行為，很難想像一對存有強烈不同的思想觀念和行為表現，那麼如何能溝通，又如何能長長久久共同生活在一起呢？如果家庭溝通出問題，常會有紛爭，就無幸福可言了。

為什麼結婚的時候，父母都會拿男女雙方的生辰八字去合婚，當然有它的道理，一般人只知道男女雙方的年齡不要相差三歲、六歲、九歲，這樣的婚姻結合較難白首偕老。不知道這是因為刑剋的關係，例如：男方生肖屬老鼠與兔子（差三歲）是刑、與馬（差六歲）是相剋，與雞（差九歲）是破之關係，將會帶給家庭不幸或產生某種程度的遺憾，而影響子息，體弱多病，損財，家運衰退，愛情不專等災厄。

那應如何選擇理想的伴侶，在筆畫數理和陰陽五行姓名學中，都是以人格部之五行為主，核對雙方五行是否相剋？進一步再瞭解雙方的總格部之五行是否相剋？可瞭解男女雙方思想觀念和行為表現能否一致，避免將來有不良之後遺症，因此能選擇雙方人格五行相生為宜，總格五行能相生更佳。

以下舉例說明提供研究參考：

(1)邱（12畫）淑（12畫）貞（9畫）其天格13畫屬火、人格24畫屬火、地格21畫屬木、外格10畫屬水、總格33畫屬火，是位香港艷星，於民國88年嫁給沈（8畫）嘉（14畫）偉（11畫）其天格9畫屬水、人格22畫屬木、地格25畫屬土、外格12畫屬木、總格33畫屬火，是位香港服飾品牌IT老闆，身家80億萬元，男女雙方人格木火相生，總格火火比和。香港艷星邱淑貞當紅時選擇結婚，而後淡出演藝圈，婚後更旺夫帶財，家庭幸福美滿。

(2)羅（20畫）銘（14畫）鈴（13畫）其天格21畫屬木、人格34畫屬火、地格27畫屬金、外格14畫屬火、總格47畫屬金，是員林望族，正新橡膠集團、生產正新輪胎，其女嫁給陳（16畫）秀（7畫）雄（12畫），其天格17畫屬金、人格23畫屬火、地格19畫屬水、外格13畫屬火、總格35畫屬土，是任於正新橡膠廈門公司董事長，男女雙方人格都屬火比和，總格土金相生，夫妻白首偕老，並發展其事業聞名海內外。

(3)蔡（17畫）雲（11畫）卿（11畫）其天格18畫屬金、人格28畫屬金、地格22畫屬木、外格12畫屬木、總格39畫屬水，原是歌星蔡咪咪（藝名），當時極為轟動五花瓣合唱團之主唱，而後嫁給王（4畫）令（5畫）麟（23畫），其天格5畫屬土、人格9畫屬水、地格28畫屬金、外格24畫屬火、總格32畫屬木，是東森集團董事長，男女雙方其人格金水相生，總格水木相生，曾經過事業經濟風暴，夫妻相扶度過難關。

十、姓名學與財帛之關係

在電台做「姓名學」現場叩應節目，十幾年來叩應詢問不外乎「財運」的問題，是否有財有庫，有正財或偏財否？其實，基本上我們所說「財富」是奮鬥流汗所努力而得來，但是仍然有很多人自認為「比別人卡認真，比別人卡打拼」，結果比別人卡歹命，「錢財」依然如昔，自嘆「沒機運」，認命就是窮小子。但是有些人大真想天上能掉下來禮物，想不勞而獲整天「解籤詩」、「周公解數字」，想一步登天做「億萬富翁」。如果能靜思檢討，不難發現是與自己性情有關，執著、固執之思想觀念和不切實際的行為害了自己，平常多做「財務」的規劃和有理財之觀念，以及運用良好的投資管道，使財富與日俱增。

在姓名學數理81畫的靈動中，有15、16、24、29、32、33等畫數為「財富」之運數，能白手起家，財帛豐厚之格，除此之外，還有屬吉數，未被天格、人格、地格三才五行沖剋者，都也是財富格，並且能夠珍惜財富的人。

姓名學三才五行當中，地格生人格的男性，通常可得到配偶的幫助，財富與日俱增。因為太太給先生精神上支柱與滿足，使先生充滿了活力，可以專心發展事業賺大錢。另外，地格生人格可獲晚輩和員工之扶持相挺，使其事業之拓展發揚光大。

外格生人格，做事認真、努力行事、誠懇實在、平易近人、易受社會之惠澤、得人緣而成功發達。但若外格剋人格、天格剋人格、地格剋人格的人，應注意財富有意外損失和劫財，得小心為妙。

以下舉例說明提供研究參考：

（1）吳（7畫）亞（8畫）軍（9畫）其天格8畫屬金、人格15畫屬土、地格17畫屬金、外格10畫屬木、總格24畫屬火，是位中國龍湖集團董事長，榮獲中國98年度白手起家前七名之一，中國女富豪，產業為房地產，身家一二五八億元台幣。其人格15畫，總格24畫都是「財富」之運數。

（2）王（4畫）雪（11畫）紅（9畫）其天格5畫屬土、人格15畫屬土、地格20畫屬水、外格10畫屬木、總格24畫屬火，是任於威盛電子股份有限公司董事長，是全國百大企業之一。其人格15畫、總格24畫都是「財富」之運數。

十一、如何選擇工作伙伴與股東

在姓名學諮詢服務當中常遇到的問題，當初是很要好的朋友，然後志同道合成立公司經營，卻常為公司經營理念和財務問題爭執，實難相處而拆夥，甚至於撕破臉。其實公司的工作伙伴和儲備幹部選擇很重要的，要找理念、觀念、行為能與老闆、主管有契合，這樣工作才能輕鬆、舒暢，對其公司向心力與工作效率就能提高，業務流暢，公司經營才能賺錢。

因此在選擇工作伙伴時或合夥創業，可以從姓名學的靈動力瞭解個人思想、觀念、行為與自己是否合適，必須先考慮合夥人和工作伙伴的姓名天格、人格、地格三才中的「人格」數理與五行相生相剋。例如：合夥人或工作伙伴的姓名人格數理18畫五行屬「金」，而自己本身姓名人格數理11畫五行屬「木」，即是金來剋木，兩者個性、思想的差異會很大，觀念難溝通，意見分歧，無法共識與業務之推廣，結果不歡而散。

所以當我們在尋找工作伙伴或合夥創業時，要先瞭解對方姓名與自己姓名的天格、人格、地格三才當中的「人格」五行要以相生為主，就是木生火、火生土、土生金、金生水、水生木彼此思想、觀念、行為才能有共同之想法，而理念一致，坦誠相處，合作無間，業務推廣才能蒸蒸日上。

以下舉例說明提供研究參考：

（1）王（4畫）振（11畫）堂（11畫）任於宏碁電腦股份有限公司董事長，其天格5畫屬土、人格15畫屬土、地格22畫屬木、外格12畫屬木、總格26畫屬土，與合夥人李（7畫）焜（12畫）耀（20畫）其天格8畫屬金、人格19畫屬水、地格32畫屬木、外格21畫屬木、總格39畫屬水，任於明基電腦股份有限公司董事長，於民國80年脫離「宏碁電腦王朝」，自組「明基電腦公司」小公司，乃因與王振堂合夥經營「宏碁電腦」，理念不合自組電腦公司。雙方的姓名人格是土剋水，總格又是土剋水，思想、觀念難一致，各奔前程。

（2）高（10畫）清（12畫）愿（14畫）任於統一集團總裁，其天格11畫屬人、人格22畫屬木、地格26畫屬土、外格15畫屬土、總格36畫屬土，其工作伙伴與合夥人是徐（10畫）重（9畫）仁（4畫）任於統一集團總經理，其天格11畫屬木、人格19畫屬水、地格13畫屬火、外格5畫屬土、總格23畫屬火，雙方的姓名人格、地格、總格的五行都是相生，而天格、外格五行都是比和，理念一致，合作無間，企業蓬勃發展。

十二、姓名實例解析

顏雪華，56年次，台中人，長得亮麗秀氣又聰明，個性溫和，勤儉持家，穿著打扮樸素，很有親和力。但因幼年家境清困，而過繼當養女，於19歲出嫁，後因夫妻個性不合，25歲夫妻離異。然後改當朝九晚五的上班族，此間因緣際會認識老實又愛她的先生，進而30歲結婚，婚後家庭幸福美滿，卻好景不長，丈夫卻得肝癌，病情每況愈下，不幸於34歲時逝世。家庭經濟負擔重，又得養育子女，無奈到風月場所上班，財帛雖豐厚卻守不住，加上身體腸胃不適及有婦女病之困擾，因而來改名。

假成	1	19 水	天格
顏	18	29 水	人格
雪	11	25 土	地格
華	14		

外格 15 土

43 火　總格

（1）數理解析：

29畫：智謀優秀，有遠大之前程，而奏大功之格，富於財力、活動力，能成就大業，受福之吉相。女性則易流男性化而辛勞。

25畫：資性英敏，且有奇特之才能，方得大功之運勢，但因性情偏重一方，說話多帶諷刺性，如不修身養性易與人不和之缺失，但能有涵養和順恭敬即可成功。女性則有才氣，且溫和賢淑，勤儉持家。

15畫：慈祥有德，福壽圓滿，富貴吉祥，人溫和恭謙之精神，能受長上提拔，得立身成名就，得望高。女性多才巧智，清雅秀氣，有幸福美滿之生活，晚婚大吉。

43畫：具有才能、智慧，但過於玩弄權謀術策，而意志不確定，結果失去信用，而致失敗。女性則性情孤獨而煩惱。

人格部有九數之人：個性好動，富有相當活動力，片刻不能靜止，但有智慧，理性力佳，性極淡泊，且變動不定，易陷於放縱荒誕，貪財好權是其特性。

喪偶之運數有29、43等數。

（2）三才—

成功運：天格（9）與人格（9）為素行不修，荒亡散敗，有破天荒之大成功，但易變為泡影。

基礎運：人格（9）與地格（5）為表面若安定，精神會不安，必被捲入失意、逆境。

社交運：人格（9）與外格（5）為謹慎小心行事，安份守己，有智慧，能勤勉的奮發，成功榮昌。

（3）五行—

水行人的特性：人格屬水被地格土受剋很聰明，有分析力，可接受他人，異性緣佳，有聚合力，動力弱，愛幻想，心性難捉摸，而且會較做作，好逸惡勞，攀附性強，天性愛美。

土剋水：（水剋土、水比水）

在姓名三才配置病原上，天格、人格為土剋水，同時土剋水的方式剋向地格，加上三才又有與總格相剋，在姓名醫學認為易罹患慢性病、腎病、婦女病，在疾病發展的過程十分緩慢。

水的疾病—

腎臟病、糖尿病、尿毒、洗腎、蛋白尿、耳疾、泌尿系統、生殖系統、水腫、尿失禁、子宮肌瘤、手腳冰冷、卵巢炎、陰道炎、婦女病、性病、痛風、經痛、不孕、甲狀腺亢進、腎結石、腰酸、腎衰竭……。

（4）五格—

人格：被地格、外格剋

又名「主運」，是姓名中的靈魂，是左右人的一生大部分之命運，全為此人格所推移。人格代表自己本身主運，看不到的我，精神內在，內心的自己，社會面的表現能力，心態慾望。人格代表身體的胸部、肺部、心臟、肝、中焦。人格代表流年運為25歲到36歲有波折、運勢不佳。

總格：受人格所剋

晚年之命運。總格代表賺錢的人在，財庫、福祿、家庭運勢會不順、辛勞、洩財。總格代表身體的腸、胃、手腳得小心保養為宜。總格代表流年運為49歲到60歲，注意財務狀況，身體之預防。

謹以學術角度提供做研討之參考。

十三、姓氏數理格局的配置

數理五格是天格、人格、地格、外格、總格的數字，數理的「吉數」可以幫助我們成功靈動的力量，而數理的「凶數」則可以讓我們的運勢衰退而曲折。所以當我們在命名或改名的時候，要特別的注意到數理的「吉數」可以使人性情更加溫和，而且有的數理則會使人性情更加剛毅，有的數理則不利於女性，所以在命名或改名時運用數理格局，要特別注意數理的應用。

此表僅供參考，並不能做為命名、改名之依據，因此命名、改名時須配合八字之喜用神考量，才是全方位、客觀性命名、改名方式。

二畫：刀、刁、丁、力、卜、乜、乃、匕

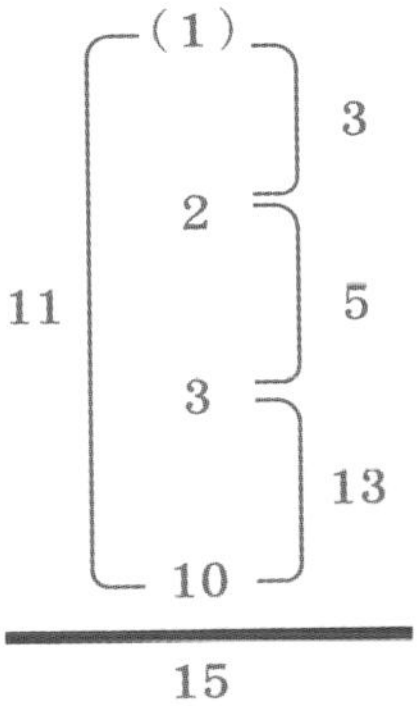

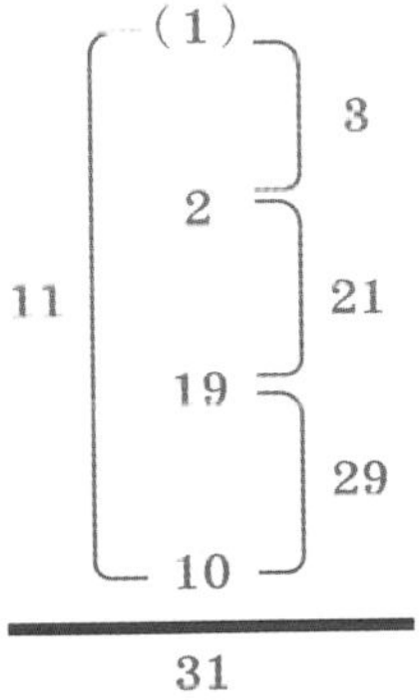

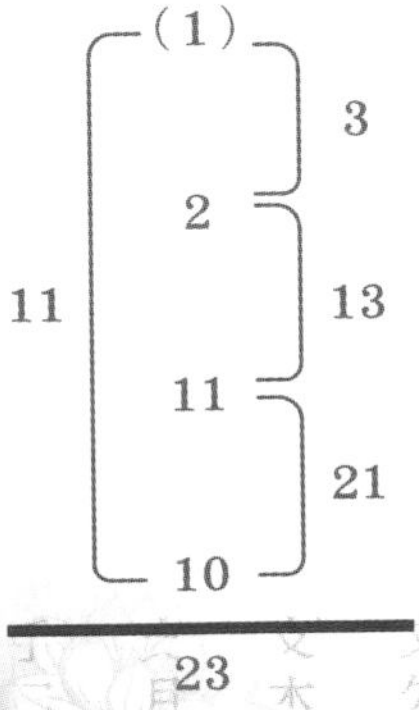

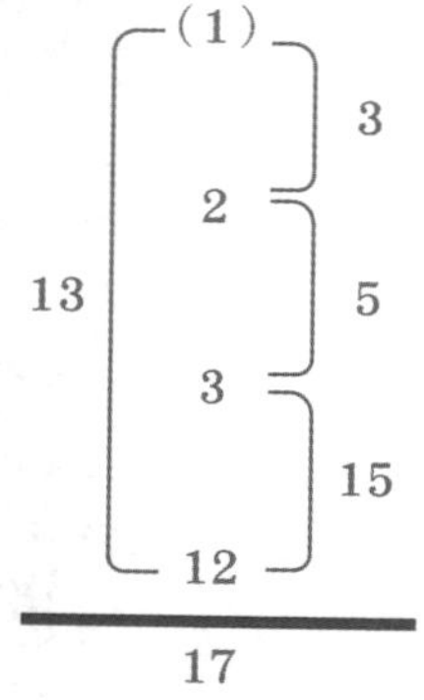
(1)
3
2
13
5
3
15
12
17

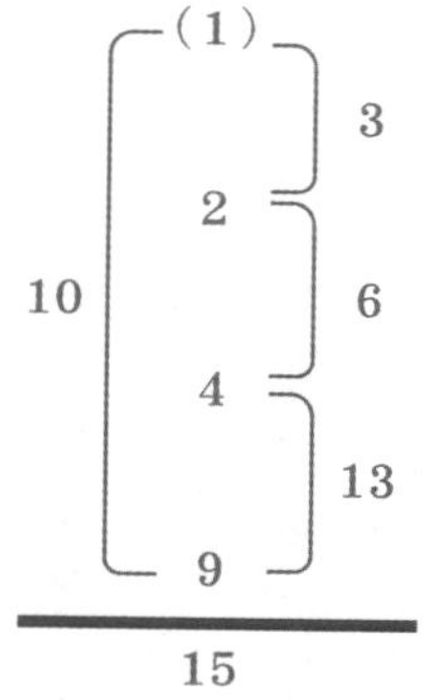
(1)
3
2
10
6
4
13
9
15

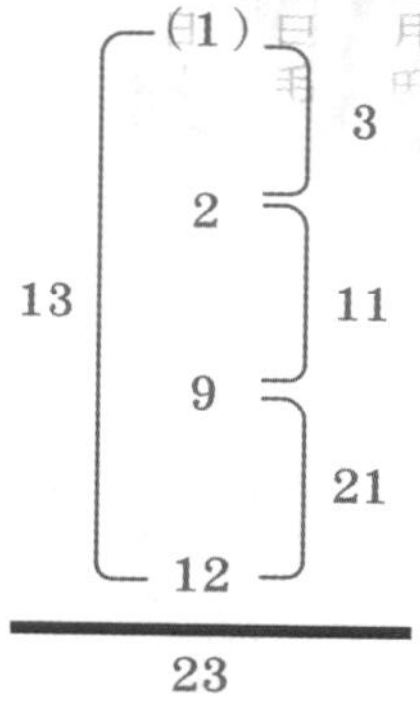
(1)
3
2
13
11
9
21
12
23

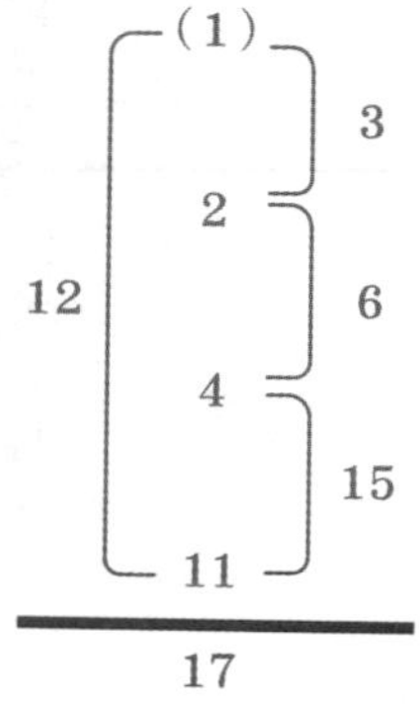
(1)
3
2
12
6
4
15
11
17

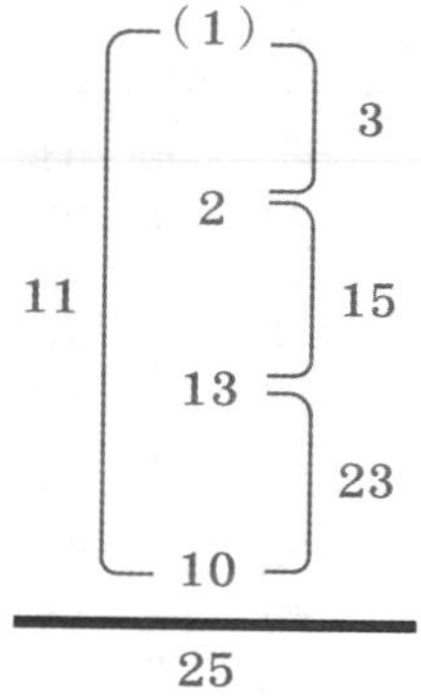
(1)
3
2
11
15
13
23
10
25

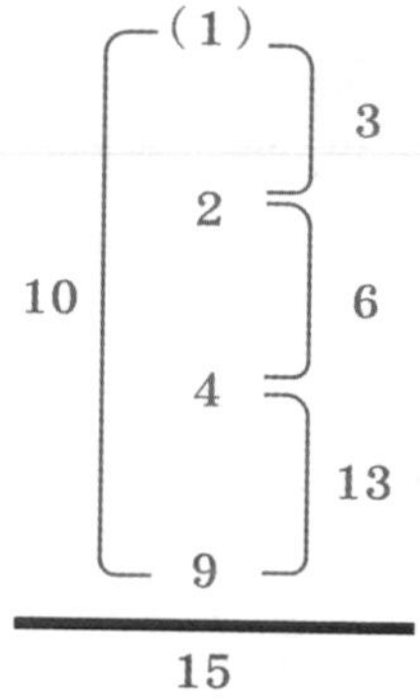
(1)
3
2
10
6
4
13
9
15

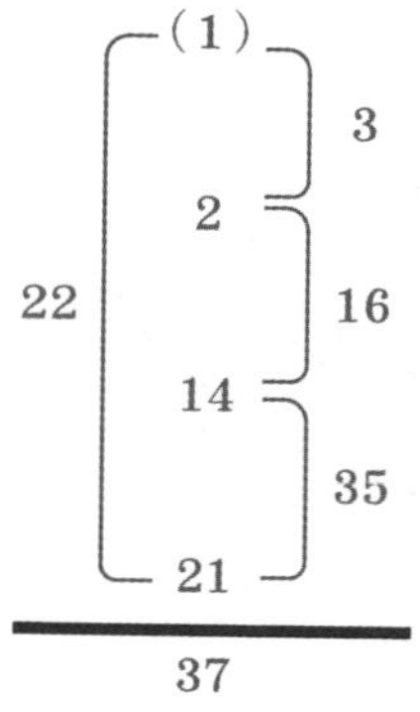
(1)
3
2
22
16
14
35
21
37

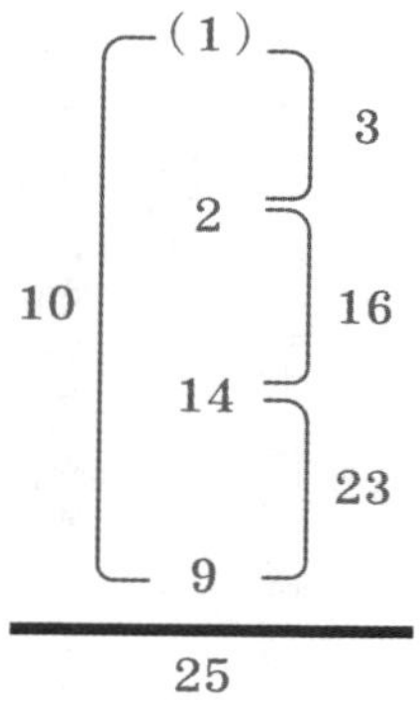
(1)
3
2
10
16
14
23
9
25

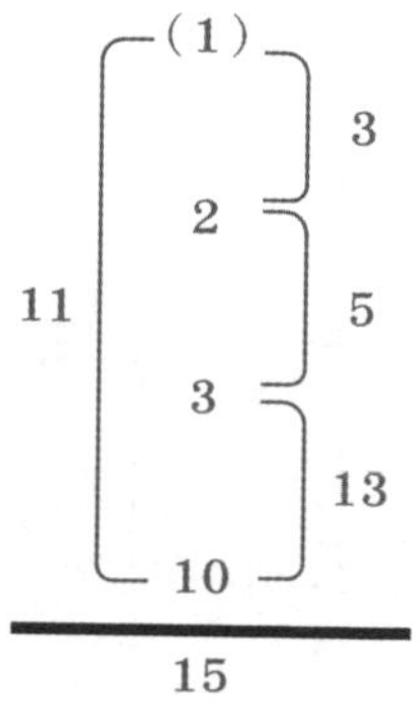
(1)
3
2
11
5
3
13
10
15

三畫：于、千、子、上、山、大、弓、川、万、土、才、女、士、小、寸

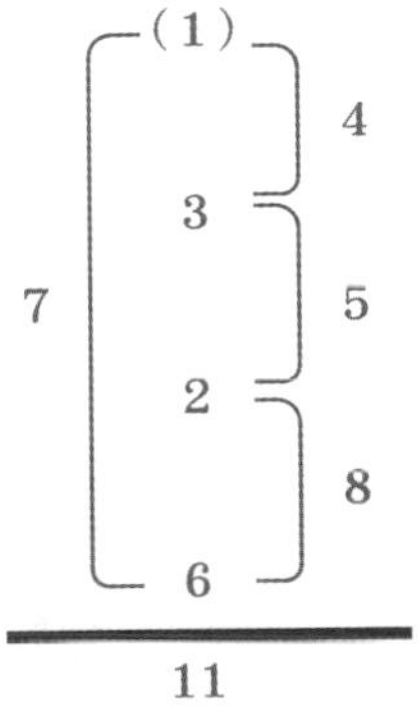

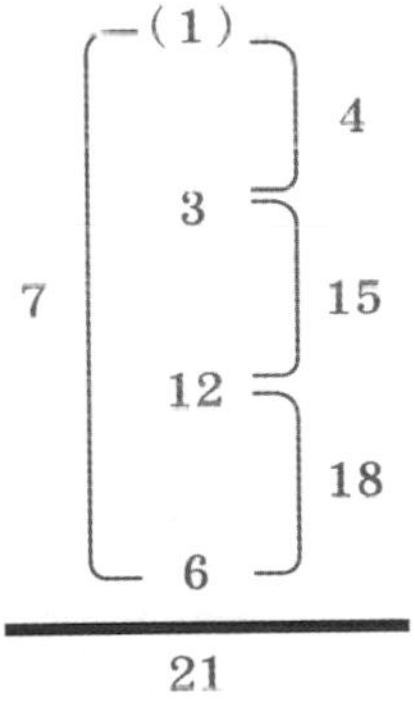

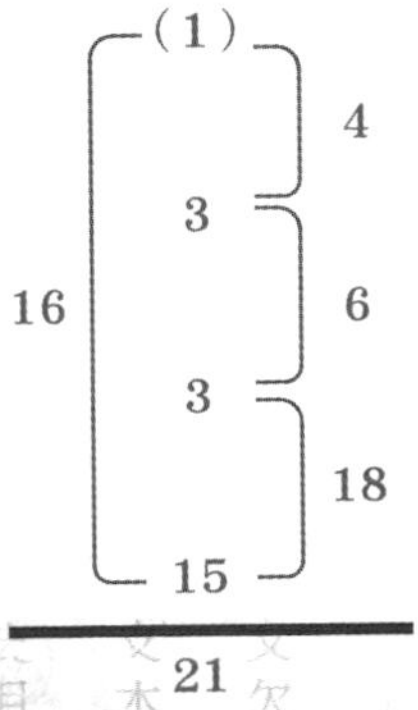

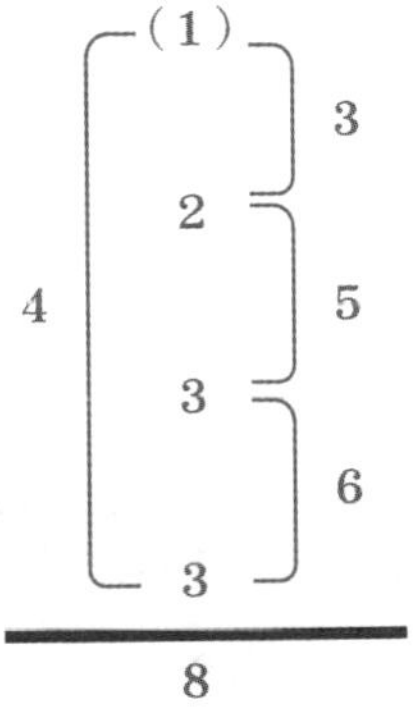

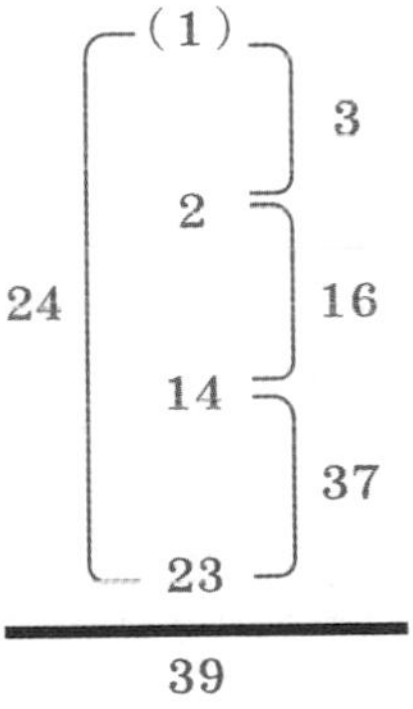

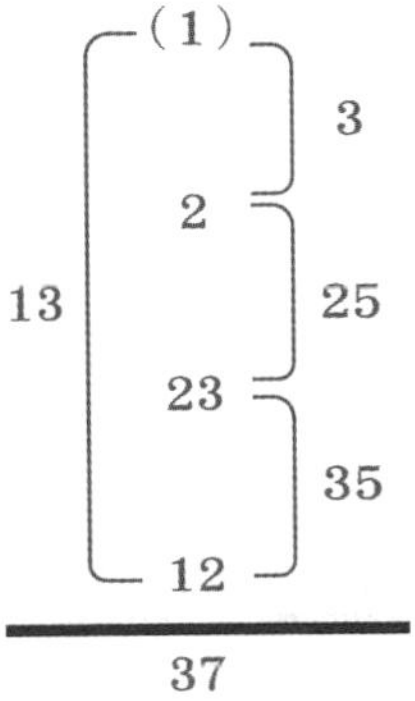

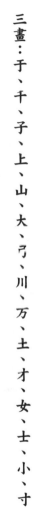

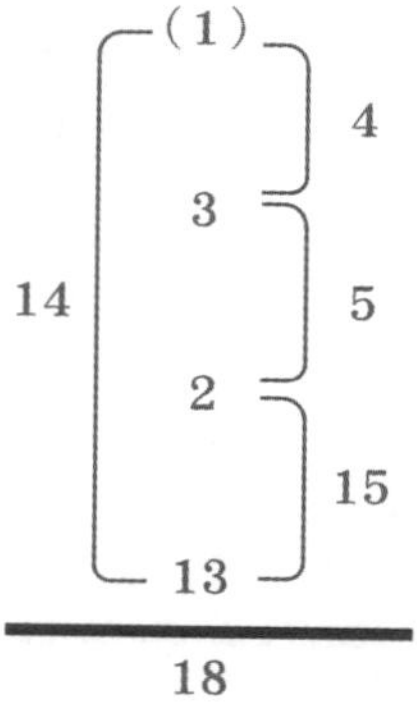
(1)
4
3
14
5
2
15
13
18
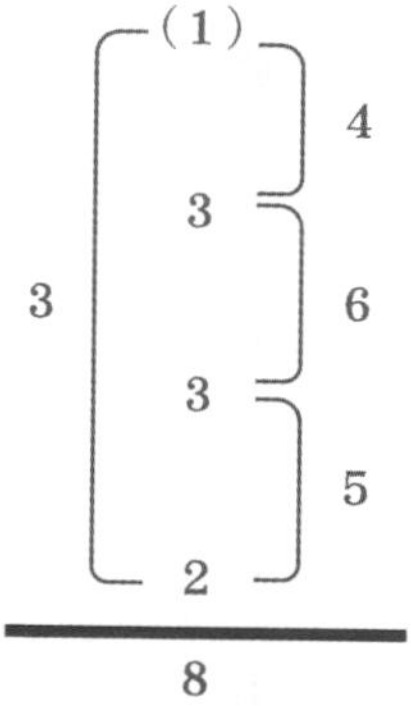
(1)
4
3
3
6
3
5
2
8
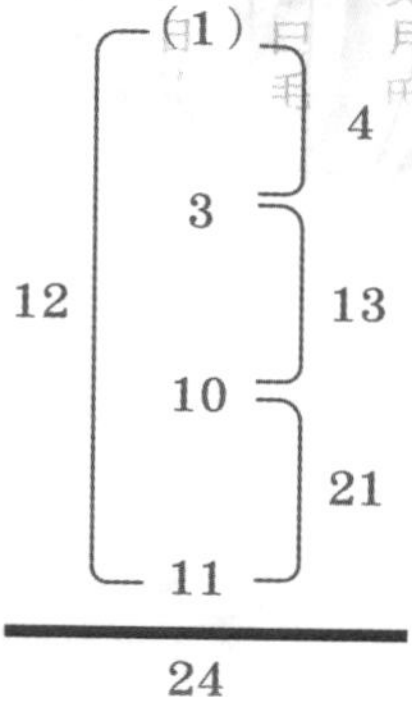
(1)
4
3
12
13
10
21
11
24
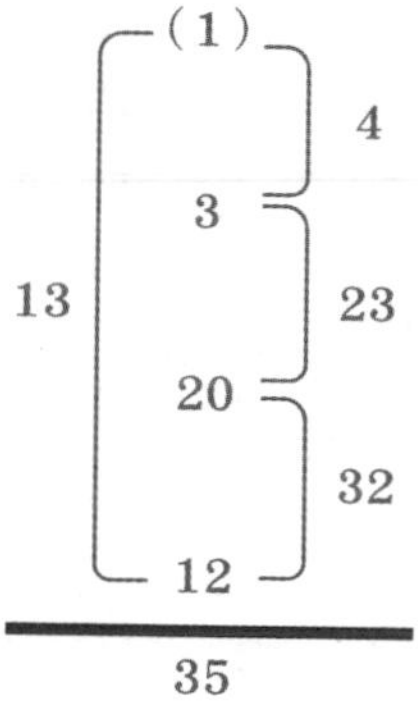
(1)
4
3
13
23
20
32
12
35
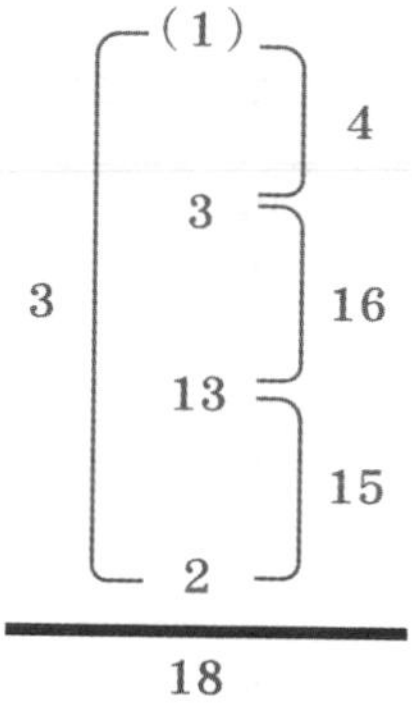
(1)
4
3
3
16
13
15
2
18
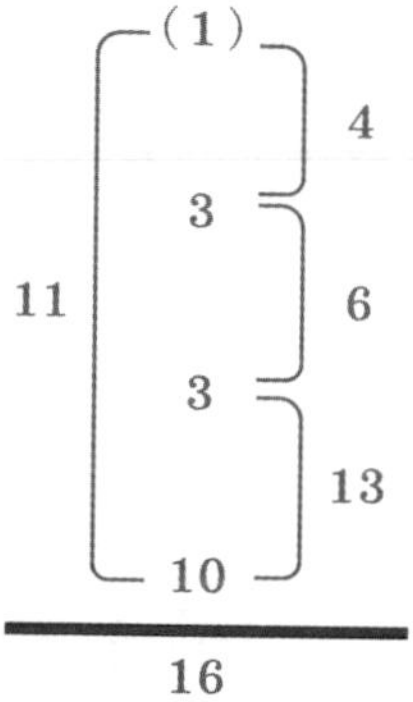
(1)
4
3
11
6
3
13
10
16
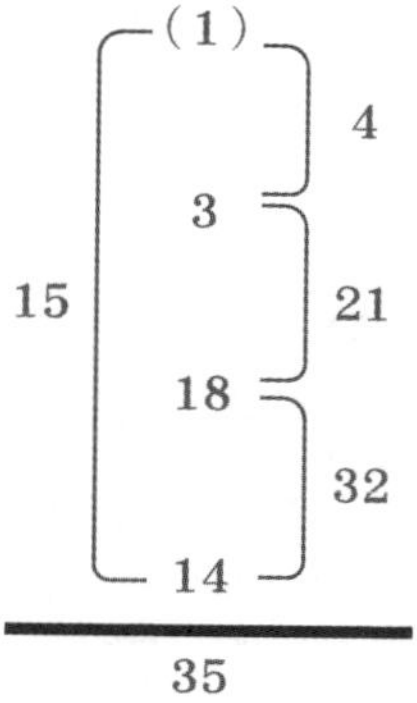
(1)
4
3
15
21
18
32
14
35
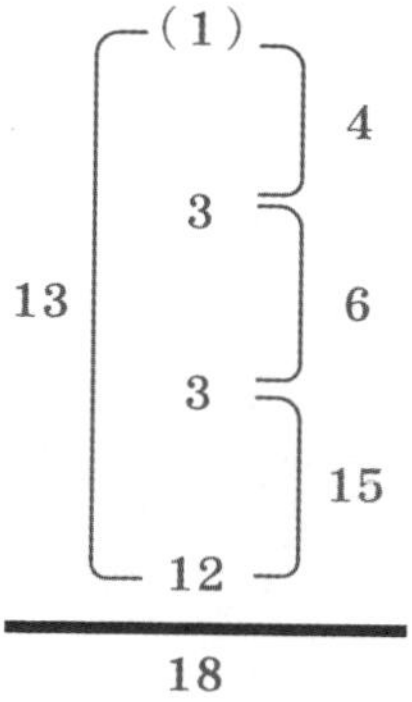
(1)
4
3
13
6
3
15
12
18
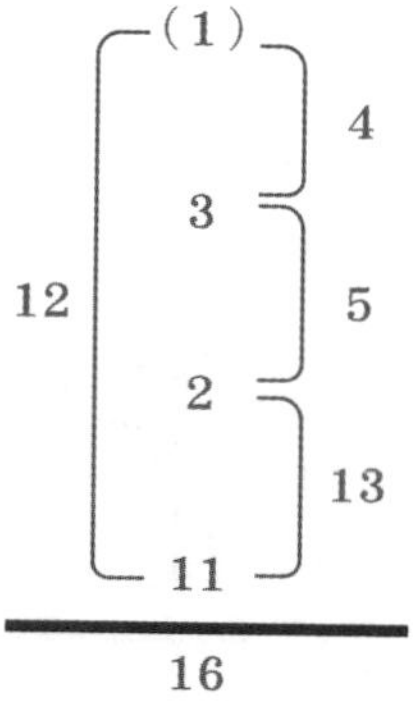
(1)
4
3
12
5
2
13
11
16

四：王、方、尤、孔、文、牛、尹、毛、卞、元、支、巴、仇、戈、公、勾、水、井、太

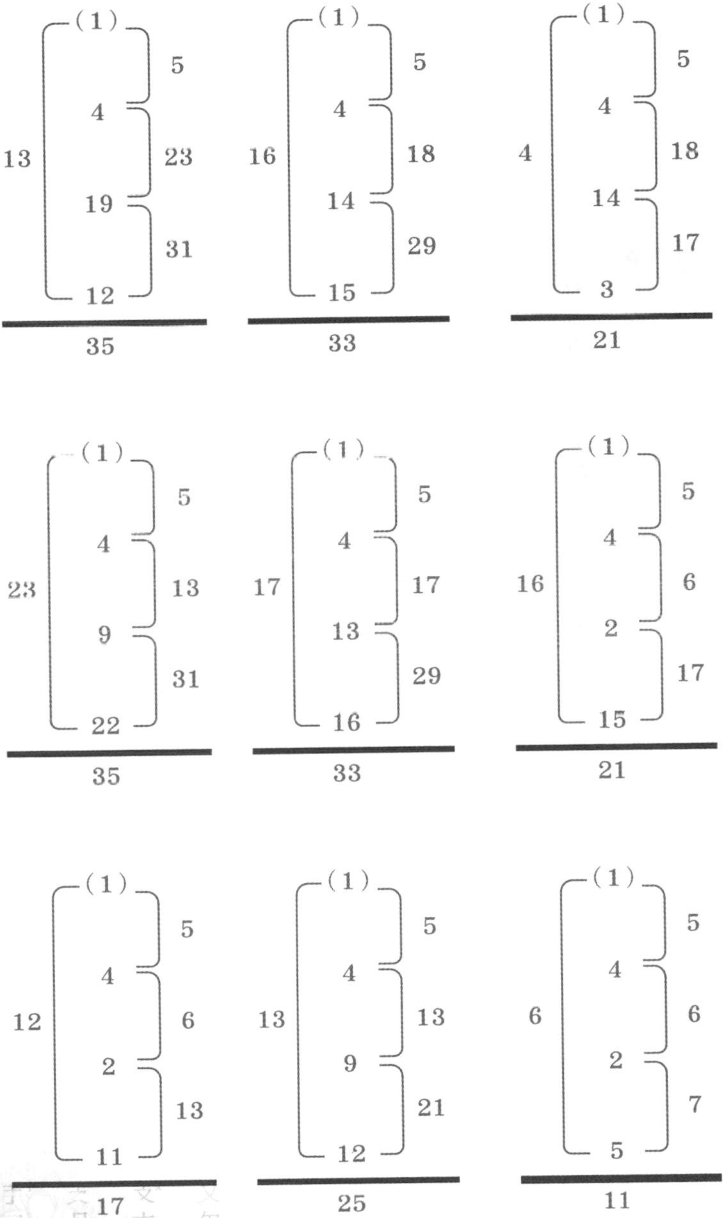

五畫：古、甘、史、白、申、田、包、石、丘、皮、平、左、冉、卯、巧、弘、司、右、弁、井、代、未、可、各、召

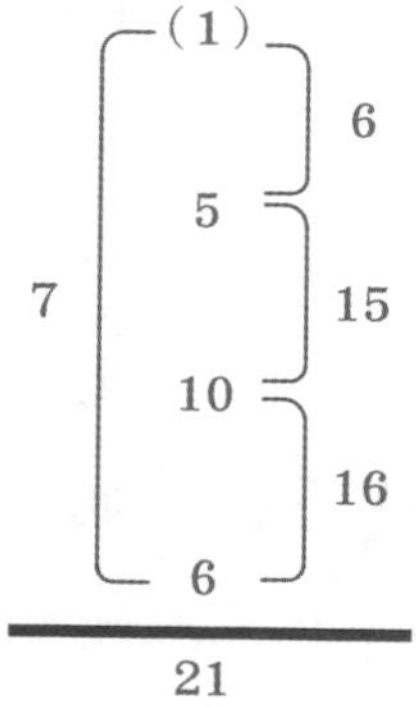

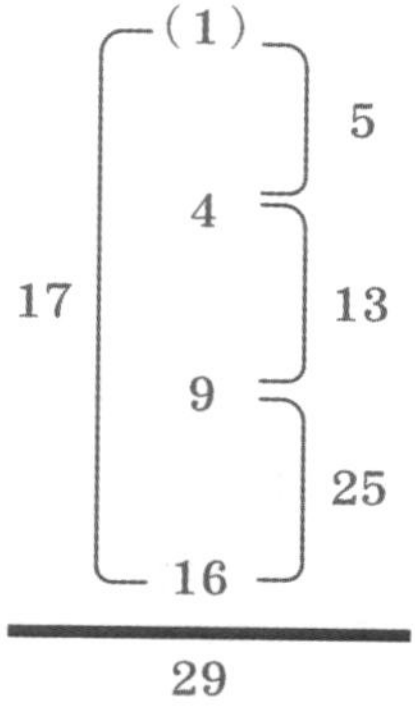

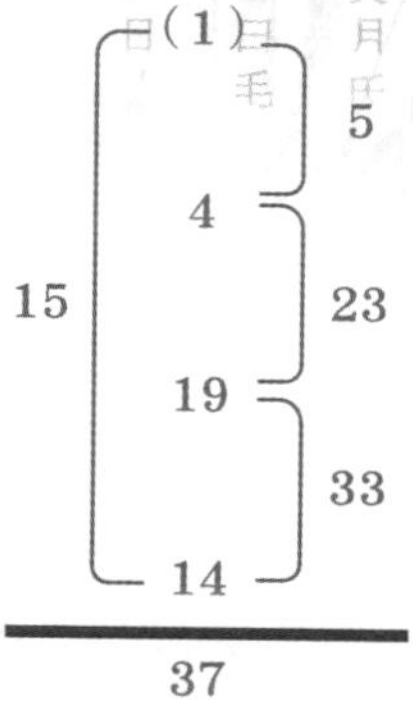

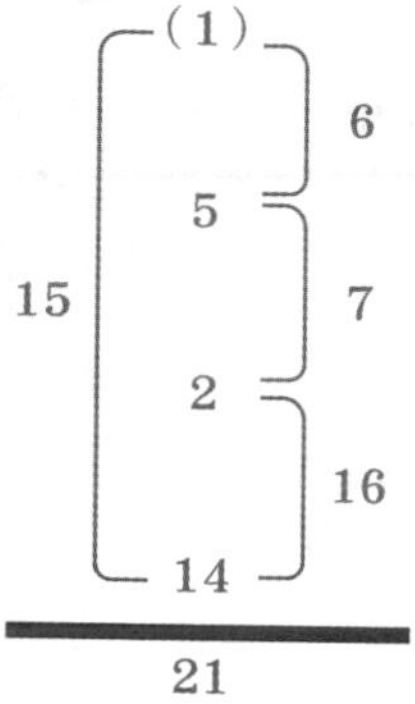

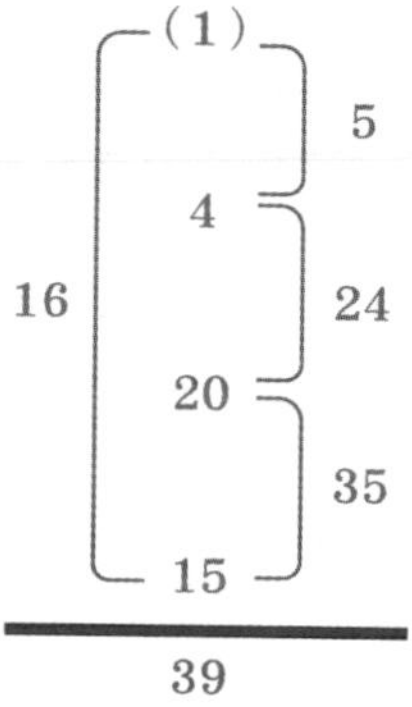

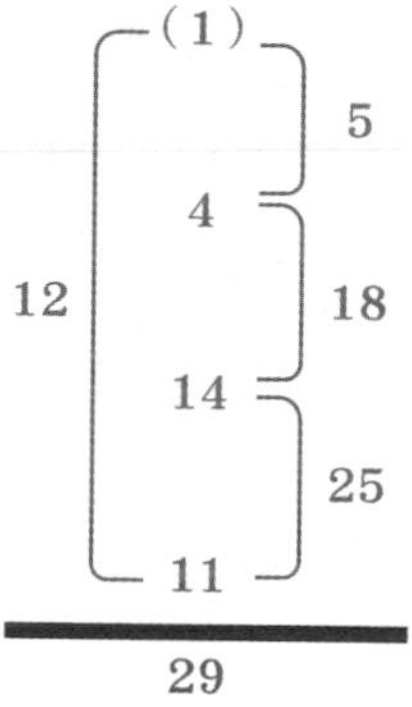

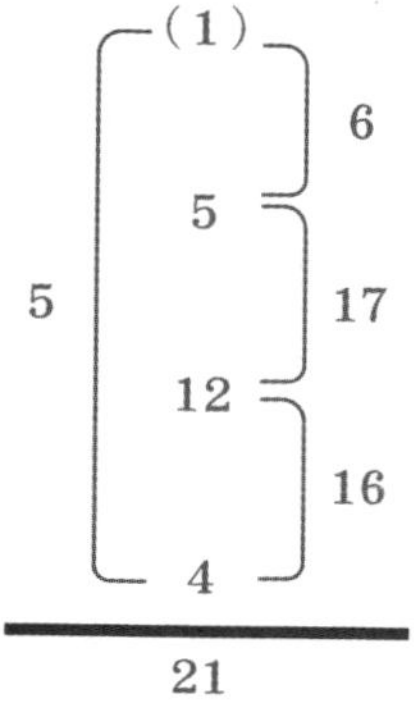

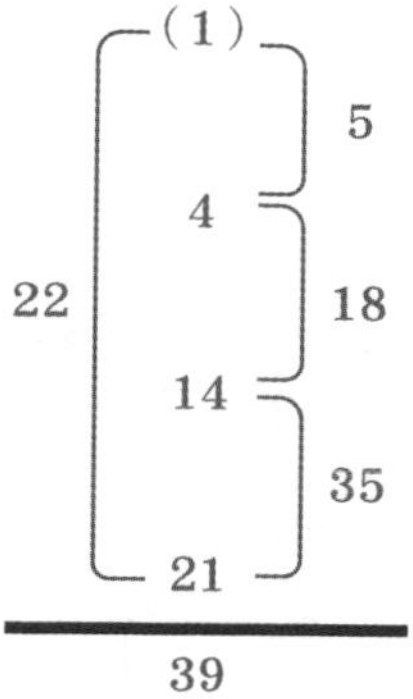

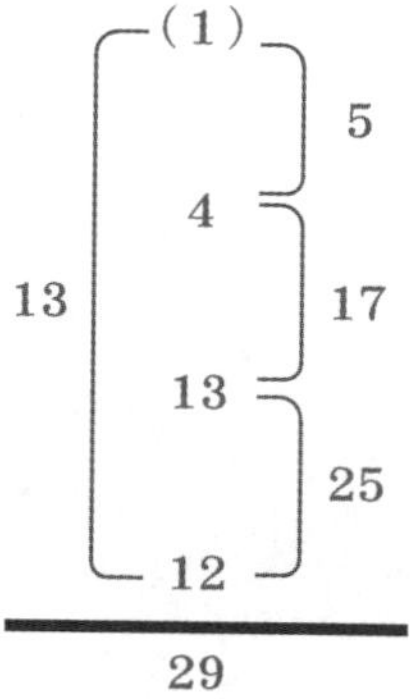

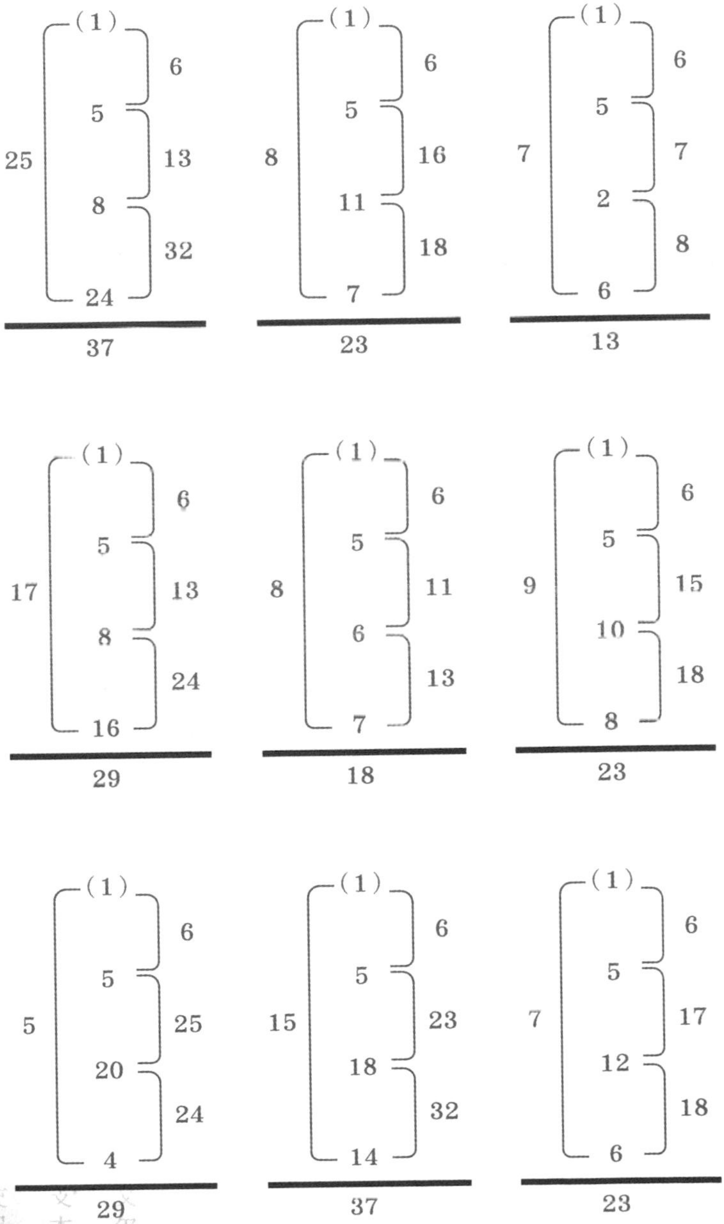
(1) 5 8 24 / 6 13 32 / 25 / 37
(1) 5 11 7 / 6 16 18 / 8 / 23
(1) 5 2 6 / 6 7 8 / 7 / 13
(1) 5 8 16 / 6 13 24 / 17 / 29
(1) 5 6 7 / 6 11 13 / 8 / 18
(1) 5 10 8 / 6 15 18 / 9 / 23
(1) 5 20 4 / 6 25 24 / 5 / 29
(1) 5 18 14 / 6 23 32 / 15 / 37
(1) 5 12 6 / 6 17 18 / 7 / 23

六畫：朱、任、伊、安、米、伏、羊、全、戎、牟、后、百、仲、再、同、危、吉、年、向、匡、伍、印、共、州、守、式、朴、合、老、羽、光、曲、仰

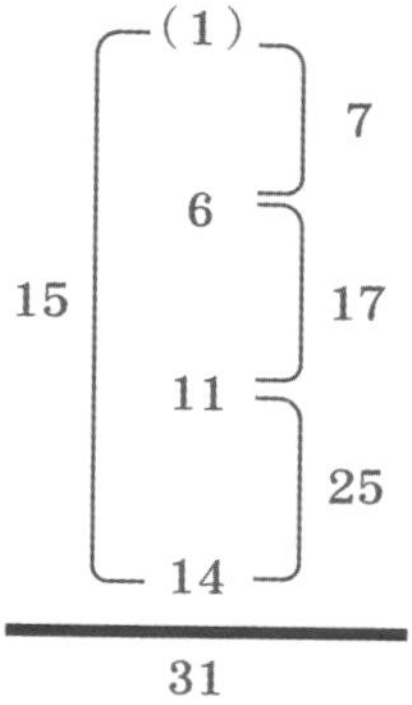

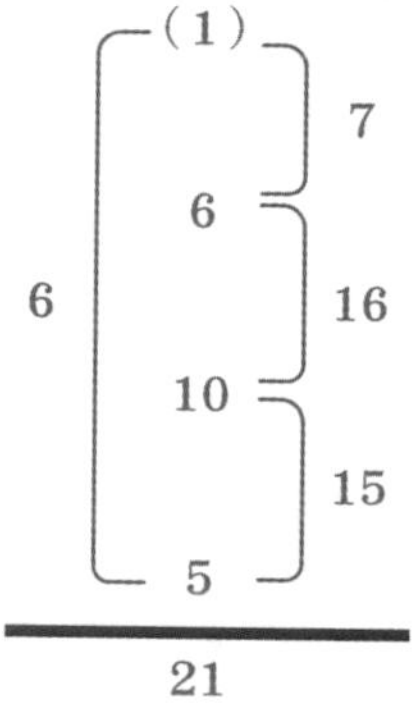

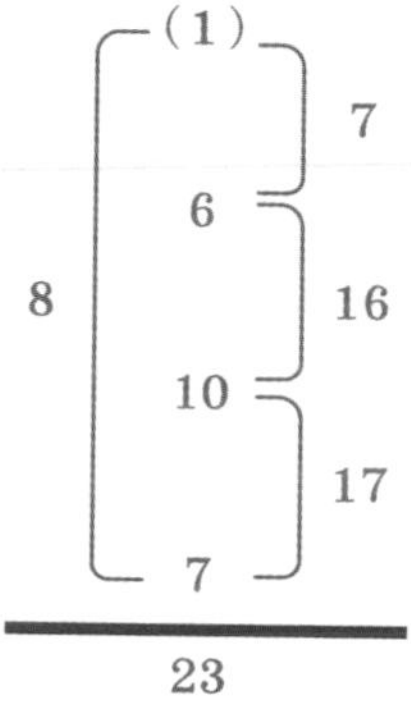

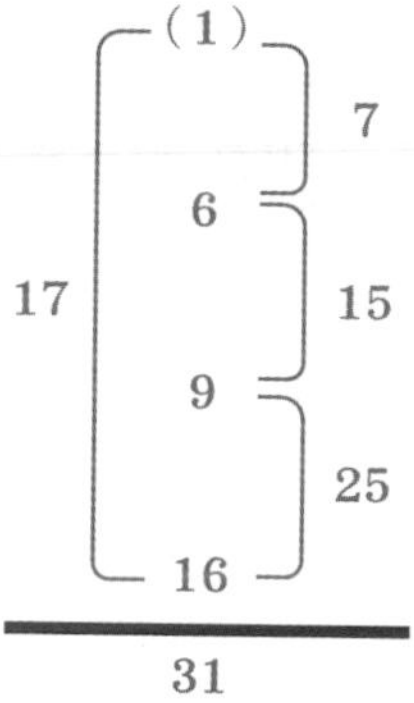

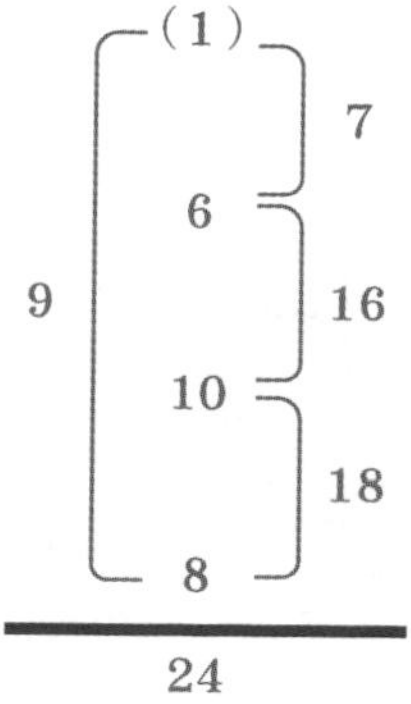

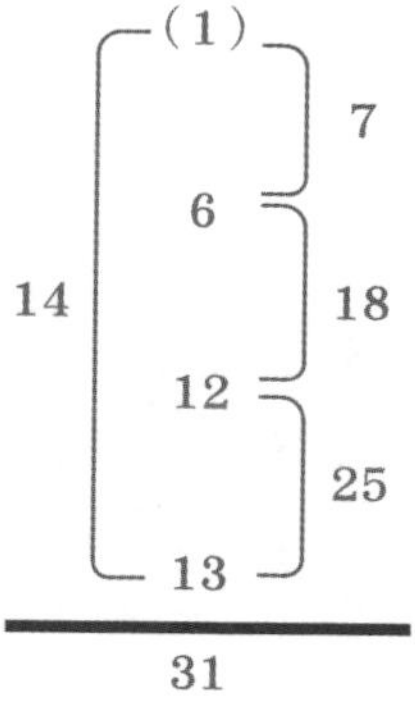

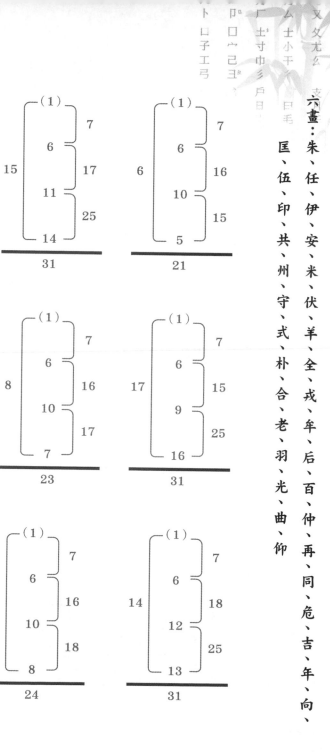

七畫：宋、江、吳、李、杜、何、呂、余、車、巫、成、谷、池、利、岑、辛、貝、言、佟、冷、甫、伯、希、豆、步、吾、汝、赤、求、角

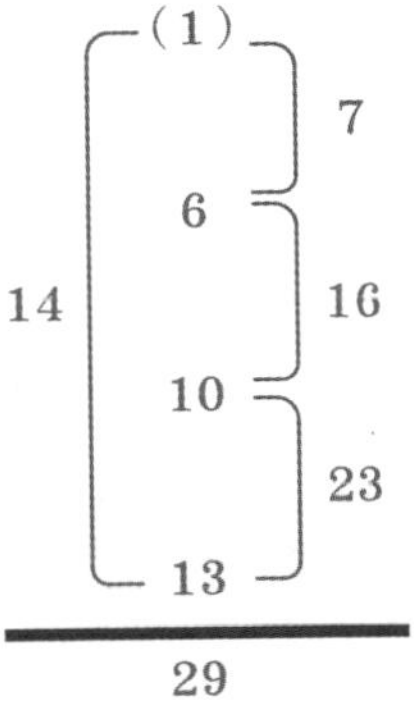

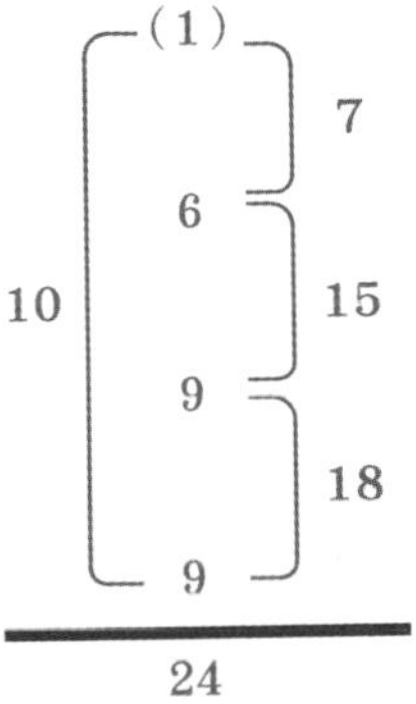

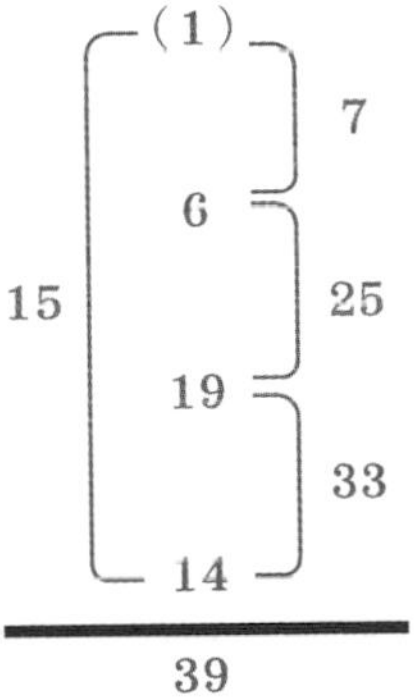

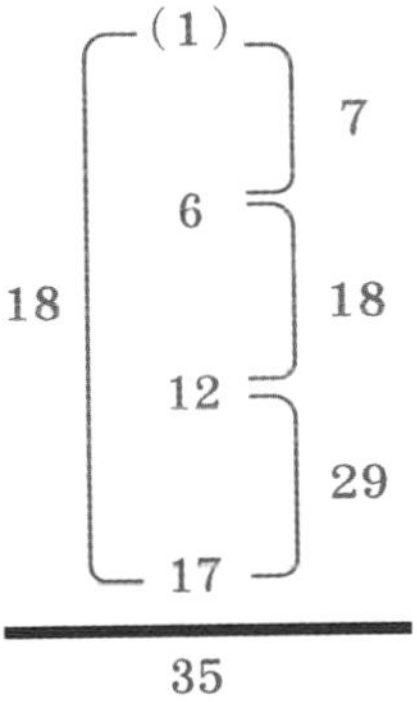

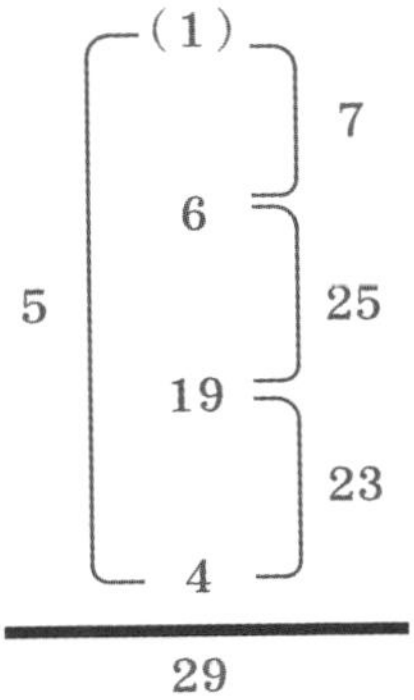

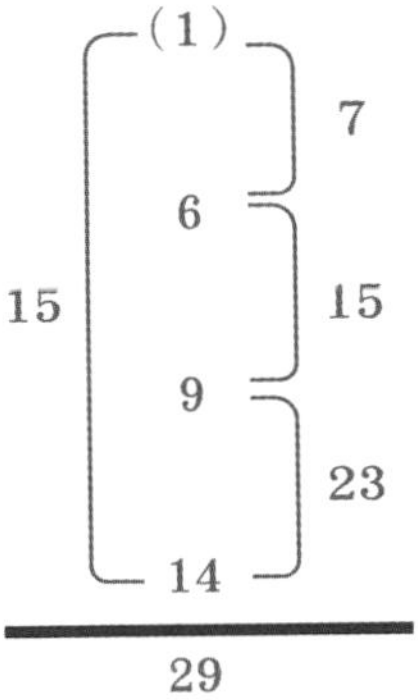

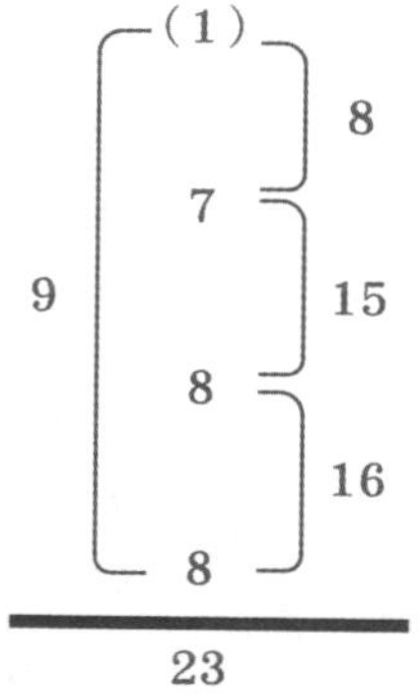
(1)
8
7
9
15
8
16
8
23

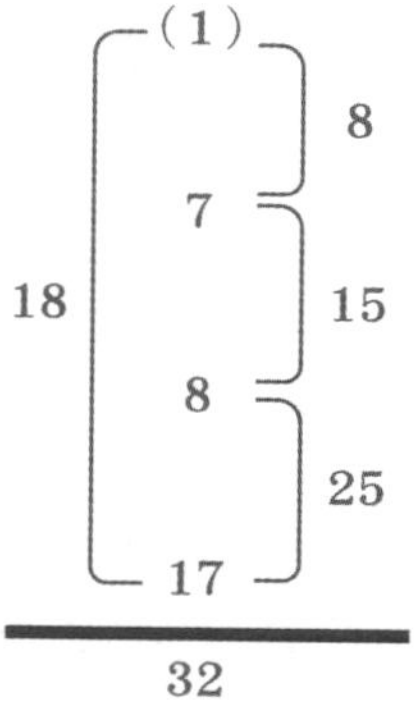
(1)
8
7
18
15
8
25
17
32

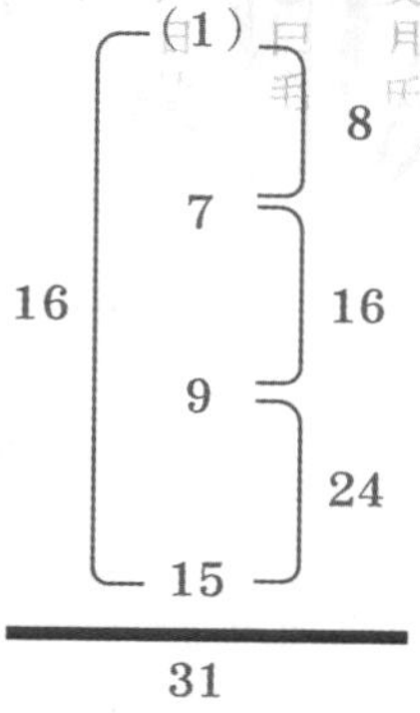
(1)
8
7
16
16
9
24
15
31

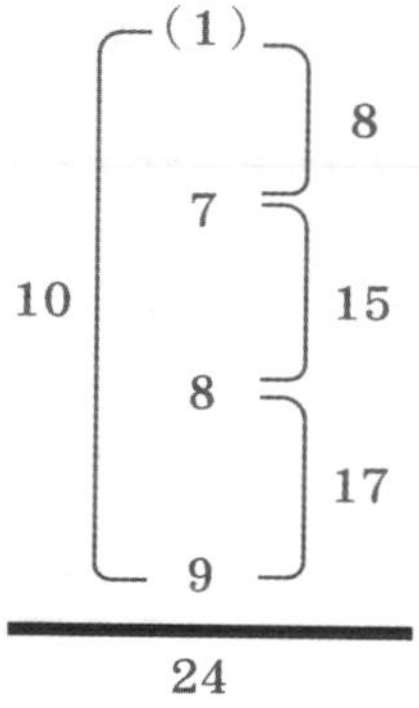
(1)
8
7
10
15
8
17
9
24

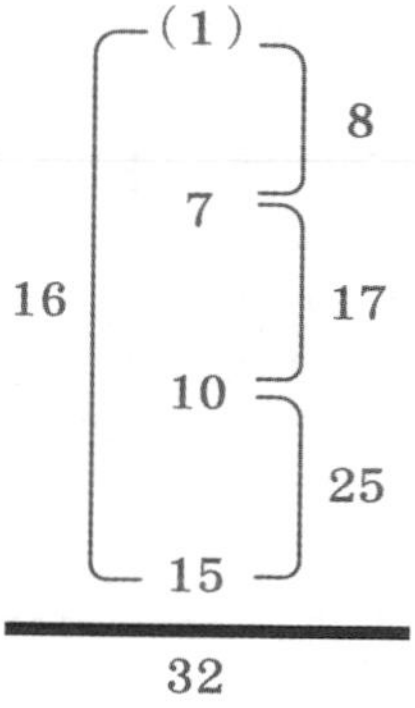
(1)
8
7
16
17
10
25
15
32

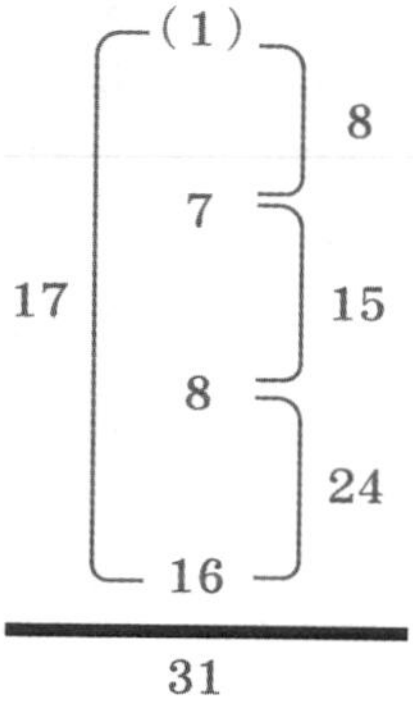
(1)
8
7
17
15
8
24
16
31

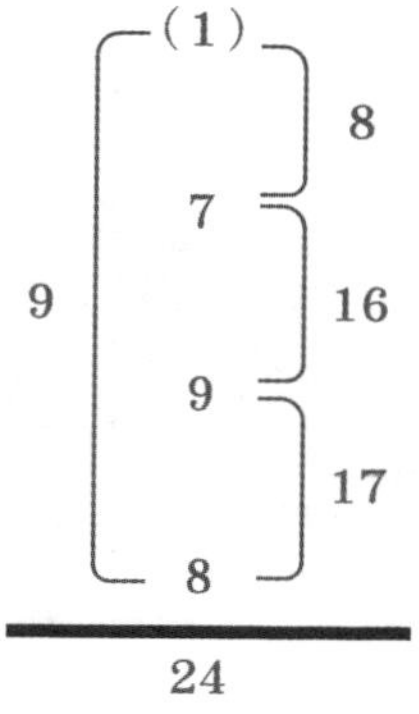
(1)
8
7
9
16
9
17
8
24

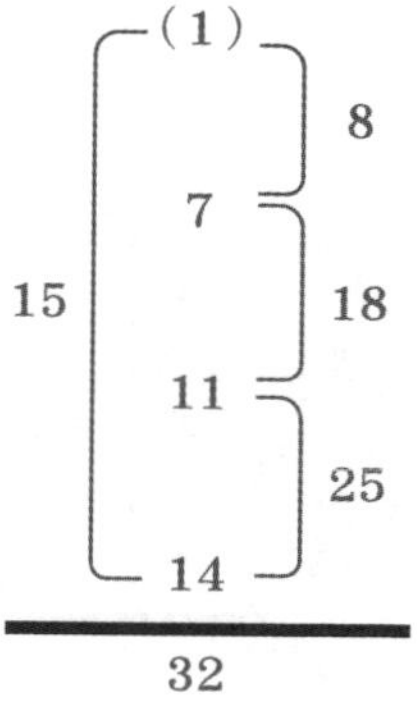
(1)
8
7
15
18
11
25
14
32

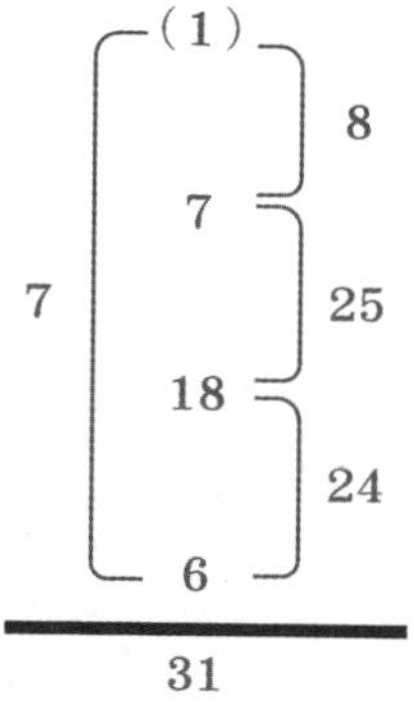
(1)
8
7
7
25
18
24
6
31

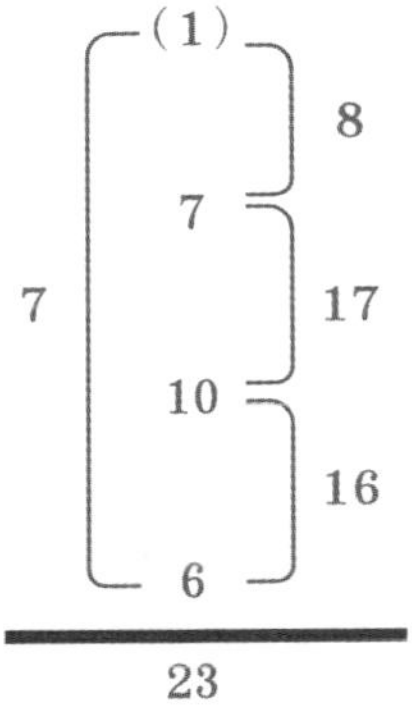

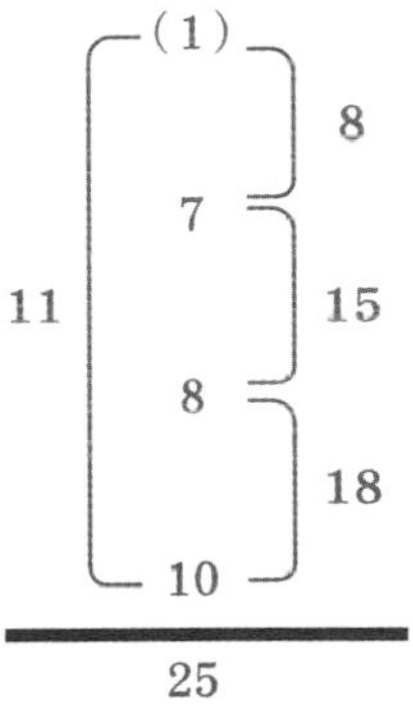

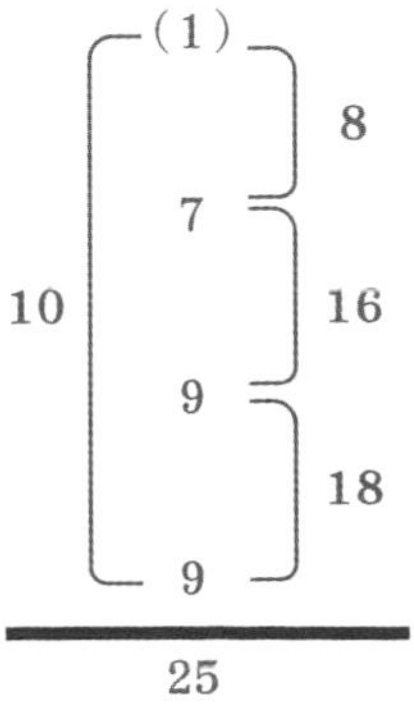

八畫：林、金、官、季、汪、易、岳、周、孟、宗、宓、卓、沈、狄、屈、杭、牧、武、居、幸、艾、盂、祁、青、房、虎、東、昌、念、庚、扶

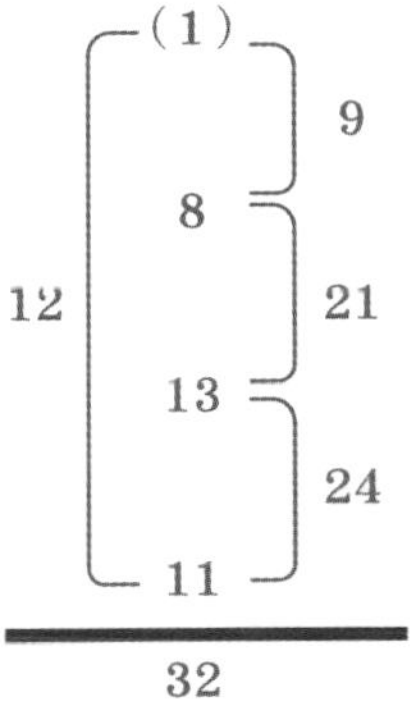

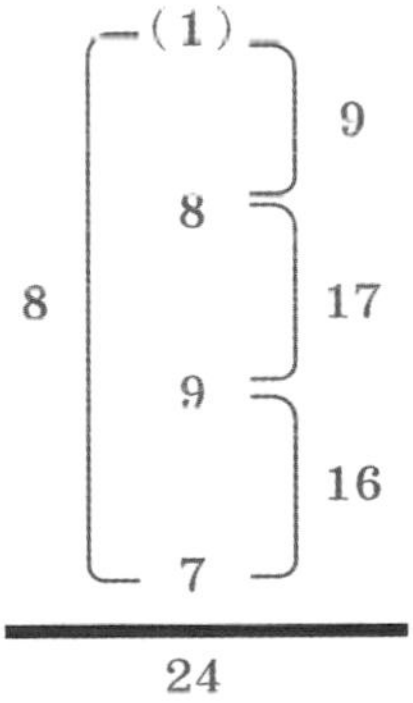

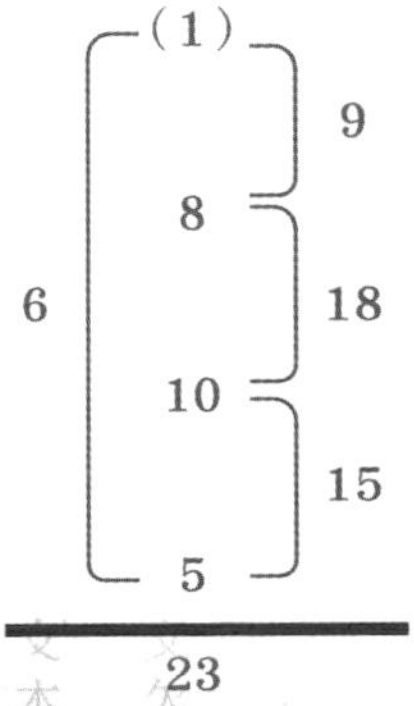

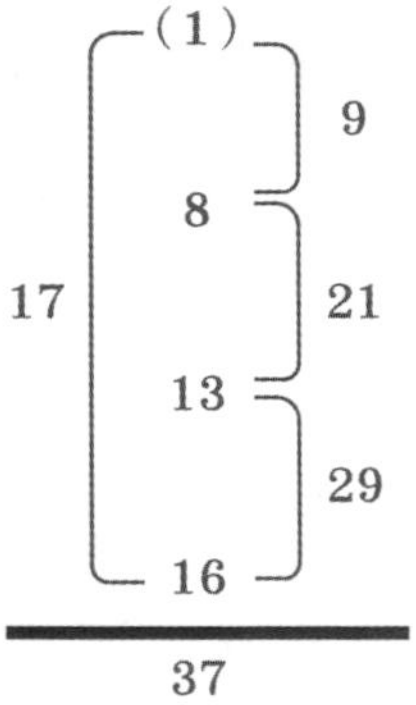
(1)
9
8
17
21
13
29
16
37

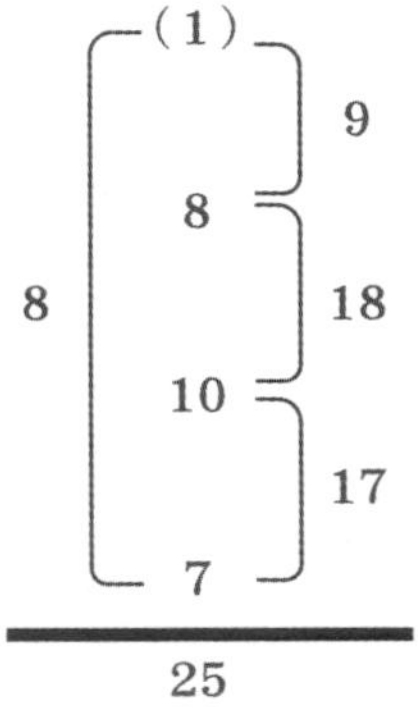
(1)
9
8
8
18
10
17
7
25

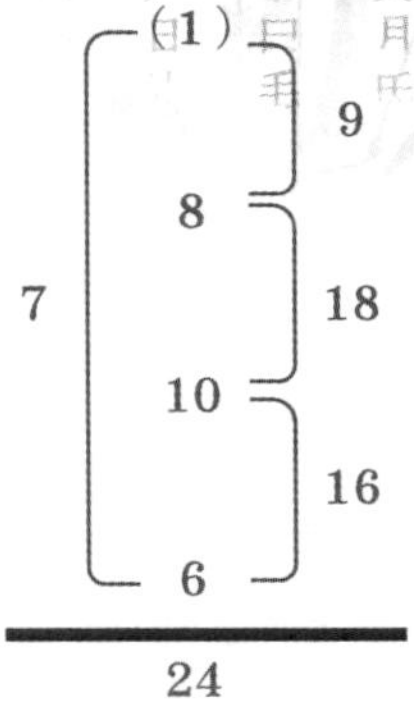
(1)
9
8
7
18
10
16
6
24

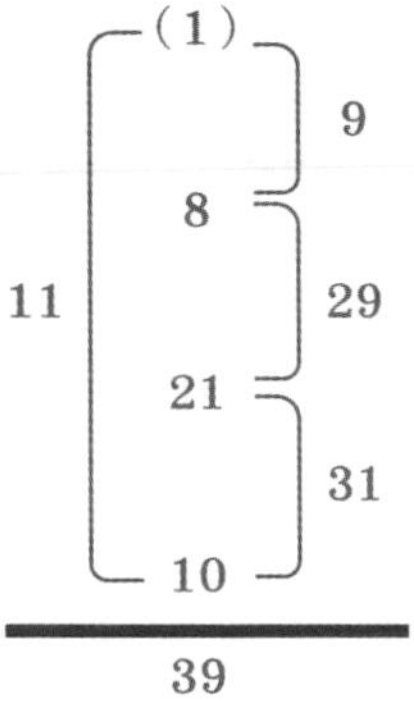
(1)
9
8
11
29
21
31
10
39

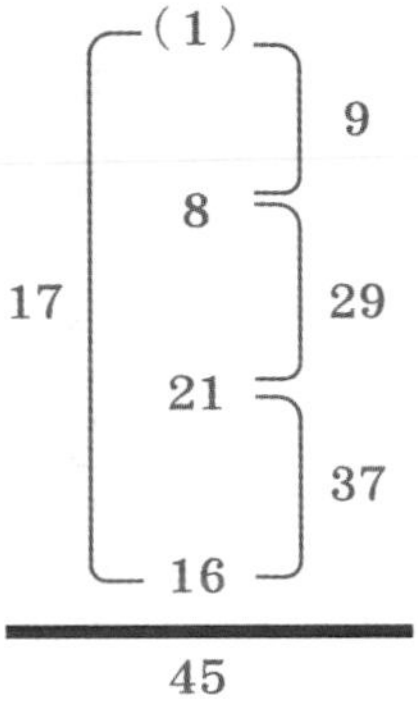
(1)
9
8
17
29
21
37
16
45

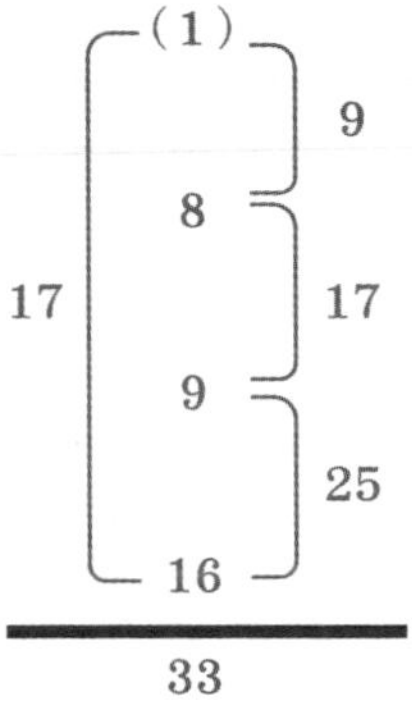
(1)
9
8
17
17
9
25
16
33

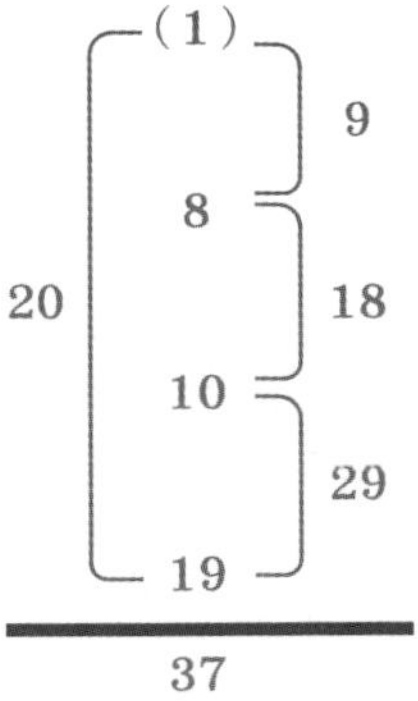
(1)
9
8
20
18
10
29
19
37

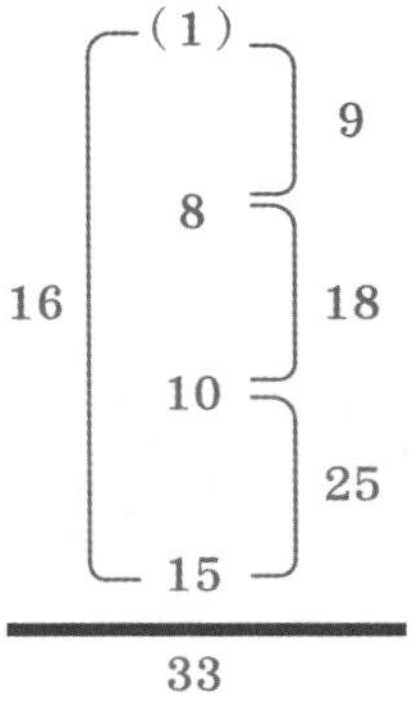
(1)
9
8
16
18
10
25
15
33

九畫：柯、姚、紀、段、風、查、姜、柳、韋、侯、柏、施、娀、封、羿、咸、皇、紅、柴、涂、秋、狐、俞、哈、姬、昭、勇、帥、相、革、約

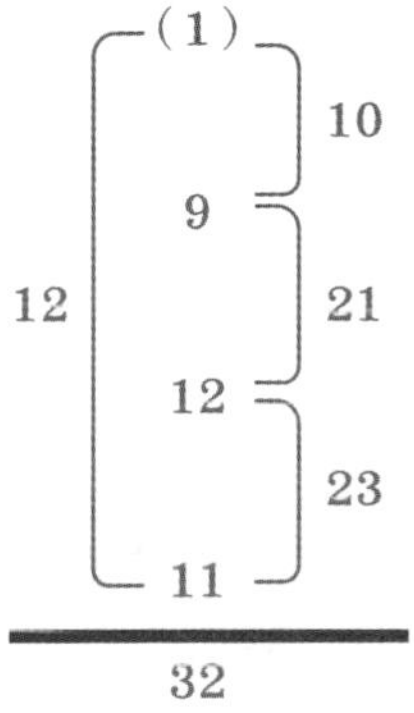

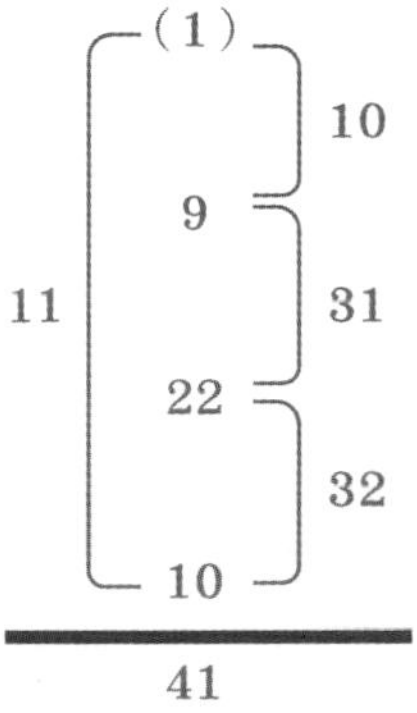

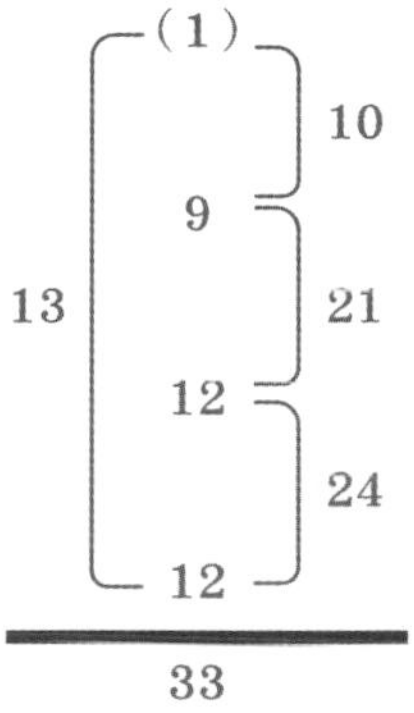

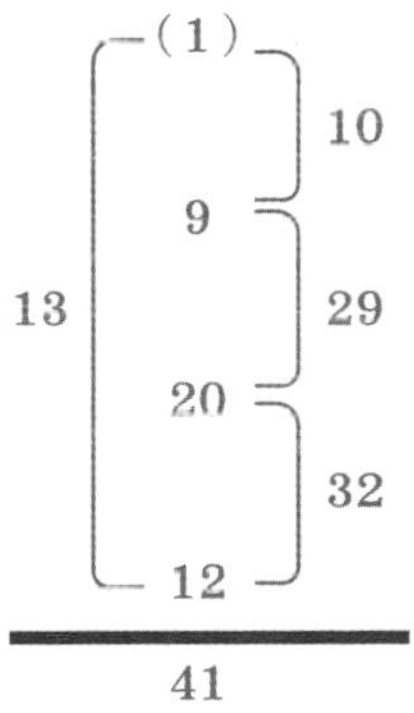

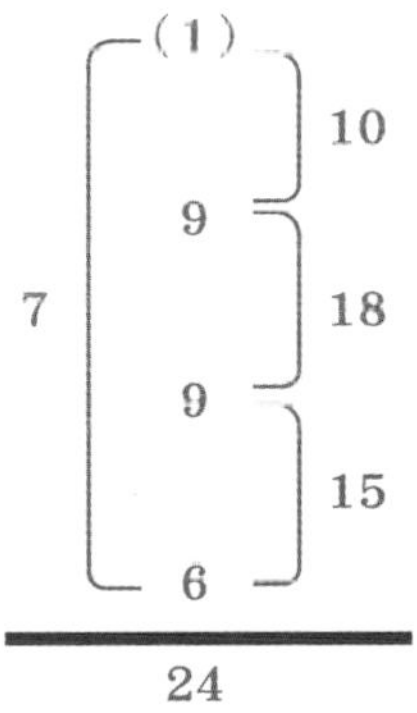

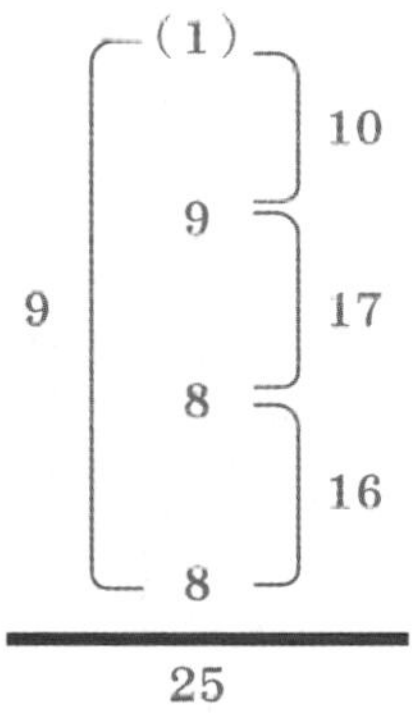

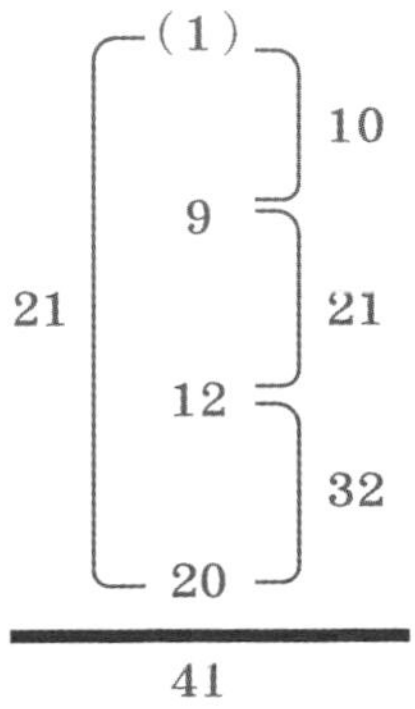

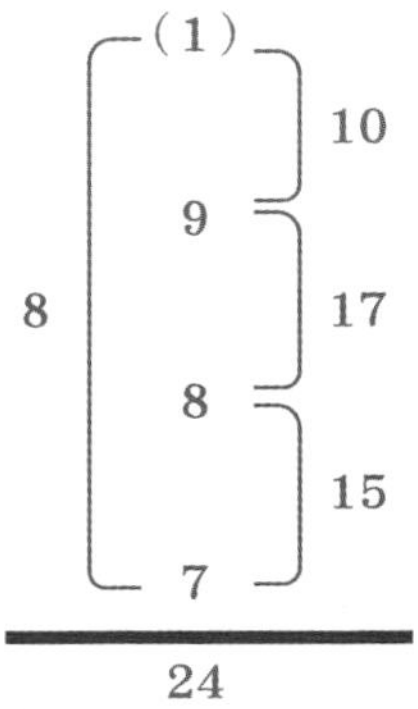

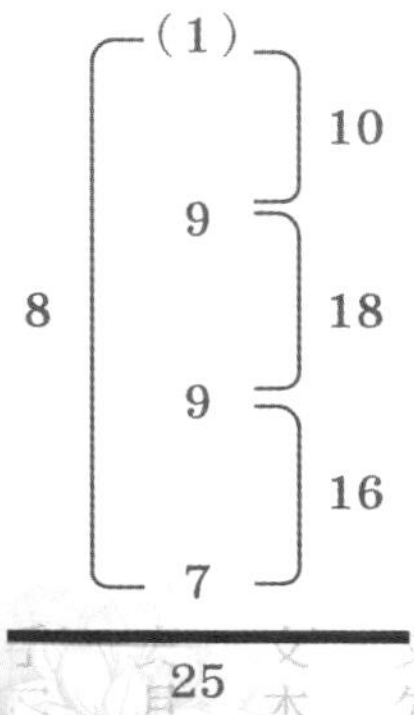

十畫：袁、康、翁、夏、秦、倪、徐、高、孫、洪、貫、花、席、凌、烏、宮、祖、耿、芳、桂、馬、祝、真、晏、恭、桑、芮、軒、洛、展、起、桓、容、留、奚、般、城、時、索、貢、原

外	左	右
	(1)	
		11
	10	
10		24
	14	
		23
	9	
	33	

外	左	右
	(1)	
		11
	10	
18		24
	14	
		31
	17	
	41	

外	左	右
	(1)	
		11
	10	
9		23
	13	
		21
	8	
	31	

外	左	右
	(1)	
		11
	10	
12		24
	14	
		25
	11	
	35	

外	左	右
	(1)	
		11
	10	
13		29
	19	
		31
	12	
	41	

外	左	右
	(1)	
		11
	10	
19		23
	13	
		31
	18	
	41	

外	左	右
	(1)	
		11
	10	
13		13
	3	
		15
	12	
	25	

外	左	右
	(1)	
		11
	10	
13		21
	11	
		23
	12	
	33	

外	左	右
	(1)	
		11
	10	
8		24
	14	
		21
	7	
	31	

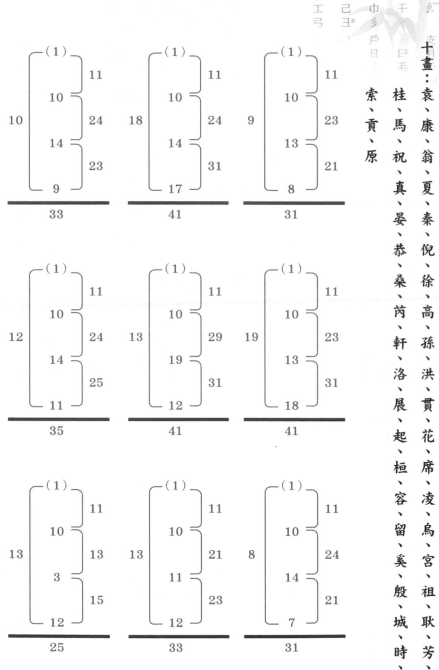

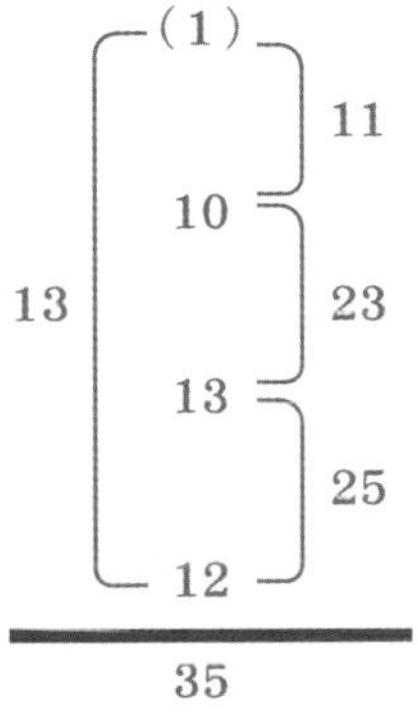

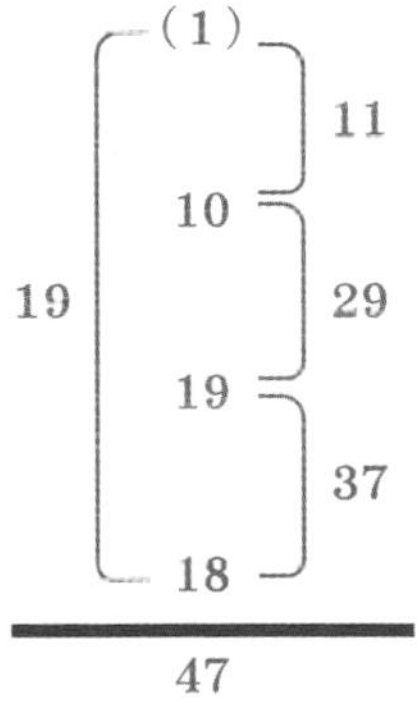

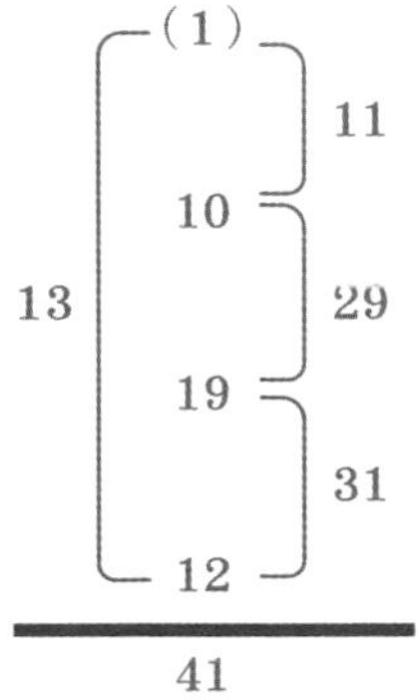

十一畫：張、許、范、康、商、苑、涂、曹、茅、茹、寇、尉、苗、梅、胡、崔、紫、粘、梁、崖、麥、從、婁、常、習、國、茆、英、假、宿、符、那、密、崇、強、庚、宰、班、貫

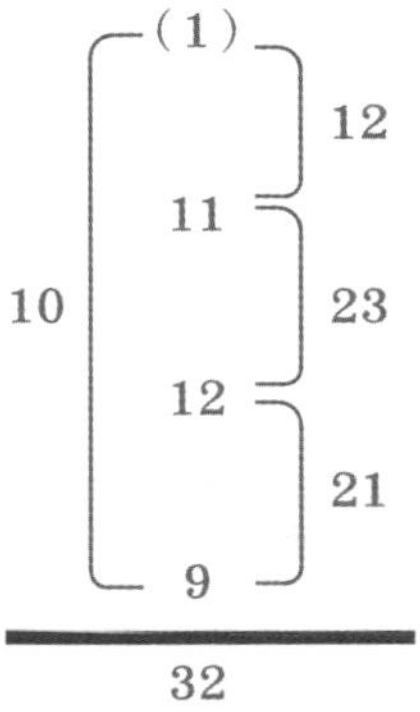

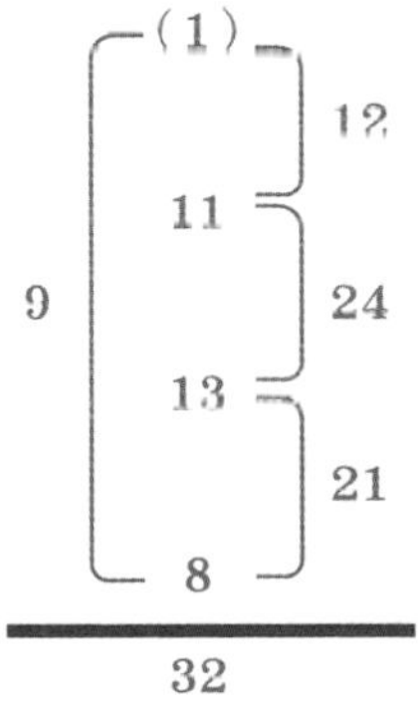

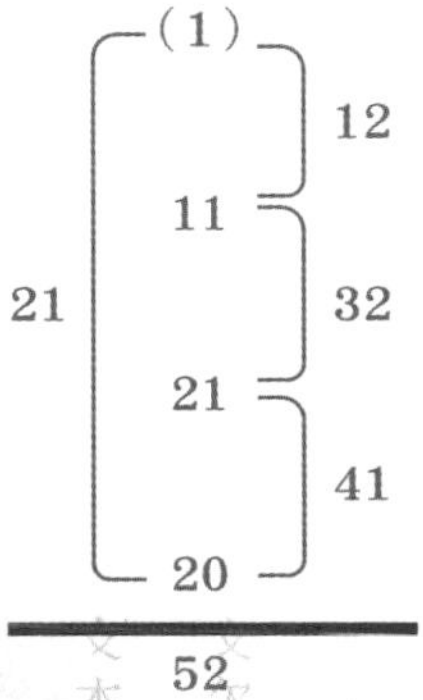

	(1)	
		12
	11	
5		31
	20	
		24
	4	
	35	

	(1)	
		12
	11	
13		23
	12	
		24
	12	
	35	

	(1)	
		12
	11	
15		13
	3	
		6
	14	
	17	

	(1)	
		12
	11	
15		21
	10	
		24
	14	
	35	

	(1)	
		12
	11	
23		13
	2	
		24
	22	
	35	

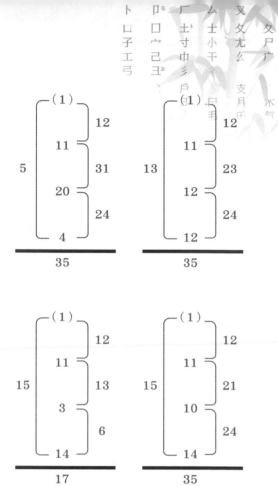

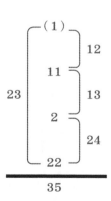

十二畫：黃、彭、邱、盛、曾、邵、賀、傅、童、程、喬、閔、雲、焦、費、喻、景、阮、項、富、荊、辜、馮、斐、理、茹、荀、開、鈕、貴、惠、邰、淵、須、舒、單、堯、越、邸、屠、甯、雄

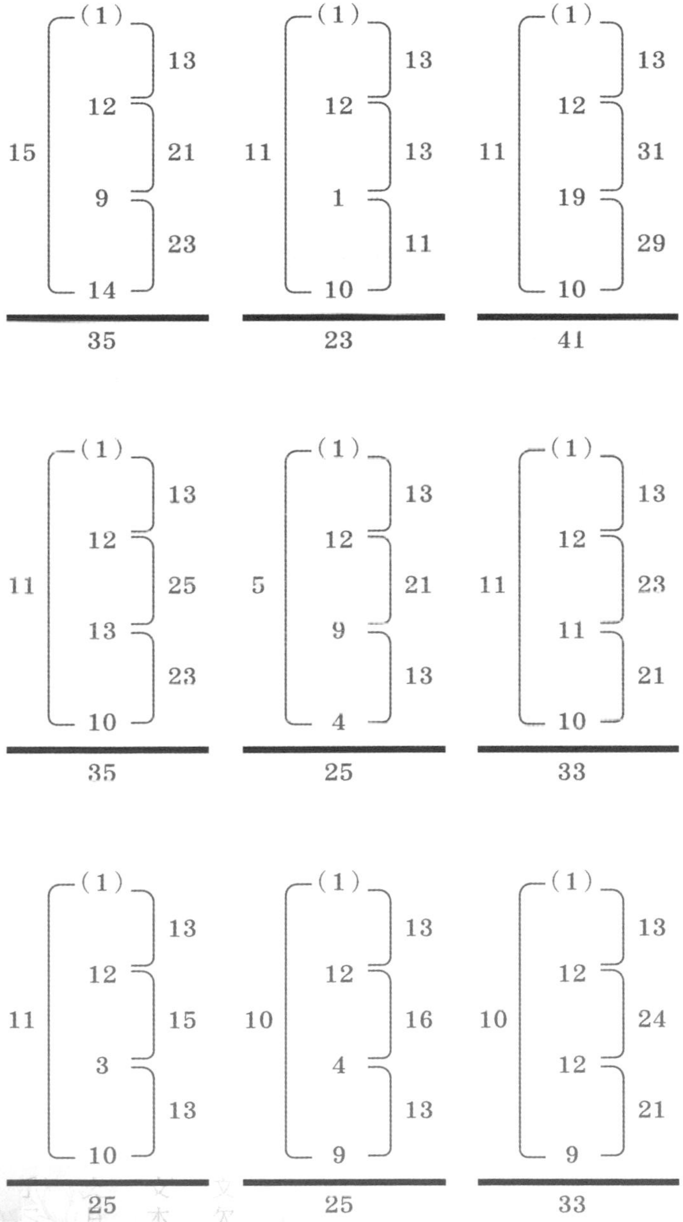

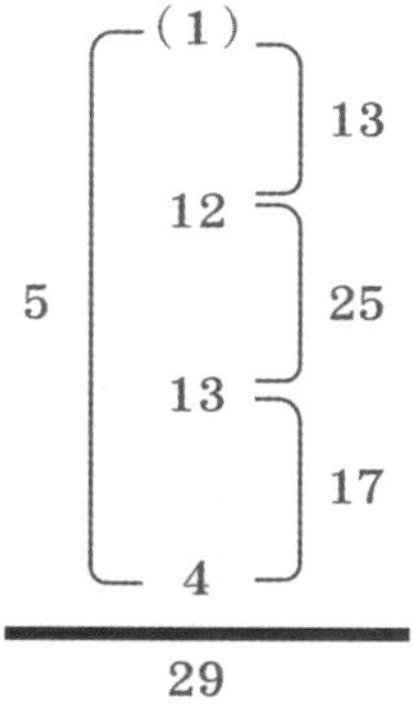
(1)
13
12
5
25
13
17
4
29

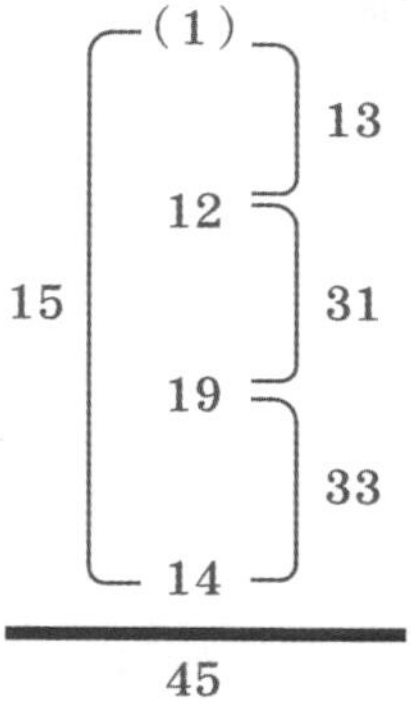
(1)
13
12
15
31
19
33
14
45

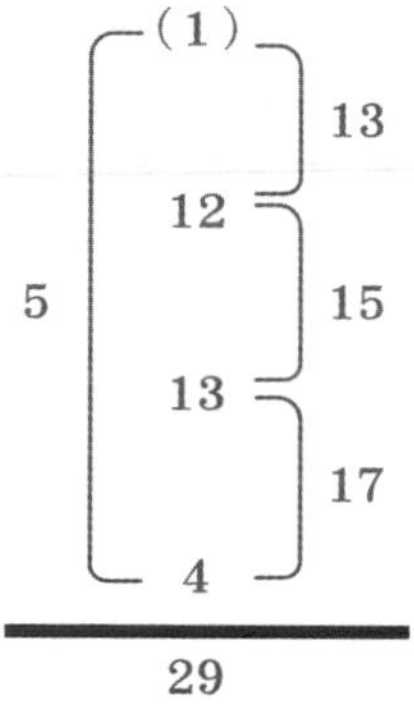
(1)
13
12
5
15
13
17
4
29

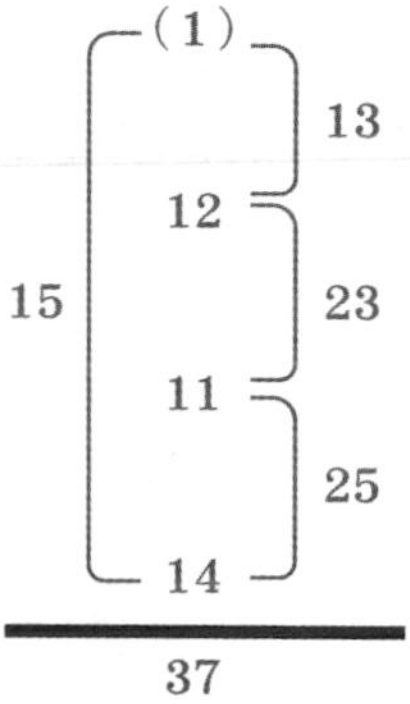
(1)
13
12
15
23
11
25
14
37

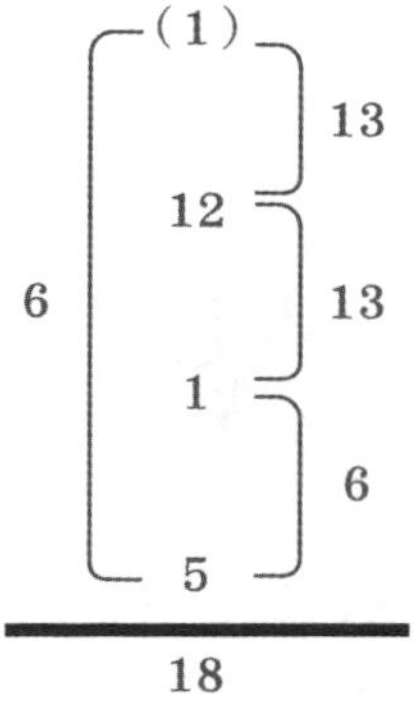
(1)
13
12
6
13
1
6
5
18

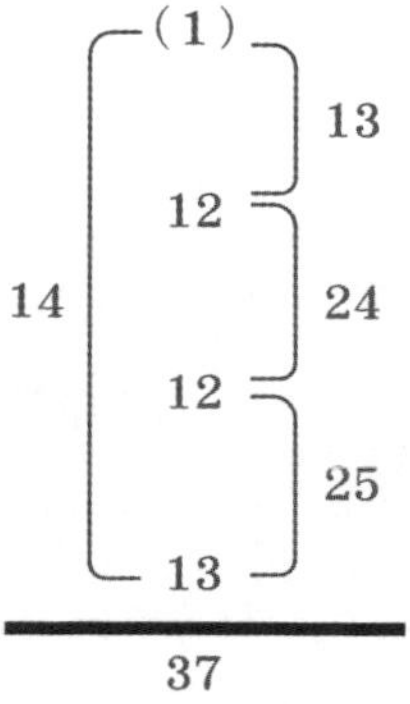
(1)
13
12
14
24
12
25
13
37

十三畫：楊、詹、湯、莊、塗、解、湛、游、路、雷、賈、廉、虞、莫、裘、雍、農、楚、郁、莘、愛、靳、經、義、裔、賁、嵩、新、幹、睦

(1)
13　14
3　16
5　8
6
總格 21

(1)
13　14
3　16
15　18
16
總格 31

(1)
13　14
18　31
14　32
15
總格 45

(1)
13　14
12　25
6　18
7
總格 31

(1)
13　14
10　23
22　32
23
總格 45

(1)
13　14
12　25
12　24
13
總格 37

(1)
13　14
2　15
16　18
17
總格 31

(1)
13　14
11　24
21　32
22
總格 45

(1)
13　14
8　21
16　24
17
總格 37

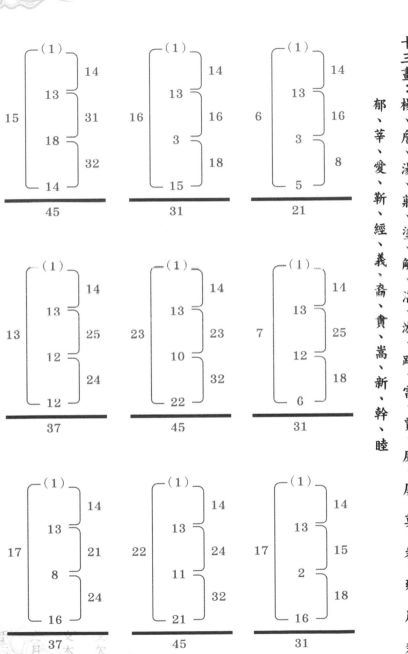

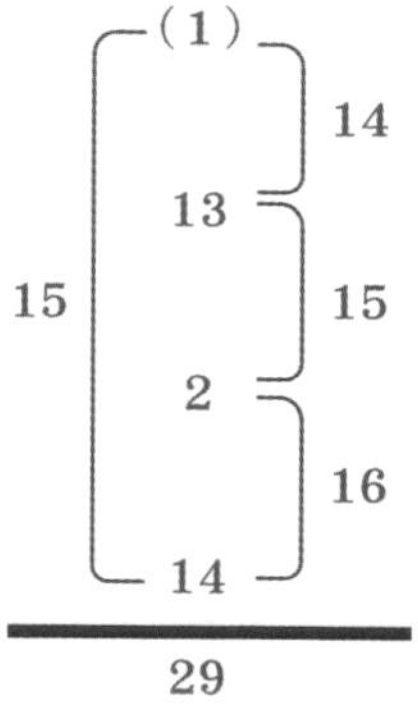
(1)
14
13
15
15
2
16
14
29

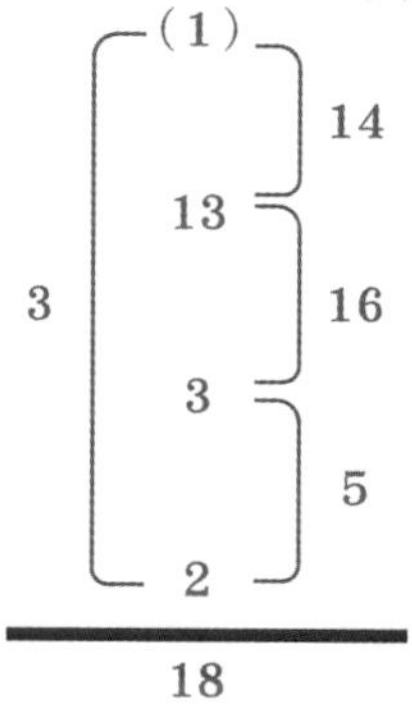
(1)
14
13
3
16
3
5
2
18

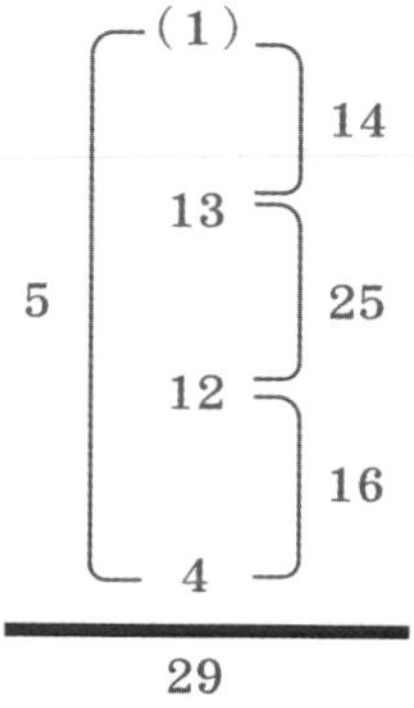
(1)
14
13
5
25
12
16
4
29

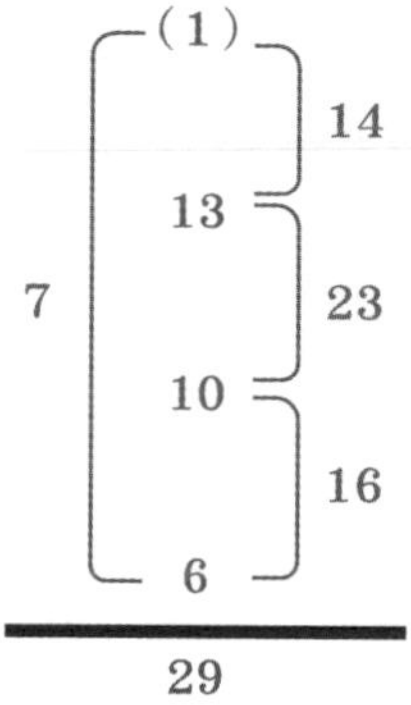
(1)
14
13
7
23
10
16
6
29

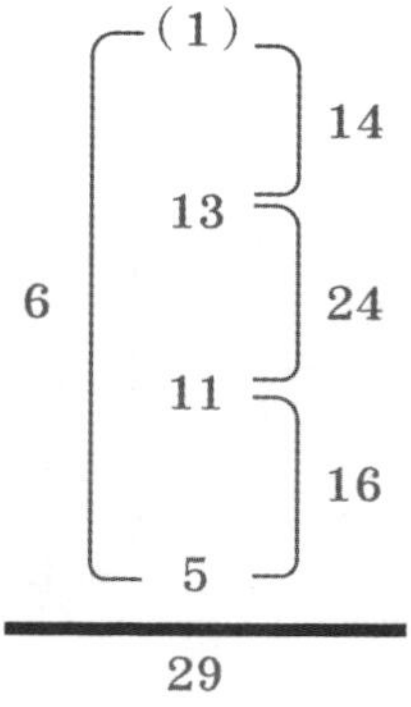
(1)
14
13
6
24
11
16
5
29

十四畫：廖、連、郝、溫、趙、臧、齊、華、熊、管、郤、赫、郗、郟、裴、郎、壽、甄、翟、鳳、榮、端、逢、慎、僮、通、臺、造、猿、能、韶、郜、輔、源、聞、溥、種

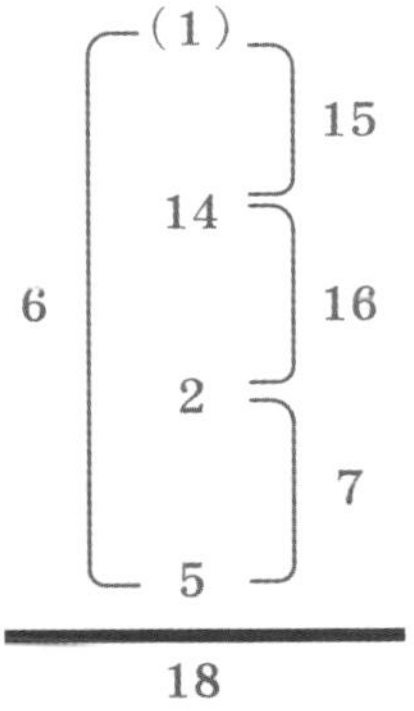

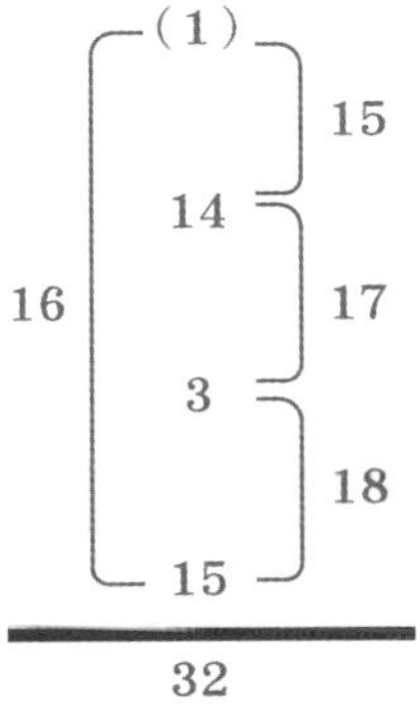

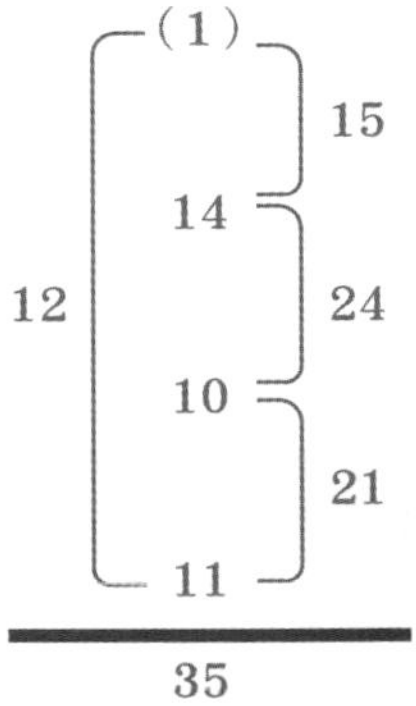

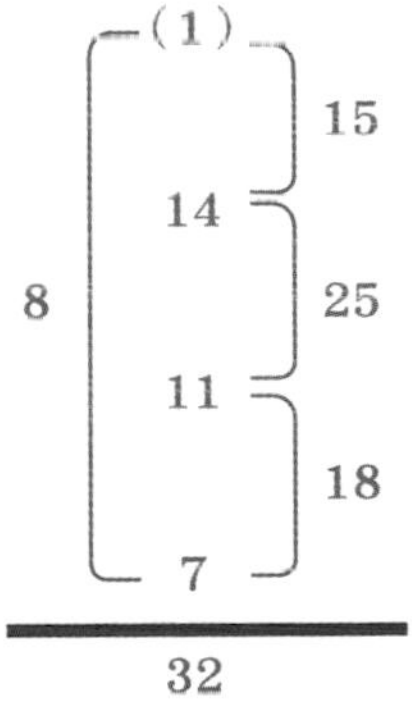

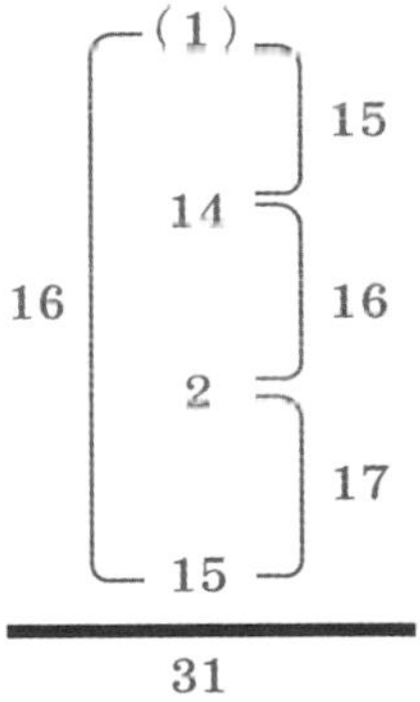

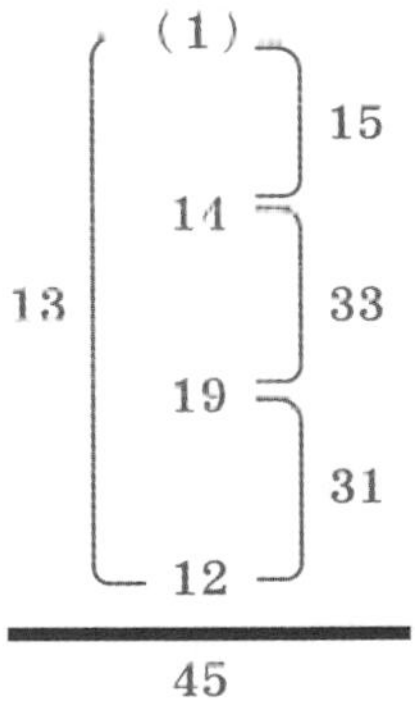

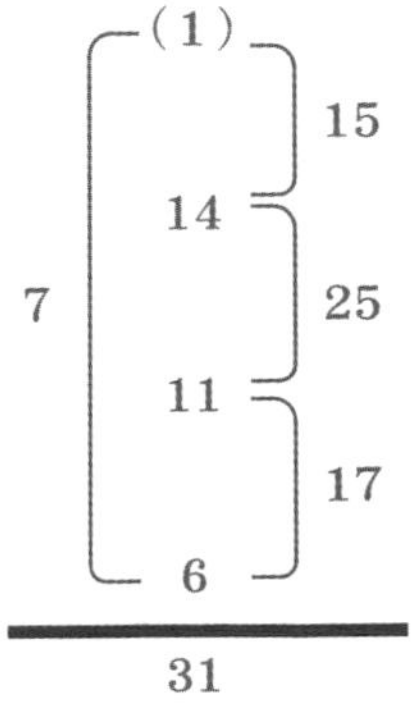

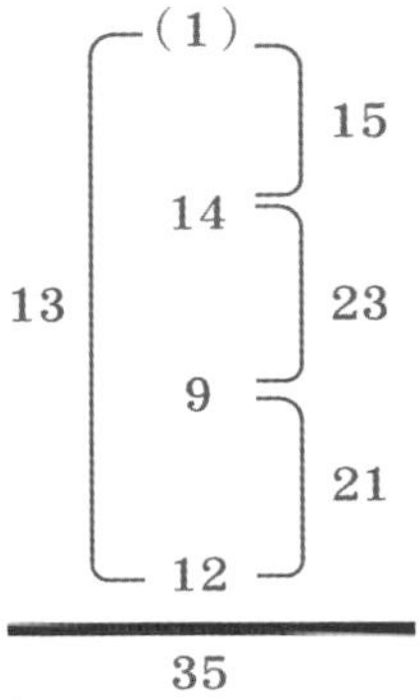

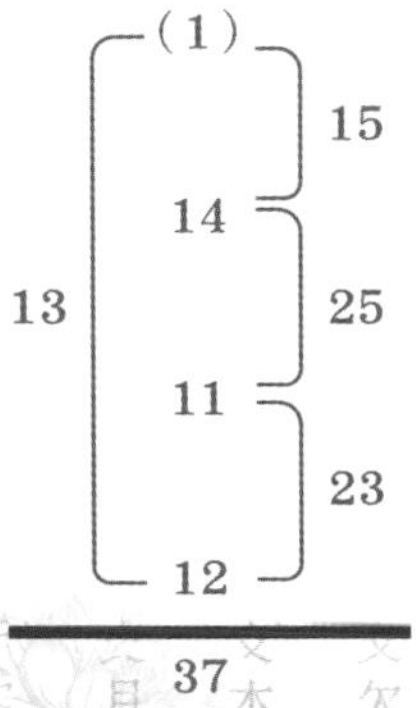

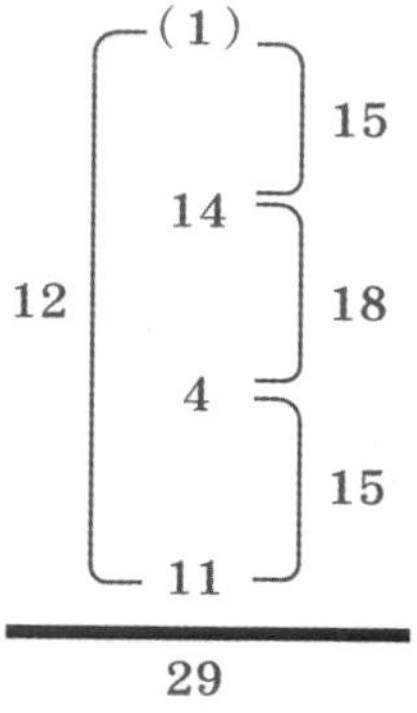
(1)
15
14
12
18
4
15
11
29
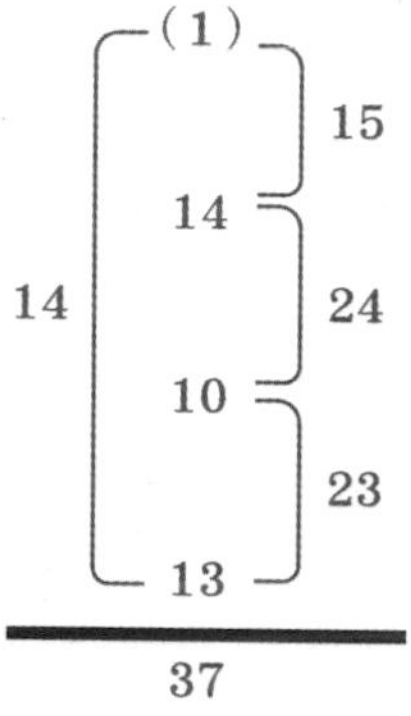
(1)
15
14
14
24
10
23
13
37
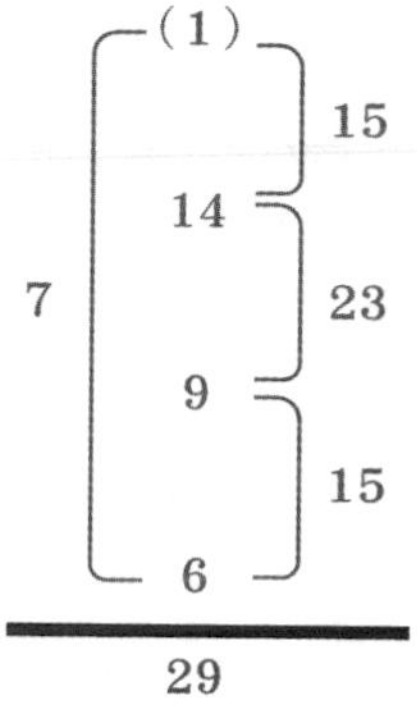
(1)
15
14
7
23
9
15
6
29
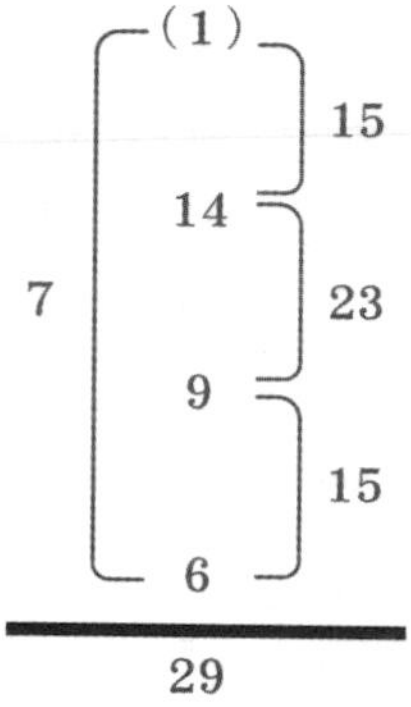
(1)
15
14
7
23
9
15
6
29
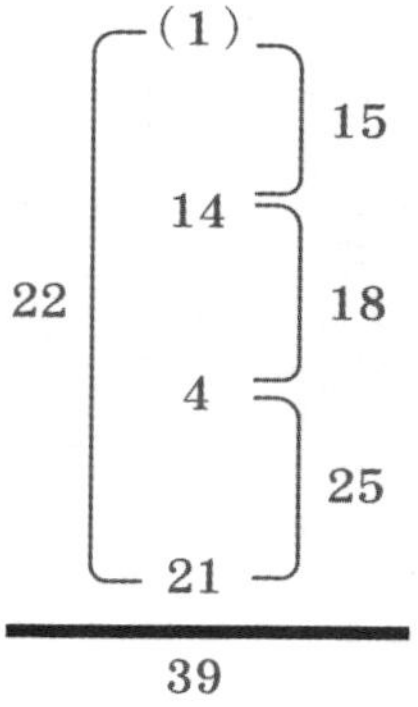
(1)
15
14
22
18
4
25
21
39
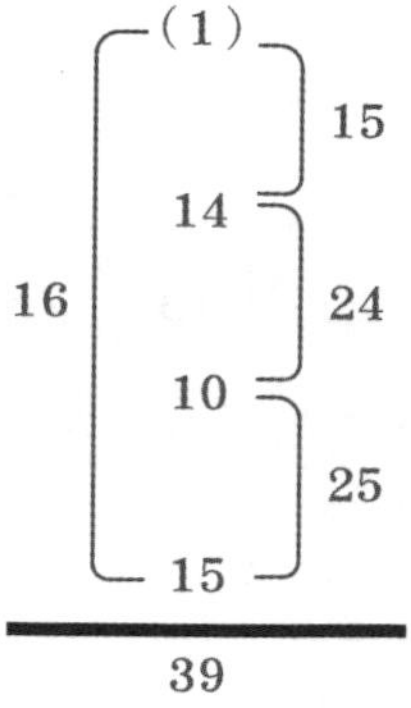
(1)
15
14
16
24
10
25
15
39

十五畫：劉、郭、葉、黎、歐、董、萬、樂、葛、談、滿、厲、褚、閻、慕、閭、練、樊、廣、鞏、養、賞、墨、郵、郯、鄴、郳、魯、審、樓、諒、滕、院、標

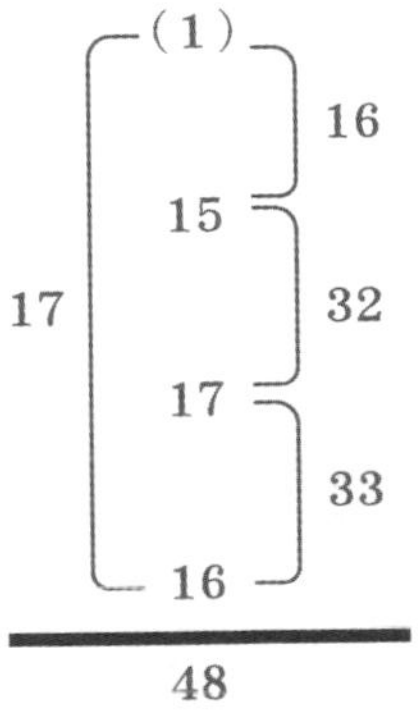

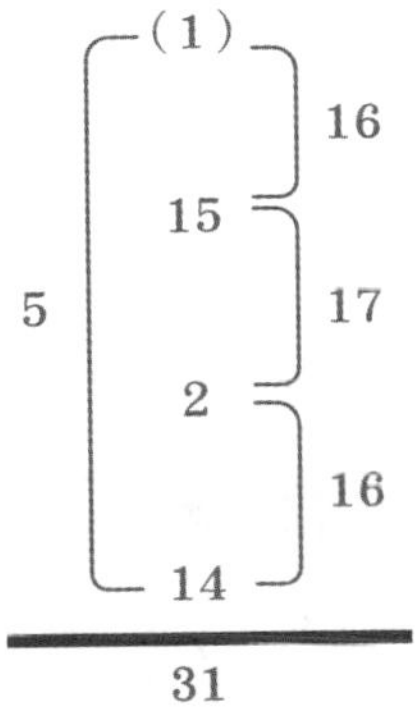

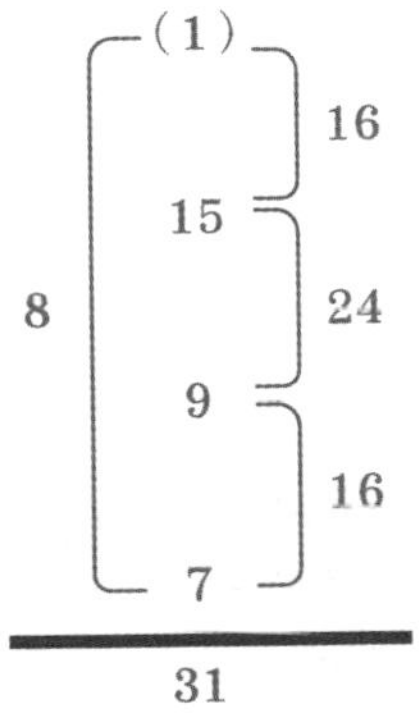

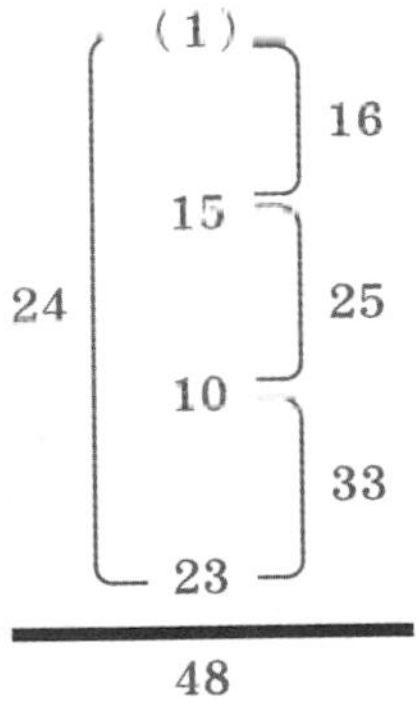

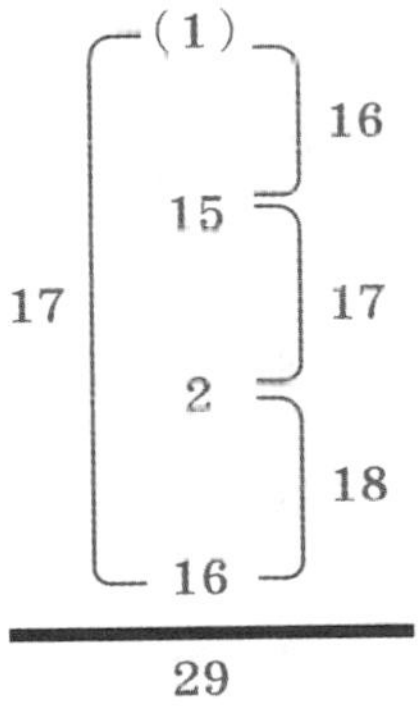

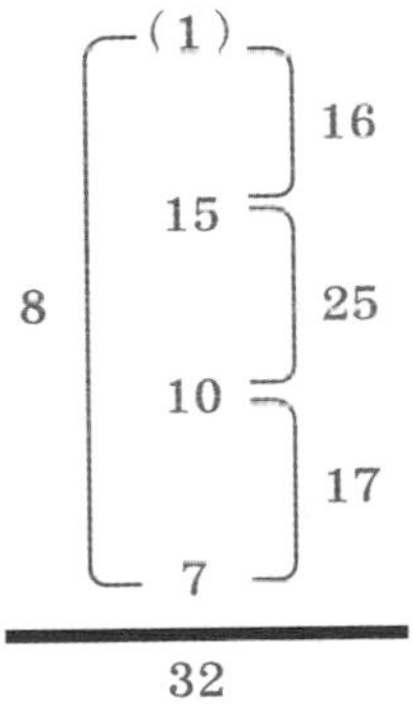

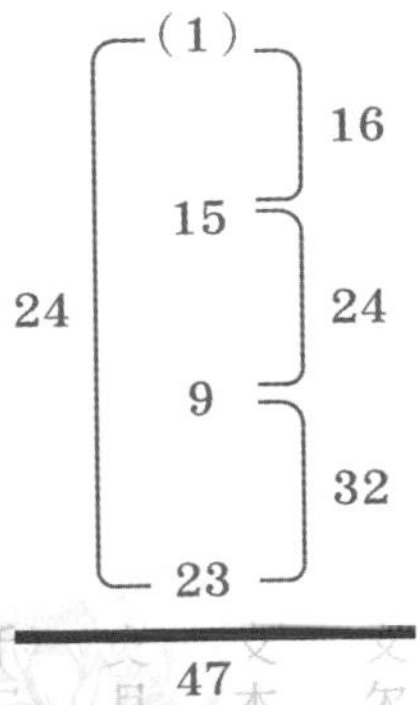

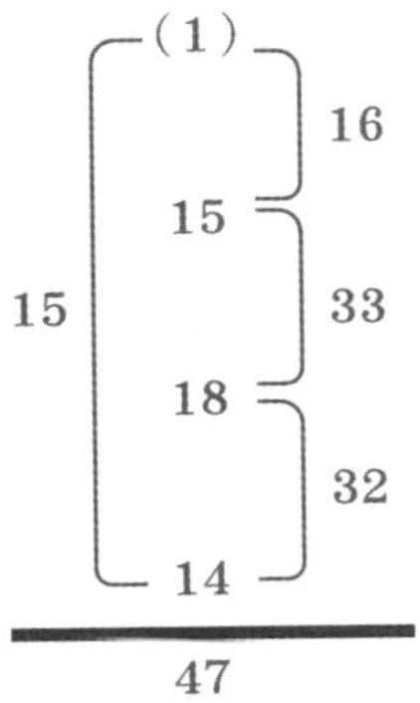

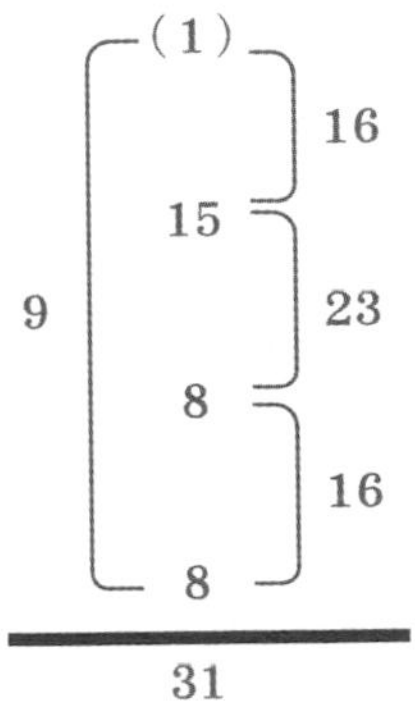

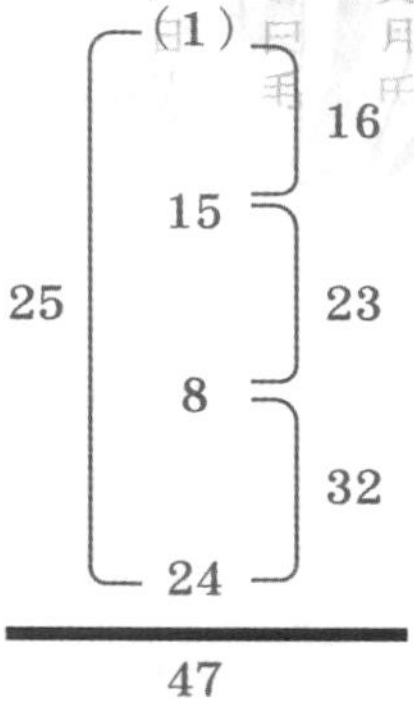

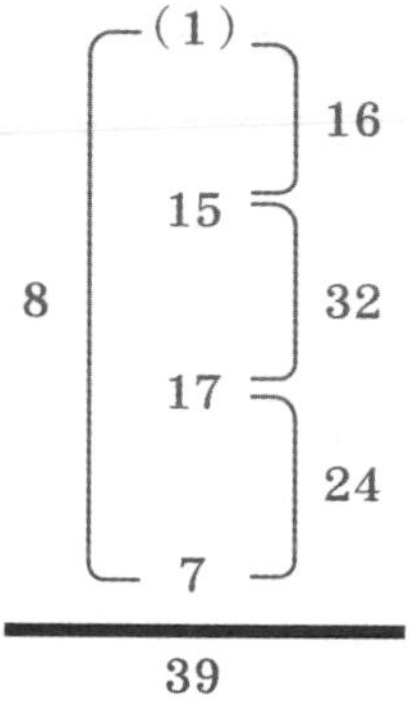

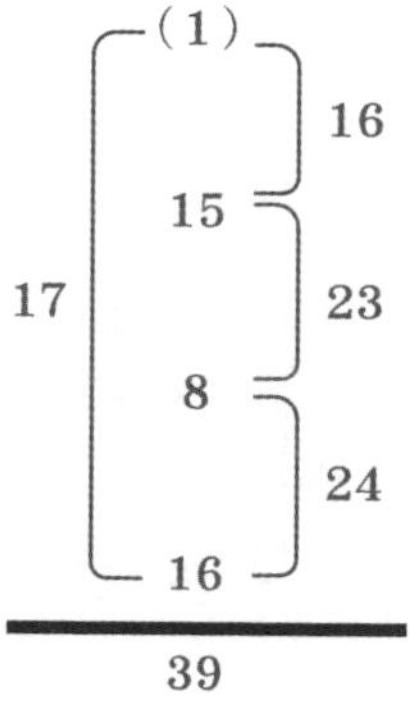

十六畫：潘、賴、陳、盧、蒙、駱、錢、陶、穆、陸、鄂、鮑、諸、霍、龍、蓋、衛、融、冀、蒼、陰、燕、衡、錫、穎、運、憑、都、蒲、橋

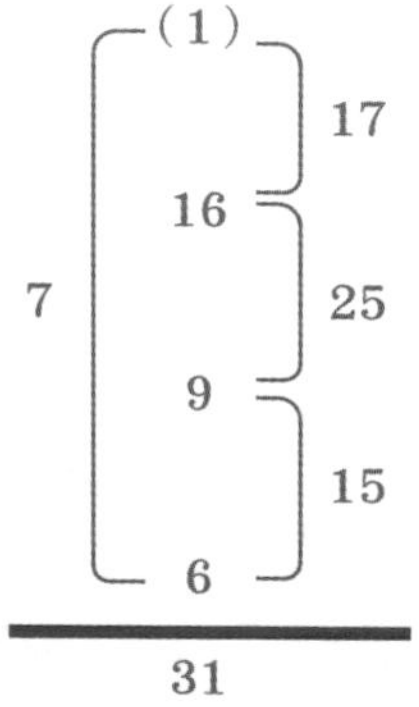

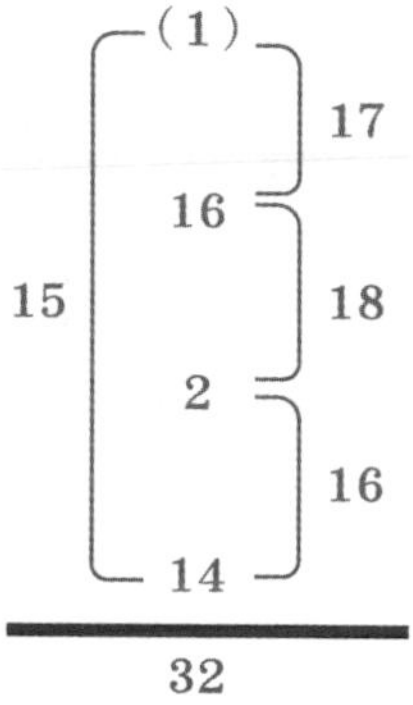

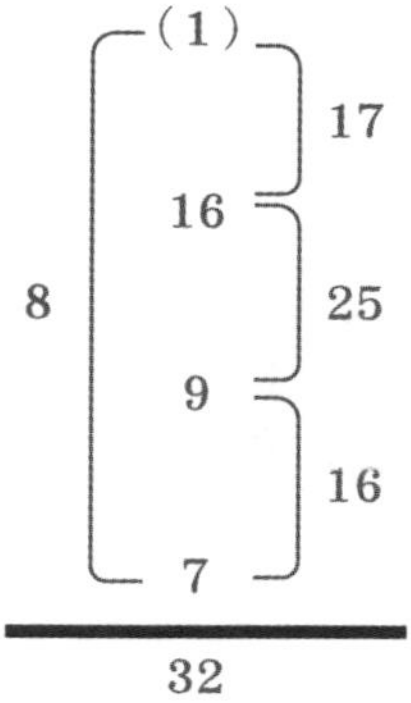

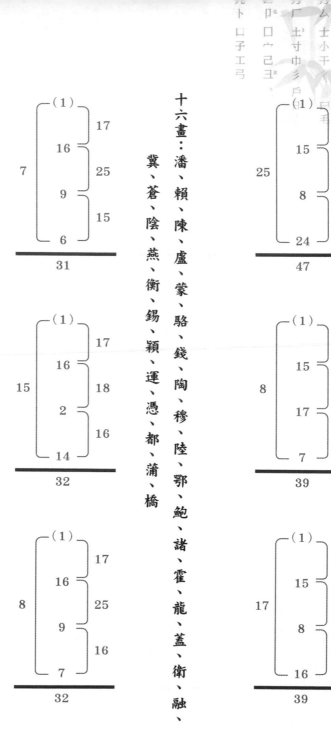

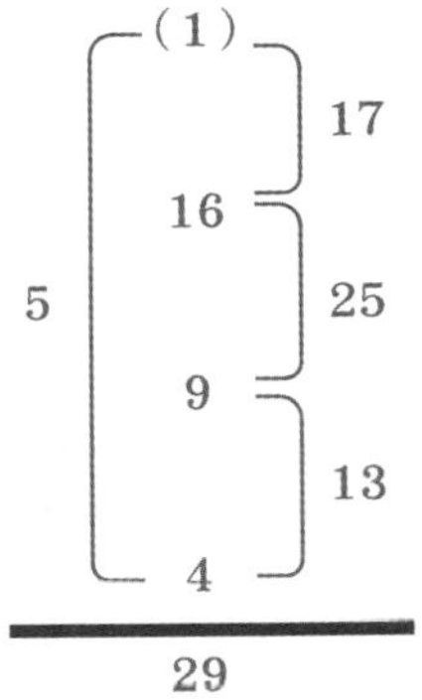
(1)
17
16
5
25
9
13
4
29

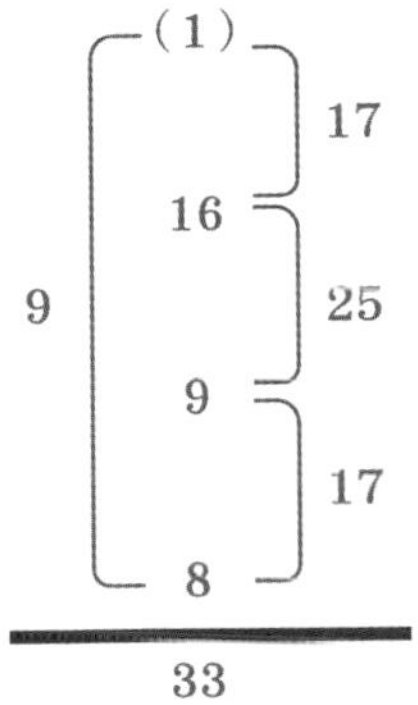
(1)
17
16
9
25
9
17
8
33

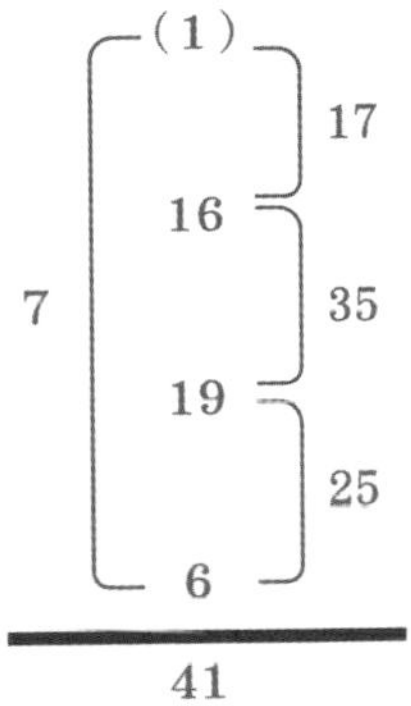
(1)
17
16
7
35
19
25
6
41

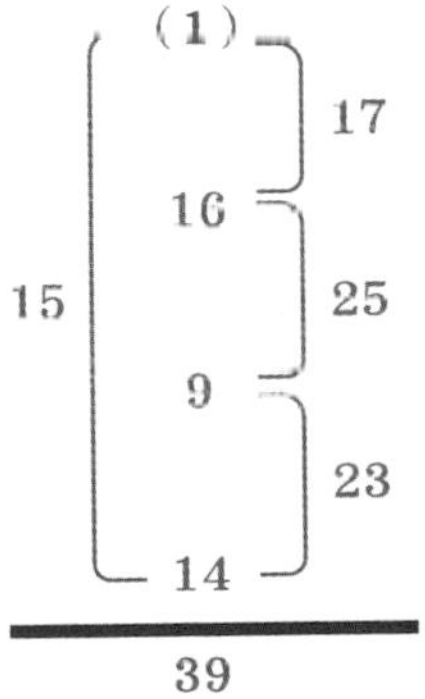
(1)
17
16
15
25
9
23
14
39

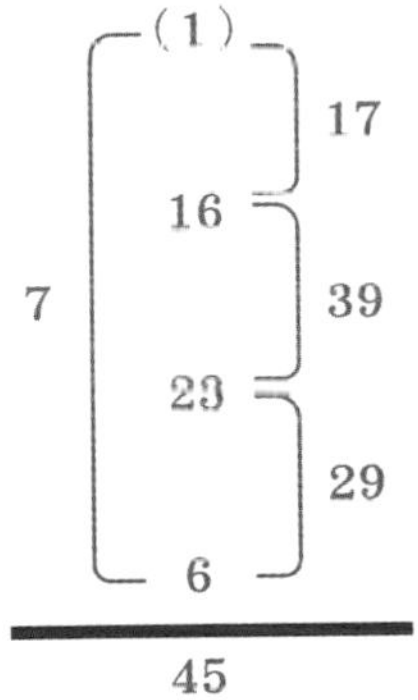
(1)
17
16
7
39
23
29
6
45

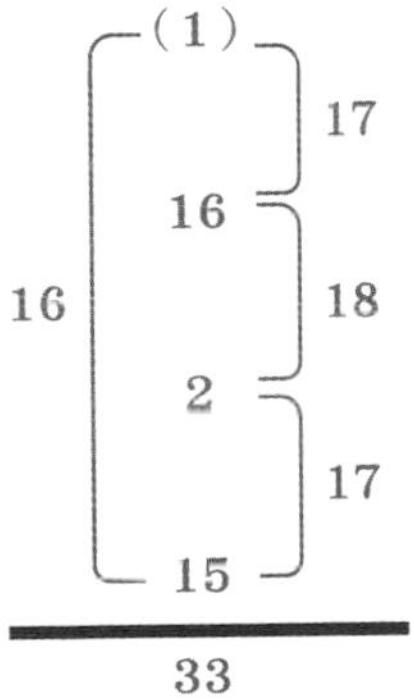
(1)
17
16
16
18
2
17
15
33

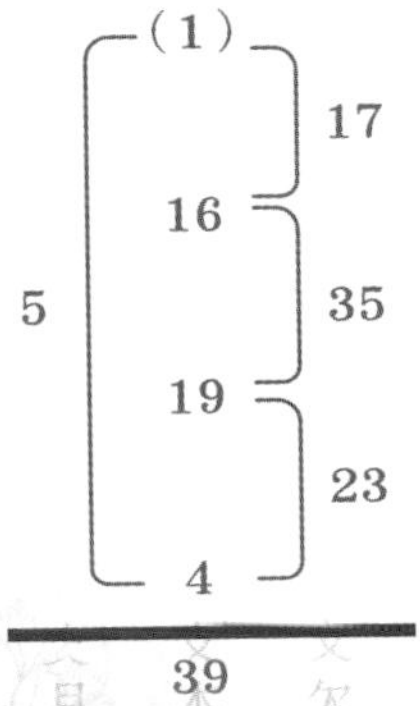
(1)
17
16
5
35
19
23
4
39

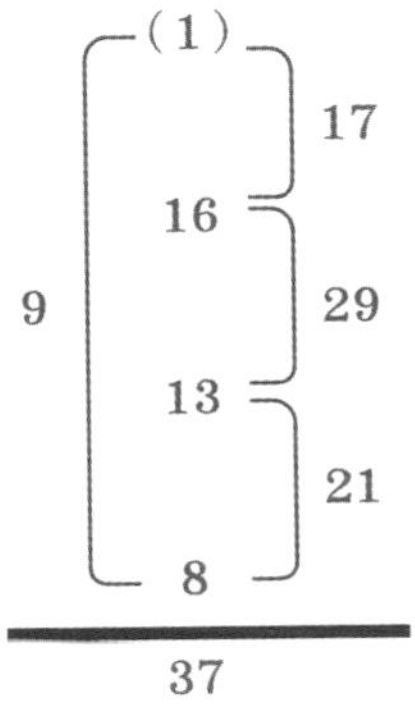
(1)
17
16
9
29
13
21
8
37

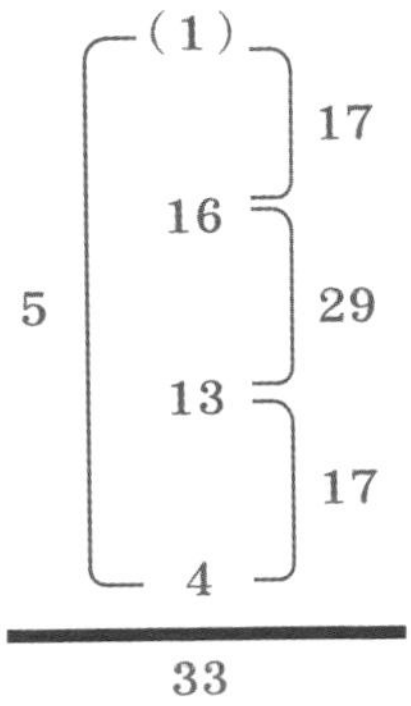
(1)
17
16
5
29
13
17
4
33

十七畫：謝、蔡、韓、蔣、鄒、陽、館、隆、鍾、應、蔚、鄔、蓬、繆、鞠、階、隋、遠、澤、慕、嶺、鍊、鴻、齋、彌、優、營、賽、勵

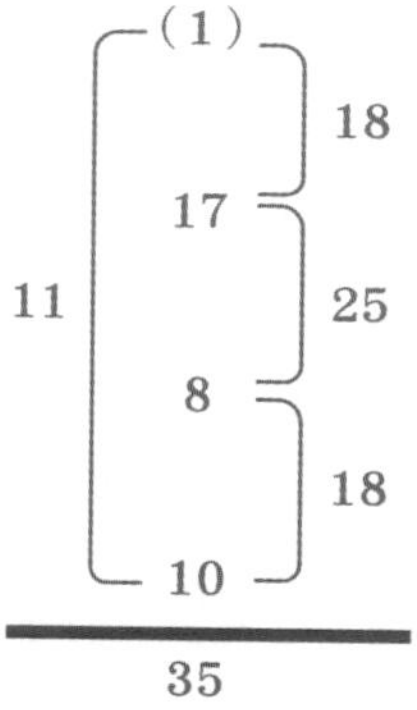

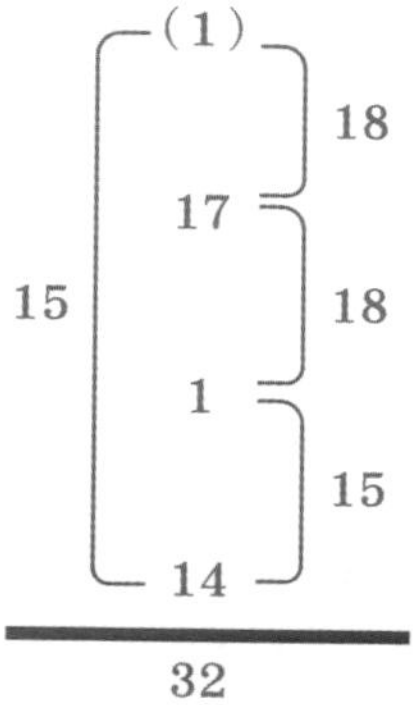

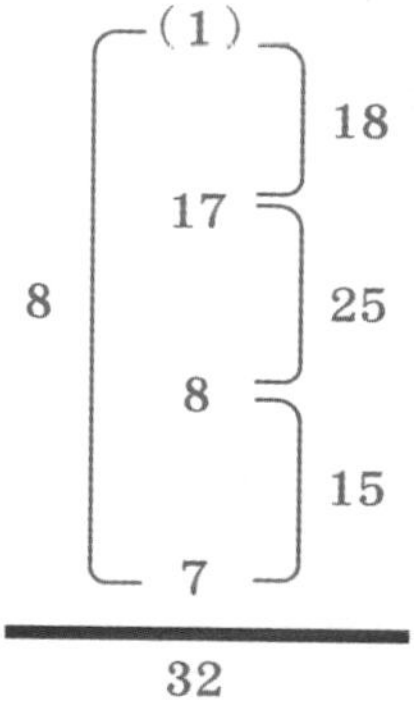

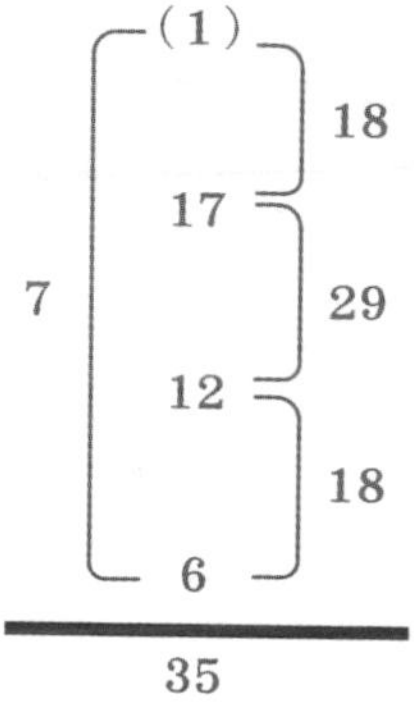

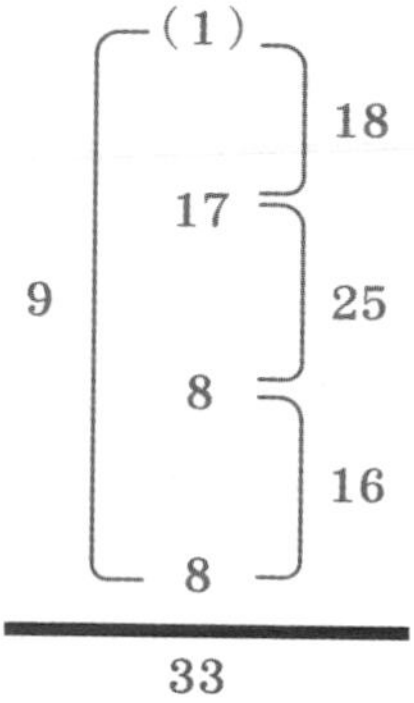

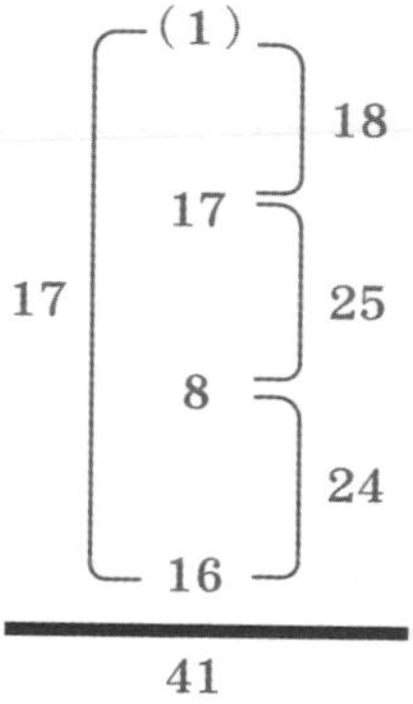

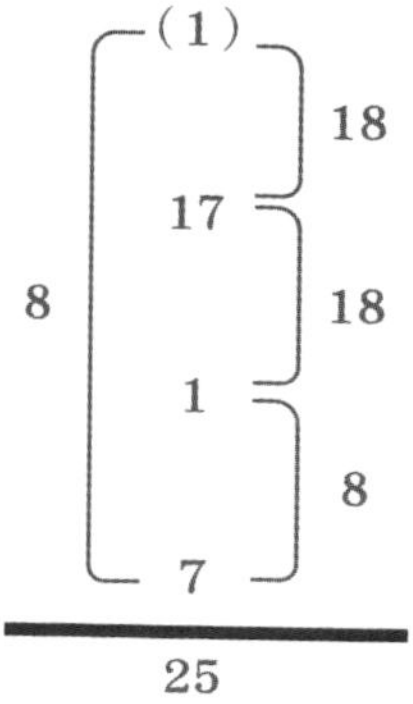

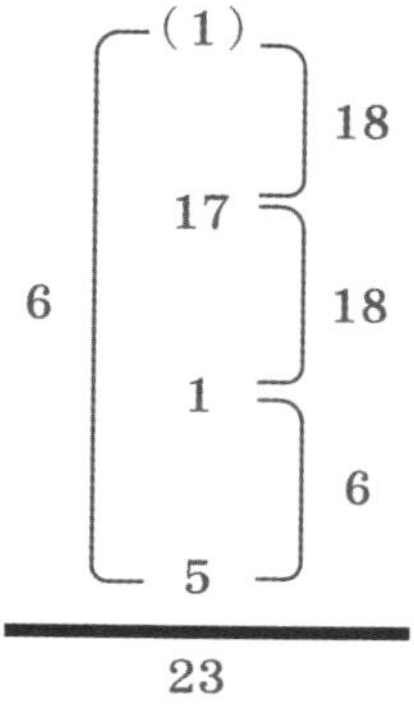

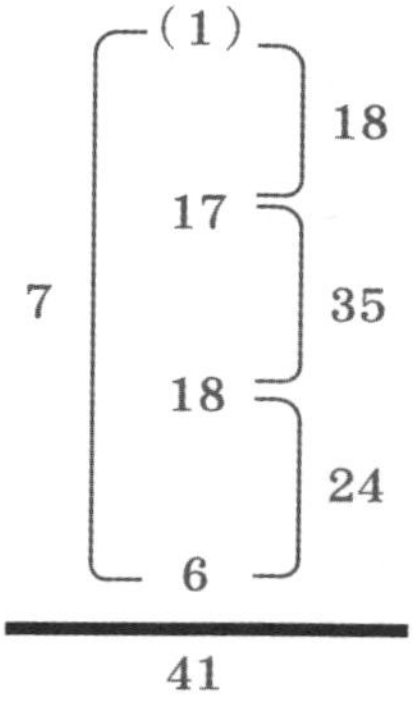

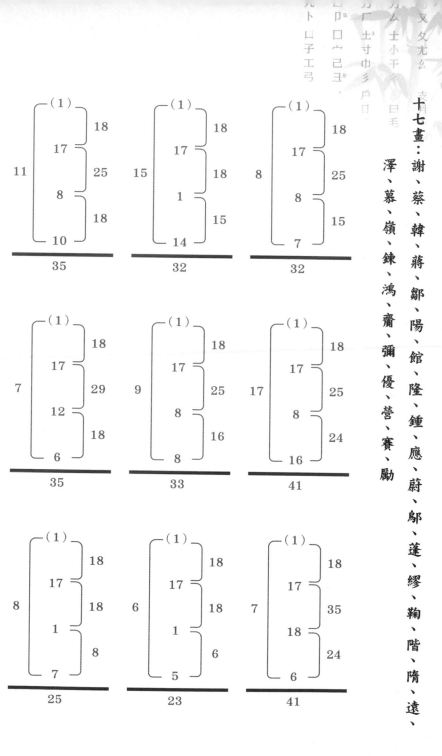

十八畫：顏、魏、簡、戴、聶、闕、蕭、儲、鄢、豐、雙、瞿、隗、濮、鄞、璩、叢、龐、蕉、職、鎗、歸、濟、鎮、鐮、繞、環、禮

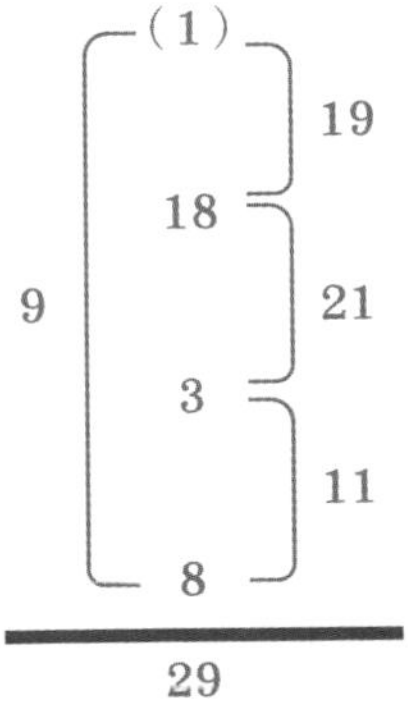

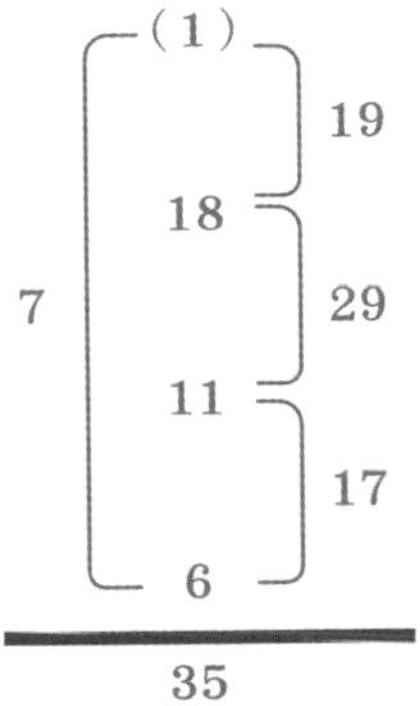

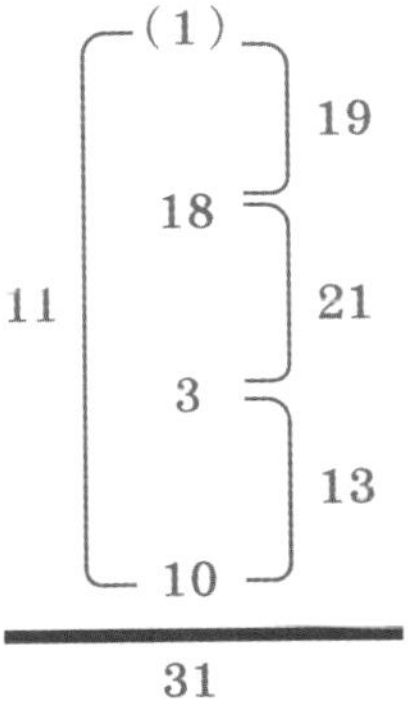

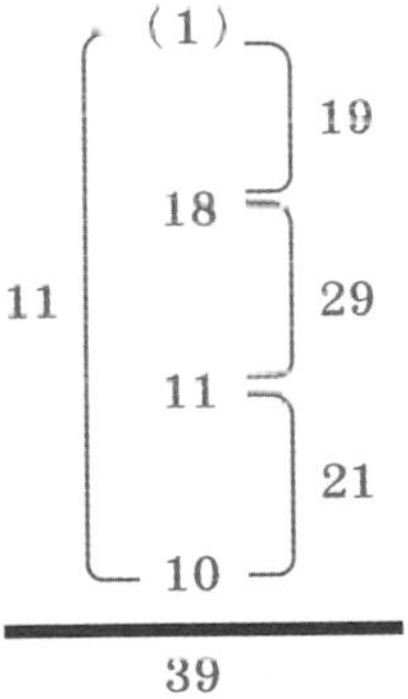

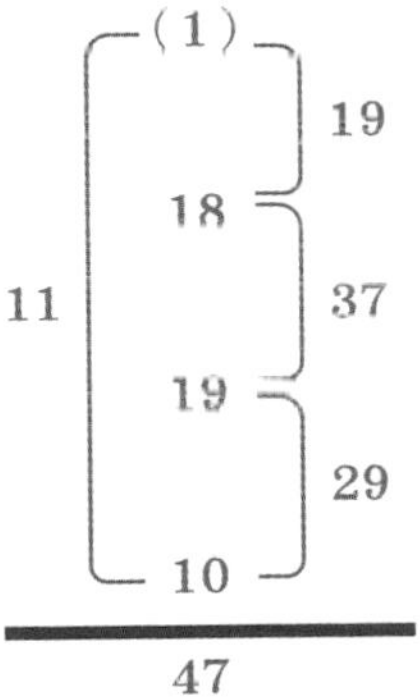

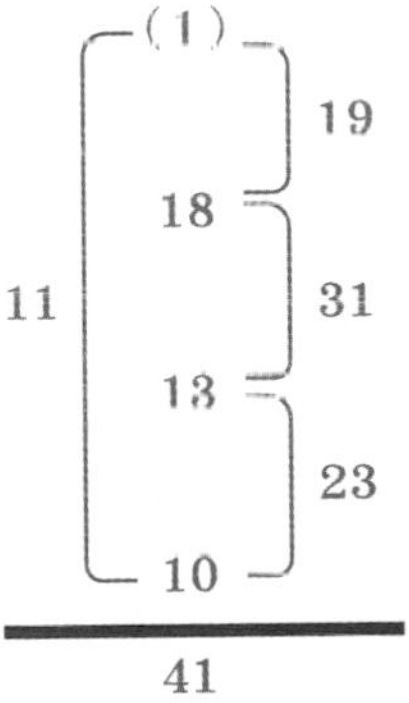

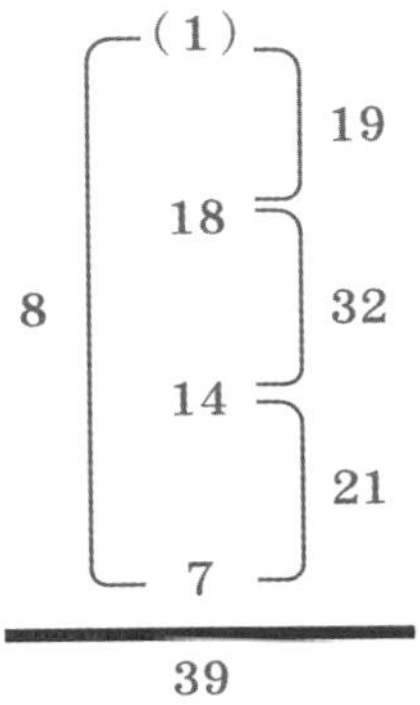

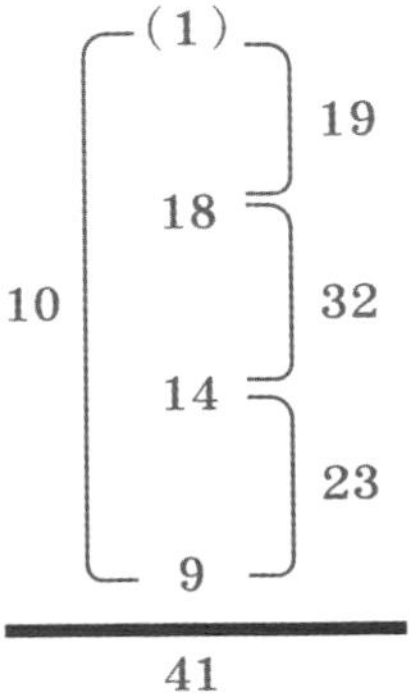

十九畫：鄭、鄧、薛、關、譚、龐、譙、曠、麴、薊、類、攀、遲、遼、鏡、蟻、繩、薄

外格	字	格
	(1)	
		20
	19	
12		21
	2	
		13
	11	
	32	

外格	字	格
	(1)	
		20
	19	
21		32
	13	
		33
	20	
	52	

外格	字	格
	(1)	
		20
	19	
22		31
	12	
		33
	21	
	52	

外格	字	格
	(1)	
		20
	19	
12		37
	18	
		29
	11	
	48	

外格	字	格
	(1)	
		20
	19	
9		29
	10	
		18
	8	
	37	

外格	字	格
	(1)	
		20
	19	
18		31
	12	
		29
	17	
	48	

二十畫：羅、嚴、藍、釋、鐘、賓、懷、籍、薩、爐、覺、邁、藏、騰、鐔、闞、寶、簿

外格	字	格
	(1)	
		21
	20	
8		24
	4	
		11
	7	
	31	

外格	字	格
	(1)	
		21
	20	
10		24
	4	
		13
	9	
	33	

外格	字	格
	(1)	
		21
	20	
9		33
	13	
		21
	8	
	41	

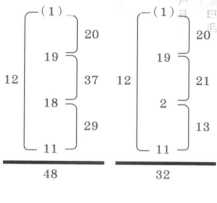

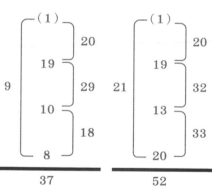

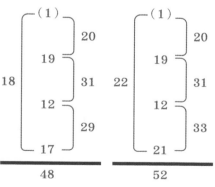

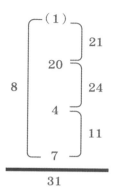

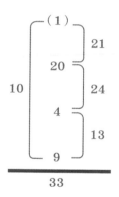

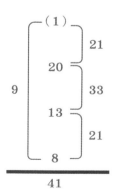

	(1)	
		21
	20	
22		24
	4	
		25
	21	
	45	

	(1)	
		21
	20	
13		21
	1	
		13
	12	
	33	

	(1)	
		21
	20	
13		29
	9	
		21
	12	
	41	

	(1)	
		21
	20	
13		23
	3	
		15
	12	
	35	

	(1)	
		21
	20	
13		33
	13	
		25
	12	
	45	

	(1)	
		21
	20	
11		23
	3	
		13
	10	
	33	

	(1)	
		21
	20	
9		29
	9	
		17
	8	
	37	

	(1)	
		21
	20	
12		24
	4	
		15
	11	
	35	

	(1)	
		21
	20	
10		24
	4	
		13
	9	
	33	

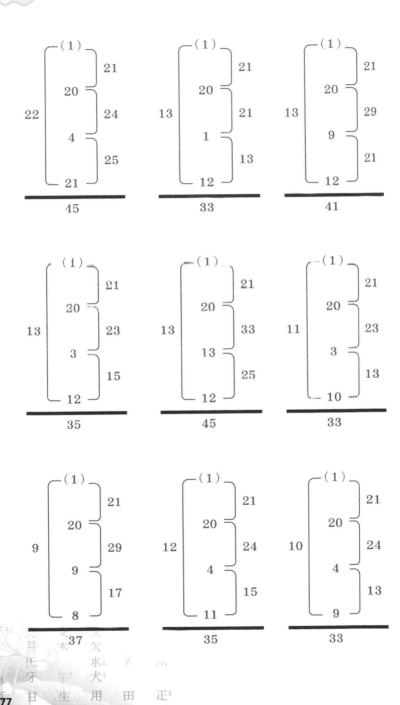

二十一畫：顧、饒、巍、瓏、隨、鶴、露、鐵、續、櫻、藩、藥

(1) 22
21 23
2 16
14
Left: 15
Total: 37

(1) 22
21 33
12 24
12
Left: 13
Total: 45

(1) 22
21 33
12 31
19
Left: 20
Total: 52

(1) 22
21 24
3 16
13
Left: 14
Total: 37

(1) 22
21 31
10 24
14
Left: 15
Total: 45

(1) 22
21 24
3 11
8
Left: 9
Total: 32

(1) 22
21 29
8 18
10
Left: 11
Total: 39

(1) 22
21 33
12 16
4
Left: 5
Total: 37

(1) 22
21 41
20 24
4
Left: 5
Total: 45

二十二畫：蘇、龔、欉、權、酈、邊、盧、蘊、鑄、鑑、瀾、樣、灌、隱、襲

	(1)	
		23
	22	
15		33
	11	
		25
	14	
	47	

	(1)	
		23
	22	
11		25
	3	
		13
	10	
	35	

	(1)	
		23
	22	
11		23
	1	
		11
	10	
	33	

	(1)	
		23
	22	
13		35
	13	
		25
	12	
	47	

	(1)	
		23
	22	
15		31
	9	
		23
	14	
	45	

	(1)	
		23
	22	
14		32
	10	
		23
	13	
	45	

	(1)	
		23
	22	
13		25
	3	
		15
	12	
	37	

	(1)	
		23
	22	
21		25
	3	
		23
	20	
	45	

	(1)	
		23
	22	
11		35
	13	
		23
	10	
	45	

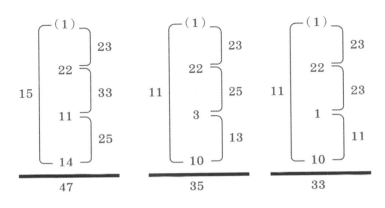

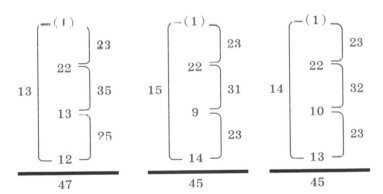

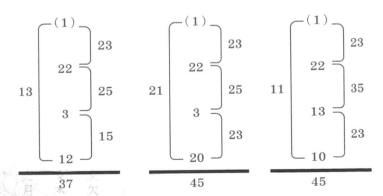

二十三畫：蘭、欒、巖、顯、驗

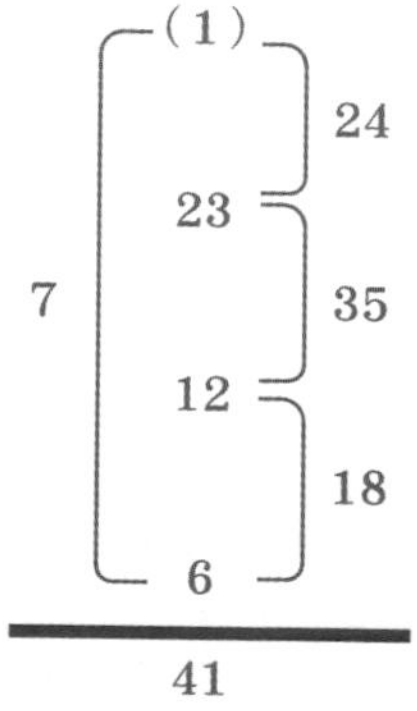
(1)
24
23
7
35
12
18
6
41

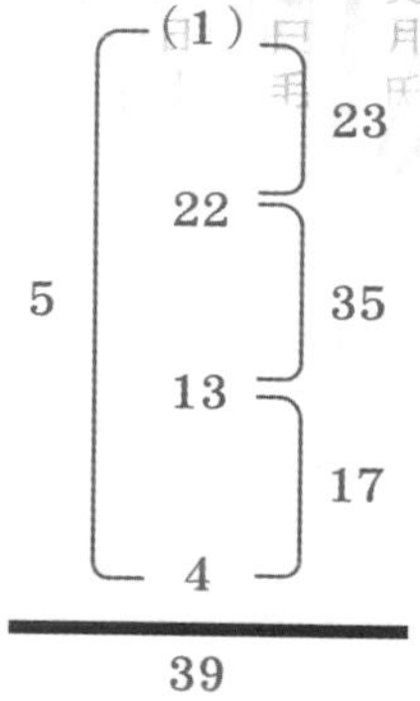
(1)
23
22
5
35
13
17
4
39

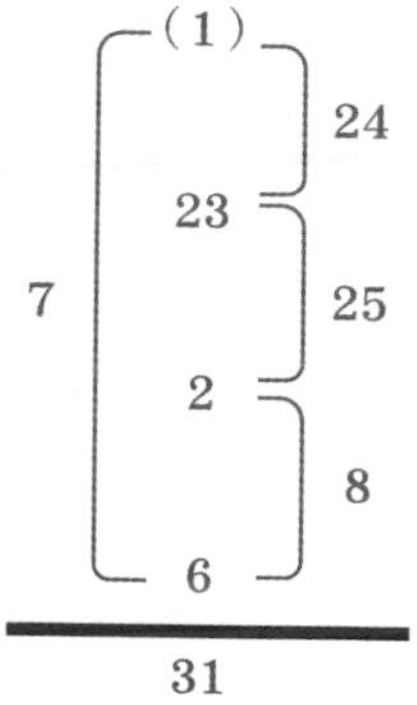
(1)
24
23
7
25
2
8
6
31

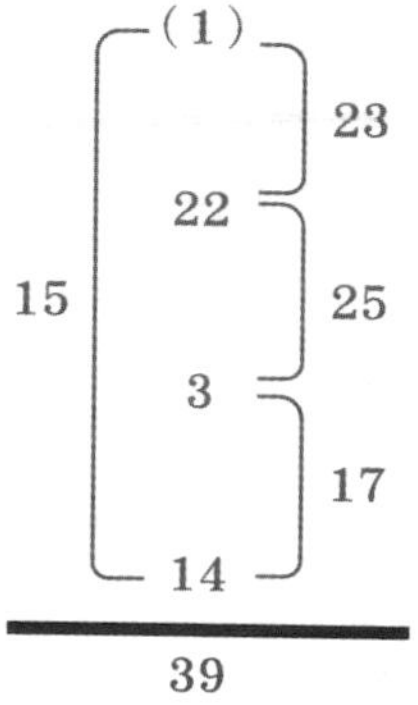
(1)
23
22
15
25
3
17
14
39

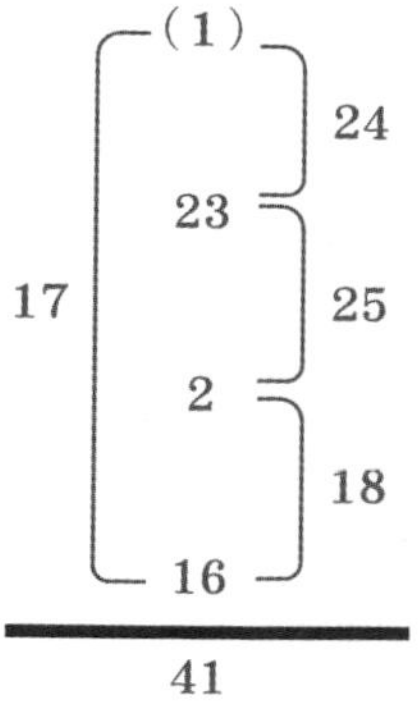
(1)
24
23
17
25
2
18
16
41

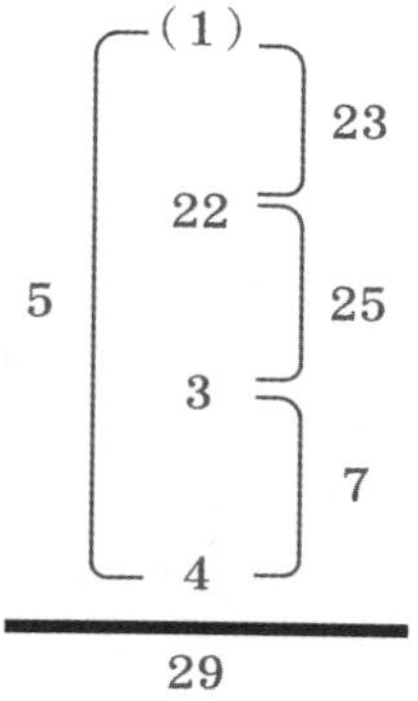
(1)
23
22
5
25
3
7
4
29

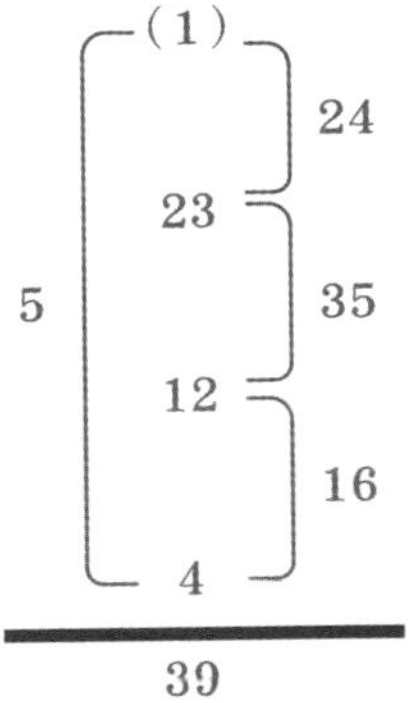
(1)
24
23
5
35
12
16
4
39

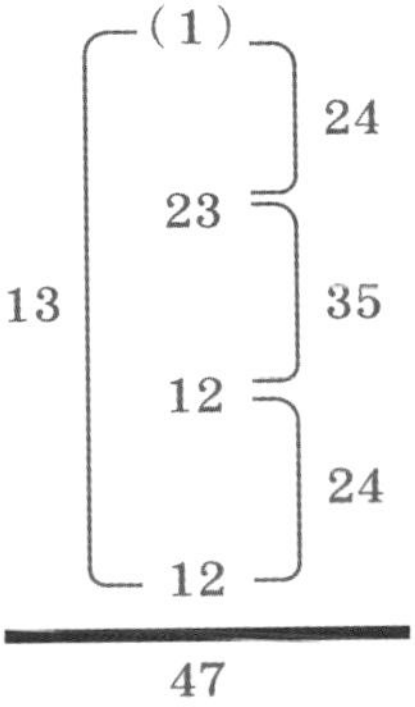
(1)
24
23
13
35
12
24
12
47

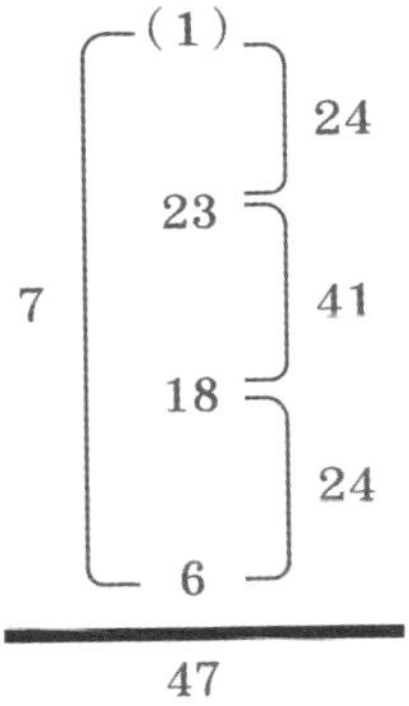
(1)
24
23
7
41
18
24
6
47

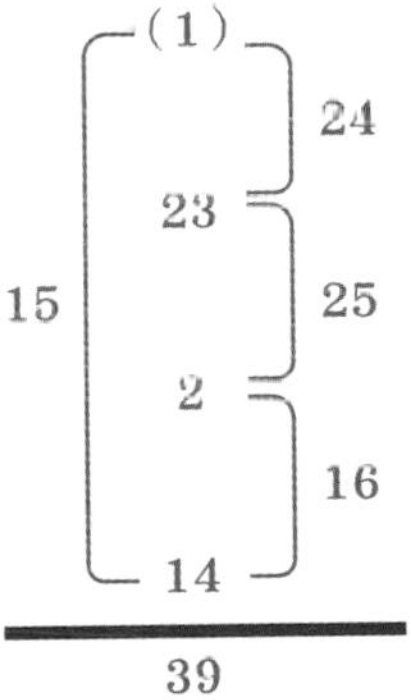
(1)
24
23
15
25
2
16
14
39

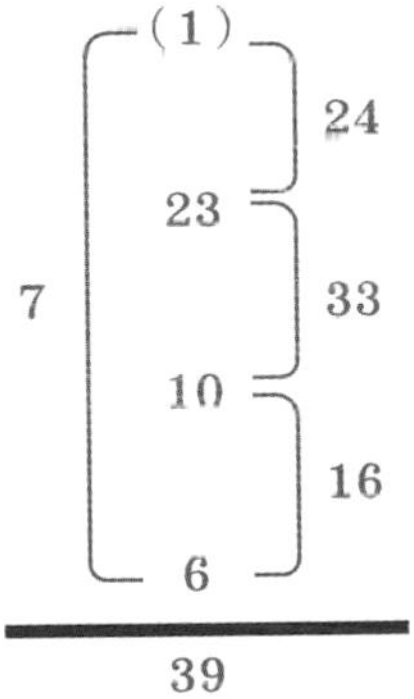
(1)
24
23
7
33
10
16
6
39

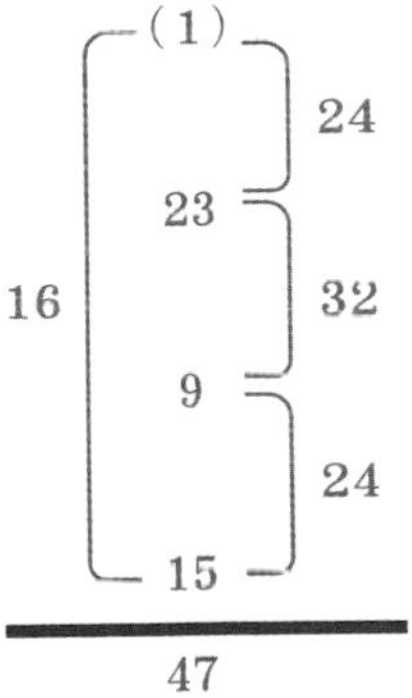
(1)
24
23
16
32
9
24
15
47

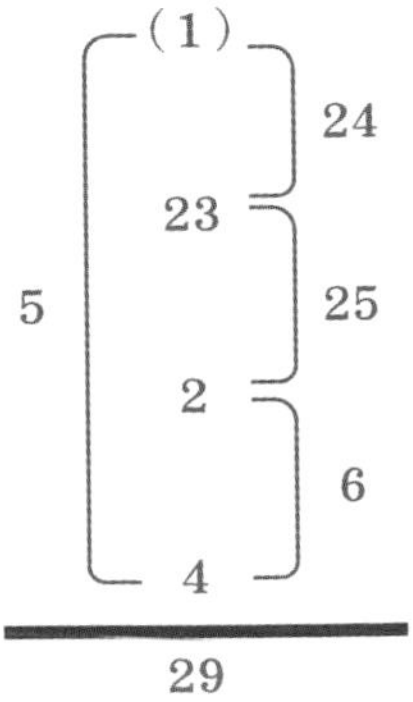
(1)
24
23
5
25
2
6
4
29

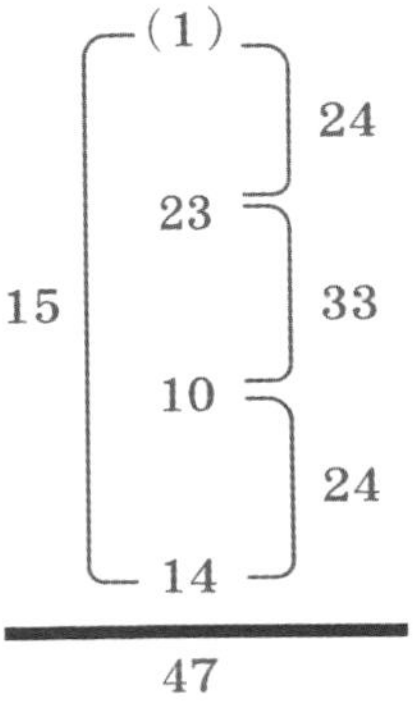
(1)
24
23
15
33
10
24
14
47

十四、文字筆畫查詢表

一畫之字

一乙

二畫文字

丁了二人入几刁刀匕卜乃又

三畫文字

三丈万下上丸久也乞于兀凡勺千丌口土士大女夕子寸小山川工巳己已巾干弓弋才

四畫之字

之丐不中丰予丹互井四什仁仃今仆仇仍介元允云內公兮凶分切勻勿勾化匹升午仄厄及反友天太壬夭
夫孔少尤尺屯巴引心戶戈手支斗斤方日月止木歹毋比毛氏水火爪父爻爿片犬文王冗牛卞

五畫之字

出五丕且世丘丙主乏乍乎仕仙付他以令仔仗代兄冊冬冉刊功加包北半卡占卯去右可司叫只叩另叮史
句右台召外失央奴孕它尼巧左巨市平布幼弗弘必戊旦斥未末本正民永玉玄瓜瓦生用甲申疋白皮目矛

矢示立禾卉弁

六畫之字

亘亦交丞仰仲任件仿份伊企伉伋伍伏休伐伈价充兆先光全再共刑冰列劣匠匡匈印吉吏吐各同后名向
囝回因在圭圩圮地圳多夙夷妃好如她字存安宇守寺尖屹州年帆式戍戎收旭旬早曲旨有朱朴朵次此汁
汀灰牟百竹糸米老聿臣自至舌舟艮色西衣行六

七畫之字

亨伯伴伸伶伺似佃佈位住佐佘佘何估佛作佟佣克兌冶冷刪判利別助吳告含吾君吟吠呈呂吧吽听址坎
坊均圻坐壯妊妝妘妗妞妙妤妥妨妍孜孝孛宋宏完岑希庇序廷彤忍志成攸更旱李束杏村步求汏池江汝
汎汕玎甫男甸礽秀私良見谷言豆貝赤走足車辛辰邑酉采里系七形巡

八畫之字

亞並享京佩來佳使侍侏侚侑佼供侖依兒其兩典函券劾劾卓協取叔受周和咎咖呻呼味呵固垂坤坡坷坱
坪奇奈姓姑姐妹委姍姒妯妳孟季宗宓定宙宜官宛尚屈岡居岱岳岷岸岫岬帑帕帛帘幸店庚府弦彔念忝
忠快忱房所承折投把扶抑於旺昌明昕昇昆旻昊昔易昀朋昉服果枝林枋析枇板松把東枉欣杰武沄沙沉
沛沖沐沚汨沂沃沁青汰炎汲炘爭牧物犴狄狀玖盂直知祁秈秉竺羌艾芀采金長門佳非阜政奔

九畫之字

亮亭侯侶俊係使俐俄俏俗俚俘保信俅俜俞冒冑冠則剋前勇勁勃勉南匍卻咫咪咨咽咸品哈咭哉垣型奎
奕契奐姜姚姝姬姸威姿宦宥客宣室封屋帝峙帥帟度庠弈建彥律待思怡性怩怏扁拜拍抽押拉披拘拓拔
致施春昶是昱昨昧映星柴柳査某柏架枯柱柵柯柚柘枸柔枷段泰泉泥波法河油泳注沿泊治泯泓泠爰牲
玩玫玨昫癸皆皇盈眇省眉盼看相祈祇禹科秋秒突竑竿籽紀紂紆紅約美羿耶肖肓芄芊芃虹衫衍訂計貞
軍酊酋重釓韋革頁音飛香首食風

十畫之字

倡候俱毫俸倣俺倌倭倬倀倍修倚值倫倪倩倖倆倘倯兼准凌剛原厝哥唔哲唐員埔埃城夏奚套奘娣娥娟
娉娛娜娘宮孫家宴宵宸容射展峰島峨峻師帨席庭庫坐弱徐徑徒息恭思恣恕恙恁恰恃恍恒拾拿拳括挈
拮拯持指按料旃旅旆晁晃晏時書朕朔栗桃桂桄桐桑栩根株核桓格校桀案按桎桁殊殷氣氦流洵活洽洛
洋洲津洞洪派洺珈珍玷玲珂珊珀珖畔畝畛留益真矩砷砥破祐祖神祠祝崇秣秩秤秧秦秭窈笑笈粉級紝
納純紗紡紜紋素索紘羔翁翃耕耘耿育肯肴般舫航芙芷芸芝芡茯芭芩花芮芬芳芽芨虔訊記訓豈貢財貤
躬軒起迅迄酒配酌針釗閃馬骨高宬袁乘

十一畫之字

乾假偶偏停偕偵偟偓做偌偉健冕凰副勖動勘務匾匿區卿參售商唯啟國圈域埧堆基堂埴培堅婀婉婕孰

寇密寄宿寂寅將專尉屏崧崑崍崢崔崙崗崡巢帷常帳康庸庶張強彗彩彬彪彫從徜御徠得悠悉悌悟您悅
戚振挺捕挪敘教敏救敖斌旋旌族晚晝晞晨晟晛曹曼望朗梧梅梓條梁梯梵梨欲毫浦浩涔涓浪浙海浡浥
浚浴涑浬涴爽率珩班珮珠瓷甜產畢時畛眸眼眷硃祥票祭移秸章竟笙笠笛符笨第粒紫細絆紳紹紾終紩
罡羚羞翎翊翌習聆胃背胥胤胡胖胞胎舶舲舷舵茅苞苗苣茄茉苓若苦苔苛苗茁茂苹英苑范茌苒苙苡蛇
術蛋袖被袈袋覓規許訢貨責貫赦迎近返邪邦釱釩阡雪頂頃魚鳥鹿麥麻庾

十二畫之字

傑傅傢傍傖傒凱創剴勝博勞喻喧喏喜喪善喬單啼圍場報堯堡堤壹婷富寐寒寓甯尊尋就屠嵐崴嵋嵂巽
幄幃幀廂彭循復惠悵惆惚惜悸悴惕惇情惟悰惝扉掌掣捨掀採掬授推掛接捷敦敢斐斯普智晶景晴晰曾
朝期欽款殖毯毳涯淚液淇涪淞淮淙淪涵淑淳淘淋淅淟淦淥清淨淡深涼添淀犁猛猜球琅琉現理琇甦異
番登發皓皖盛短硯稀稅程竣童等筍筑筒答策筌筆粧粟粥絨絮結絡給統絲絜絪羢翔能脅舒舜茗荃荔茜
茱茯茸茹荐茵荀茲虛街證詞註詒貽貳貴費賀貿買貸超越軸辜迦迪述邸邱郃酥量鈕鈔鈦鈞鈉開閑閒閏
間阮雁集雅雄雲雯項須順馮黃淵黑詠媛媚

十三畫之字

傳僅勤嗣園圓塘塑塗塞填媽媵嵩廈鄖廉彙微感想愁愈竟愛愉揚揮描握揉敬新暄暖暉會楹楣極業楊楚
榆楓楷楨毋港湄湖游湘渤渡渙渝湧渟渼煉煬熙照煖煙煒煤煲煌煜猷琳琨琥琚琦琪琮琤琵琶琴畹當皙

盟睫睛睦督禁祿祺稚稟稜筧筵筠綏羨義群聖聘脩與荷荻莠莆莒莉莎莞莛莘莊蜂裙補裘裔裎解詩誅試
詳詡詹詣詮跟跳農迴迷送逆追郁郊酩酪鉛鈿鈴鉀鉛鉦鉅鈺鈾阿附雋雍雷電零靖頌頓預馴馳馱鼎

十四畫之字

僑僮僕僖兢劃嗚嘉圖團塿墅墉境壽嫣嫦嫚察寥實寧對嶄幔幗幕幛幣廖彰愿慈態愫愷數旗暢榛榕榮榜
槐榤歌溱滎源滔溫滄溪滋溶溯滙熒熊熱熠爾犒瑟瑚瑛琿瑞瑋瑜瑄甄監睿碩碧禎種稱端箇管箐精粽綜
綻綬維綦綠綵綺綾綢綿翡翠聞臧臺舞蓀華菘萊菱萍菖菁菲萑菽萁菩萌萃萇菏菊菀菡蜜裳製裴語說誠
誌認誓豪貌賓賑趕輔逐這通逝造連逢郝郎郡銀銜銅銘銓鉿鈜銚閣閤閨閩限需韶領鳳麼齊飽飾飼飴

十五畫之字

儀儂僵億優劇劍劉厲嫵嬌嬈嫻嫺嬋審寮寬履嶙嶠嶔廟幟幡幢廚廣廠彈影徵德慧慰慾慮慶慕慵慣慷慨
戮摹摩摯暮暵標樂樊樓模樣樟歐毅漳漢潁漣漪漾漩漫漁滿瑰瑪瑩瑤畿碼磁磊稿稼稽稻穀箱箴篇篆節
篁範緐線緒緯緦緞練緹編緻緬緩緗緘締署耦著葉葛葎萱董葵葆葫蒽葦葳萬葒葶蒂蝶蝴蝗褚禕褐評諄
論諒誼請談豎賜賣賞賡賢質賦賬趣趟輪輩逸部郭醇鋪鋰鋅鋒銳鋌銷鋙鋁鉉鋇閱閭陡院除陣陞震霆霂
霈靚鞍鞏頡頜養駐駛駕髮魄魯麩駟駝膚

十六畫之字

儒儐儔儘冀勳器噯噹壁壇奮嬴學寰導嶧彊憑憲憊憬憧憫憐戰撲撫播撥撙撕整曈曇曄曉曆樸橫機樽樹

樵橘橡橙橋樺橦歷澍潘潭潤潮潺潦潔澐潗潷燈熾燐燕熹燃瑾璀璋璉璇璃甌穎盧蘇積穅篤築糖糕縕縊
縈縢縛縣縉縝羲翰聯臻艙蒜蒿蓉蒐蒔蒼蓁蓄蓋蓓蒴蒟蒙蒞蓆蒲蒸蒨融螢螞螣螈衛衡親諺諭謂諾諳諸
謁諦諠諧謀諮豫豬賴賭踵踹蹄踴輯輻輸辨辦違遁過運遂達遊遍道都郵醒錫鋼錞錦錄錚錩錡陪陳陰陵
陶陸雕霍霖霓霏霑靛靜頤駱鮑鴛鴦默龍

十七畫之字

優償勵嚎嚅嚀壕嬪嬰嶼嶺嶸嶽彌幪徽應懇懋懂擎操擔據撿擁檔檣檀檉濂澤營燥燦牆獨璞璟璠璐瞳瞵
禧禪穗簇糜糠糙糟縵績總聰臨蔟蓿蔣蔬蔭蓴華蓬蓮蔻蔘螺螳襄褳襁謄謎謙謝賸賺輿轅輾遜遣遙遠遞
鄉鄒鍾鍺鍠鍵錨鍥鍍鍶鍊鎂闊闆闈陽階隄隅隆隍隊隸雖霜霞韓顆駿騁鮮鴿鴻點黛齋澧濡灘濋潞澴濂
澱澡濃濁澶

十八畫之字

叢儲儱壘懞戳戴檯擦曙曚曜檳檻歸濯濡濤濫濬濮濱濟濰燿爵獲璧璩璫環璦璨瞿礎禮穢穡穠竅簡糧繒
織繕繞繐翼翻聶職膨膳蕭蕊蕎蕾蕈蕨蟬履謹謨豐蹟轉轆適鄞醫醬釐鎵鎗鎢鎰鎮鎔鎧闔闖雙雞雜顏題
額馥騏騎騄魏鯉鵑鵠鵝繡

十九畫之字

寵嬿壞壟懭攀櫟櫚櫓櫛濺濾瀑瀅爍璽瓀疆穫簿簽簷繯繪繫繳膺薇薔薑薦響薈薄薪薛薌蕙蟻襛識譚贊

贈譁證譜轎辭遴選遵遷遺鄧鄭鄰鏡鏗鏘鏈鏇關離霧靡韻願類騙鶩鵬鵰麒麗麓龐禱

二十畫之字

嚴寶孿勸壤嚷懷懶曦櫳曨瀚瀝瀕瀧爐獻瓊礪礫礦竇競籃籌糯糰繻纂羅耀薰藍薺薹薯藏藉薩嘉蠑覺議

譬譯贍贏辮避邁還邀釋鐘醲醴露馨騫騰黨齡繼鏽

二十一畫之字

巍儷屬櫻瀰瀾爛瓏籐纍續藥藩藝藤覽護譽躍辯鐵鐮鐳霹顧顥饒饋饌鶯鶴轟隨

二十二畫之字

囊懿儻儼瀟籙籟籠聽朧蘇藿藻蘋藷藺蘆藹蘼襯襲讀邊鑄鑑鑒響驕龔鷗龕饗歡

二十三畫之字

灑纓纖蘭巖蘚讌變贛鑣顯驗驚驛體麟黴戀欒

二十四畫之字

隴靂靄靈鷹鷺囑壩讓釀鑫艷矗囍韇攬罐

二十五畫之字

糶觀鬖蠻豐鑲灝廳灞蘿纘矙攬羈鹽

二十六畫之字

灣讚驥驢酈邏鑵矚

第三篇

十二生肖姓名學

一、前言

生肖姓名學在坊間非常風行，因它有一套邏輯，易學易懂，其實生肖姓名學是於民國84年發表問世，它最大的特色是在於推翻傳統八十一筆畫數之理論，認為筆畫普遍不準，而且錯誤百出，在於筆畫數計算認定標準不一，產生相當的爭議性，所以主張姓名不去論筆畫數吉凶，純粹只論生肖選字、配字、字形是否正確，是否有破綻。生肖學推論技巧著重於個人農曆出生的天干地支，陰陽五行相生相尅，以及生肖的環境、屬性、食性，還有生肖三合、三會、沖尅刑害與名字的字形拆解，瞭解彼此之間的交叉比對之原則做吉凶論斷。

筆者於電台現場叩應十餘年實務經驗再以深入淺出，將其生肖姓名學理論之精髓，做簡單扼要之重點細訴，加諸姓名實例解析，讓初學讀者能易學易懂，進而明確的檢視與論斷自己姓名的吉凶，化險為夷，這也是姓名學研究之價值與重點。

至於文字的拆解法則，有很多盲點，個人見解也不同，如同「自由心證」，拆解不同會影響其準確度，準不準的問題由讀者自行去印證與評斷，免得公說公有理，婆說婆有理，不是嗎？

二、天干與地支的基本認識

（一）天干陰陽—

天干：甲、乙、丙、丁、戊、己、庚、辛、壬、癸

陽：甲、丙、戊、庚、壬

陰：乙、丁、己、辛、癸

（1）天干相生—

甲生丙、乙生丁、丙生戊、丁生己、戊生庚、己生辛、庚生壬、辛生癸、壬生甲、癸生乙。

（2）天干相剋—

甲剋戊、乙剋己、丙剋庚、丁剋辛、戊剋壬、己剋癸、庚剋甲、辛剋乙、壬剋丙、癸剋丁。是無情剋，逢之大凶。

（3）天干五合—

甲己合化土，乙庚合化金，丙辛合化水，丁壬合化木，戊癸合化火。是有情之合，逢之大吉。

（4）天干屬性──

A.甲、乙、五行屬木，方位東方，五色青色，五臟肝、膽，節氣是春天。

B.丙、丁、五行屬火，方位南方，五色紅色，五臟心、小腸，節氣是夏天。

C.戊、己、五行屬土，方位中央，五色黃色，五臟脾、胃，節氣是四季。

D.庚、辛、五行屬金，方位西方，五色白色，五臟肺、大腸，節氣是秋天。

E.壬、癸、五行屬水，方位北方，五色黑色，五臟腎、膀胱，節氣是冬天。

（二）地支陰陽──

地支：子、丑、寅、卯、辰、巳、午、未、申、酉、戌、亥。

陽：子、寅、辰、午、申、戌

陰：丑、卯、巳、未、酉、亥

（1）地支生肖──

子（鼠）、丑（牛）、寅（虎）、卯（兔）、辰（龍）、午（馬）、未（羊）、申（猴）、酉（雞）、戌（狗）、亥（豬）。

（2）地支方位——

寅、卯、辰，東方木

巳、午、未，南方火

申、酉、戌，西方金。

亥、子、丑，北方水。

辰、戌、丑、未，中央土。

（3）地支三合——

申、子、辰，三合水局。

巳、酉、丑，三合金局。

寅、午、戌，三合火局。

亥、卯、未，三合木局。

（4）地支六合——

子丑合土、寅亥合木、卯戌合火、辰酉合金、巳申合水、午未合火。

（5）地支六沖——

子午沖、丑未沖、寅申沖、卯酉沖、辰戌沖、巳亥沖。

（6）地支三會—

A.亥、子、丑，三會北方水，子為陽水、亥為陰水、丑屬土中藏水，為水庫。

B.寅、卯、辰，三會東方木，寅為陽木、卯為陰木、辰屬土中藏木，為木庫。

C.巳、午、未，三會南方火，巳為陰火、午為陽火、未屬土中藏火，為火庫。

D.申、酉、戌，三會西方金，申為陽金、酉為陰金、戌屬土中藏金，為金庫。

（7）地支六害—

子未害：羊鼠相逢一旦休

丑午害：自古白馬怕青牛

寅巳害：蛇遇猛虎如刀戮

卯辰害：玉兔見龍雲裡去

酉戌害：金雞遇犬淚雙流

申亥害，豬遇猿猴似箭投

（8）地支六破—

子酉破、午卯破、申巳破、寅亥破、丑辰破、戌未破。

（9）**地支相刑**—

子卯刑	為無禮之刑。尅六親，婦女逢之易損孕。
寅申刑 寅巳刑 巳申刑	為無恩之刑。逢之勞而無獲，並易遭小人陷害或拖累，婦女逢之易損孕。
未丑刑 未戌刑 丑戌刑	為持恃之刑。個性剛毅，易遭挫折，或者易傷人傷己，婦女逢之易寡宿。
辰辰刑 午午刑 酉酉刑 亥亥刑	為自刑之刑。信心不足，獨立性不夠，過於依賴又執著，行事也不積極，有頭無尾。

（10）**地支月令**—

寅為正月，卯為二月，辰為三月，巳為四月，午為五月，未為六月，申為七月，酉為八月，戌為九月，亥為十月，子為十一月，丑為十二月。

三、五行的基本認識

（一）何謂五行—

木、火、土、金、水。

（二）五行相生—

木生火、火生土、土生金、金生水、水生木。

（1）木生火：古代的人類就學會以鑽木來取火，所以木能生火。

（2）火生土：萬物燃燒後都成灰燼而歸塵土，所以火能生土。

（3）土生金：礦物大都是埋於土壤裡，金屬都取自土中，所以土能生金。

（4）金生水：金能凝聚水，而且金經火熔化後，即成水狀態，所以金能生水。

（5）水生木：樹木必須依賴水來滋潤才能存活，所以水能生木。

（三）五行相剋——

木剋土、土剋水、水剋火、火剋金、金剋木。

（1）木剋土：樹木都往下紮根，草木才能破土而出，所以木能剋土。

（2）土剋水：水來土掩，土可以築堤防水的氾濫成災，所以土能剋水。

（3）水剋火：救火需要用水來澆，火才會熄滅，所以水能剋火。

（4）火剋金：火旺可以熔化金，才能打造各型式的金飾，所以火能剋金。

（5）金剋木：木頭需要經金屬刀器雕刻才能成材，所以金能剋木。

（四）五行比和——

木木、火火、土土、金金、水水。

（1）木木：孤木經過風吹雨打沒有依靠，總是扭曲八歪，如有很多木頭在一起相互扶持，才會長得高人又強壯，所以木木有相互扶持之作用。

（2）火火：火火成炎會更炎燄。

（3）土土：土土相遇一起，是不會增加也不會減少。

（4）金金：金金不合，可以說是格格不入。因為金如果沒有遇到火，或是重大的撞擊，是無法合體成器的。

（5）水水：水水可以交融。

（五）五行旺相休囚絕——

比和者為旺，為兄弟，為和。我生者為相，為子孫，為洩，為仇。生我者為休，為父母，為生，為恩。剋我者為囚，為官鬼，為難。我剋者為絕，為妻財，為用。

（1）春季：木旺，火相，水休，金囚，土絕。

（2）夏季：火旺，土相，木休，水囚，金絕。

（3）秋季：金旺，水相，土休，火囚，木絕。

（4）冬季：水旺，木相，金休，土囚，火絕。

（六）五行與自然——

（1）木：代表松柏林竹、花草樹木、稻穀雜糧。

（2）火：代表日月星光、燈燭火炬、石化油煤。
（3）土：代表高山平原、丘陵盆地、峽谷沙漠。
（4）金：代表金銀銅鐵、鑽礦珠寶、尖銳物品。
（5）水：代表海洋湖泊、溪流河川、雨水甘霖。

（七）五行與五常——

（1）木主仁，代表仁慈、道德、庇蔭、親和力。
（2）火主禮，代表禮儀、規律、關照、社交力。
（3）土主信，代表信用、名望、威嚴、包容力。
（4）金主義，代表俠義、正氣、勇敢、決策力。
（5）水主智，代表智慧、靈巧、變遷、記憶力。

（八）五行四時——

木屬春天、火屬夏天、土屬四季、金屬秋天、水屬冬天。

（九）五行方位—

木屬東方，火屬南方，土屬中央，金屬西方，水屬北方。

（十）五行顏色—

木為綠色，火為紅色，土為黃色，金為白色，水為黑色。

（十一）五行五官—

木主眼睛，火主舌、口，土主身、輪廓，金主鼻，水主耳。

（十二）五行動物—

木代表青龍，火代表朱雀，土代表螣蛇，金代表白虎，水代表玄武。

四、姓名的架構

在中國傳統的姓名大部分是三個字，是符合天地人的道統思想法則。「姓」是傳承先人的血統，在正常情況下，一出生就是決定了「姓」，除非有特殊原因與約定，不然是無法去改變的，所以代表「天格」。當然有了姓以後自然要有名，萬物以有名為始，人也不例外，有了名才算有自己，所以法令規定：嬰兒出生以後兩個月內，必須向戶籍所在地戶政機關申報名字，因此名字的第一個字代表「人格」。名字的第二個字代表「地格」。陰陽乾坤，乾為天，在上，屬陽；坤為地，在下，屬陰。中間是「人」，這樣所構成很完整的「天地人」，萬事萬物由此而生，人生的過程也由此而開始起步。姓名的架構拆解如下：

（一）姓名：姓李，名國華。姓何，名佩珍。

陰	陽
子	木
（姓）	天

陰	陽
或	口
（名一）	人

陰	陽
𠦒	艸
（名二）	地

陰	陽
亻	可
（姓）	天

陰	陽
亻	凧
（名一）	人

陰	陽
王	彡
（名二）	地

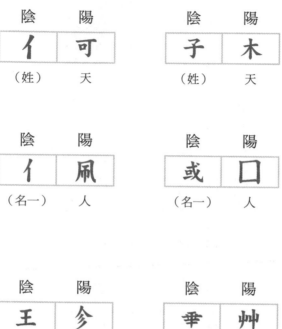

（二）單姓單名：姓邱，名春。姓黎，名緣。

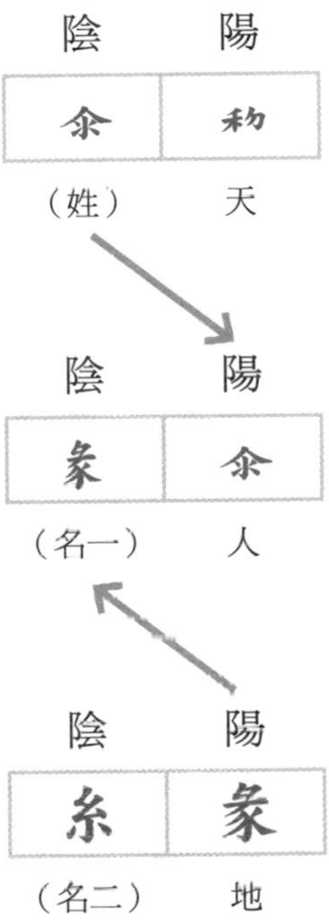

（三）複姓單名：姓上官，名明。姓歐陽，名鳳。

陰	陽
官	上
（姓）	天

陰	陽
月	官
（名一）	人

陰	陽
日	月
（名二）	地

陰	陽
陽	歐
（姓）	天

陰	陽
几	陽
（名一）	人

陰	陽
鳥	几
（名二）	地

（四）複姓複名：姓范姜，名傳宗。姓張廖，名貴池。

陰	陽
姜	范
（姓）	天

陰	陽
亻	尃
（名一）	人

陰	陽
示	宀
（名二）	地

陰	陽
廖	張
（姓）	天

陰	陽
貝	中
（名一）	人

陰	陽
氵	也
（名二）	地

五、文字的陰陽結構

天地萬物離不開陰陽五行，文字也不例，簡單以陰陽來說，陽為乾，為天，為父，為上，為正，為外，為左；陰為坤，為地，為母，為下，為副，為內，為右。所以文字的結構依「上陽下陰」，「左陽右陰」的原則，把文字每一個字分為陰、陽兩邊。其文字陰陽結構如下：

（一）例如：傳字，統字，的字，乾字，坤字。

陽	陰
専	亻

陽	陰
充	糸

陽	陰
勺	白

陽	陰
乞	𠦝

陽	陰
申	土

左、右組組合的字，左為陽、右為陰。

（二）例如：符字，合字，之字，思字，想字。

陰	陽
付	竹

陰	陽
𠮛	人

陰	陽
之	、

陰	陽
心	田

陰	陽
心	相

上、下組合的字，上為陽、下為陰。

（三）例如：國字，團字，圓字，園字，囿字。

陰	陽
或	口

陰	陽
專	口

陰	陽
員	口

陰	陽
袁	口

陰	陽
有	口

內外組合的字，內為陰、外為陽。

（四）例如：木字，火字，土字，金字，水字。

陰	陽
木	木

陰	陽
火	火

陰	陽
土	土

陰	陽
金	金

陰	陽
水	水

獨立字，直接以陰陽套入。

六、生肖天干地支

應先確定農曆年的出生年，再以農曆年的除夕晚上十一點鐘為屬分生肖的時間，晚上十一點以前（亥時）是前一個生肖；超過十一點之後（子時）是後一個生肖，也就是過了年才是真正換生肖。

知道生肖後，便知地支，再查當年的年天干，這樣就知道出生年的天干地支，因為年的天干有它的五行，當然姓名論斷也不同。

例如：同樣的生肖屬老鼠，地支為「子」，但由六十甲子天干地支的組合，會有「甲子」、「丙子」、「戊子」、「庚子」、「壬子」的機會組合，其五行亦不同；甲為木，丙為火，戊為土，庚為金，壬為水。那麼，換言之，也有「木鼠」、「火鼠」、「土鼠」、「金鼠」、「水鼠」五行的代表，其它的生肖也一樣，依此類推。

現在我們來求年天干與地支速算法，就不用去背或查六十甲子表。

（一）年天干的速算求法：民國年數減二後，取所得差數之個位數（若為零，視為十），參考左列對應表，即可得年天干。

位數	年干
1	甲
2	乙
3	丙
4	丁
5	戊
6	己
7	庚
8	辛
9	壬
10	癸

（二）年地支的速算求法：民國年數除以十二，取其餘數（若無餘數，視為十二），參考左列對應表，即可得年地支。

位數	年支
1	子
2	丑
3	寅
4	卯
5	辰
6	巳
7	午
8	未
9	申
10	酉
11	戌
12	亥

（三）舉例說明：

民國四十六年出生之年天干地支

46年的個位數6減2等於4為丁屬火（年的天干）。

46年除以12等於3，餘數10為酉屬金（年的地支）。

故民國46年為丁酉年，年干為丁屬火，年支為酉屬金。

七、姓名吉凶論斷

生肖姓名學的理論，是十二生肖（又稱十二地支）為主體，再配合十天干的組合，總共會產生六十種天干地支的組合，稱為六十甲子，倘稱為六十生肖。

本身出生年次的天干地支為「主體」，是代表先天本質，也就是本命；姓名是為「客體」，代表後天外力，助力或阻力，所以主體與客體配合而產生的生肖喜忌與五行相生相剋現象，就是姓名吉凶論斷的基本條件，簡單重點整理如下：

（一）**客體生主體**：是最好的格局，例如：丙午年天干地支都屬火，而名字中有木，木可來生火，代表助力，貴人旺，人際關係良好，賺錢輕鬆，心想事成，婚姻美滿，家庭和諧。

（二）**主體生客體**：例如：壬子年天干地支都屬水，而名字中有木，水會能去生木，等於一直在為別人付出，消耗，有名無利，賺錢辛苦，事倍功半，感情付出多得到少，但取這種名字的人多為熱心助人。

（三）**主體尅客體**：例如：庚申年天干地支都屬金，而名字中有木，客體幫不上主體的忙，反而生肖倒過來剋住了名字，代表任性，固執，一意孤行，破壞，霸道，好大喜功，傷六親，損錢財，夫妻經營較辛苦。

（四）客體剋主體：是最差的格局，例如：甲寅年天干地支都屬木，而名字中卻有金，金來剋木，有了這種名字，不但幫不了忙，反而不斷造成傷害，壓抑，有志難伸，名譽不彰，勞而無功，易受朋友拖累傷害，夫妻難相處。

八、姓名流年大運之論斷

姓名之大運為一甲子六十年，姓名三個字每年平均行運二十年，天格管二十年，人格管二十年，地格管二十年，總共六十年。依姓名上下順序行運的年歲運轉，不過姓名三個字的流年並不是壁壘分明，而是互相關連性的，所行運之間互有五年交接、轉換的時間，較為客觀之分析論斷。

天格	人格	地格
姓 20年	名一 20年	名二 20年
0歲到20歲	21歲到40歲	41歲到60歲

九、天地人代表的意義

（一）姓，天格，代表傳承，功名位：

1.先天條件，天資智慧，祖德庇蔭。

2.與父母緣深緣淺，長輩關係好壞，長官、上司、是否有助力、提拔。

3.個人科名是否彰顯，是否能掛名公司的負責人。

4.未來賺錢的型態是輕鬆或辛苦。

5.女性看未來另一半的長相、才華、助力之條件。

6.頭部髮際至眉宇之間寬狹凹顯，是否有破相。

7.咽喉以上至頭部健康情形。

8.1至20歲的大運，陽邊管前十年，陰邊管後十年。

(二) 名一，人格，代表後天努力，感情位：

1.表現的是自我與平輩關係。

2.自我表象，長相的美醜，口才表達能力，自我內心的思維，自信心，企圖心。

3.兄弟姊妹的感情，同事、同學之間的情誼與助力。

4.夫妻的感情，姻緣的好壞，夫妻之間的溝通，內心契合與互動性。

5.人際關係，人緣，貴人的旺衰。

6.人的容貌美與醜。

7.頭部眉宇和鼻子之間的健康情形。

8.身體咽喉以下到肚臍之間的健康情形。

9.21歲至40歲的大運，陽邊管前十年，陰邊管後十年。

(三) 名二，地格，代表結果，財帛位：

1.事業營運狀況好與壞，金錢旺與否，不動產有否田宅。

2.財庫聚財與否，動產多寡。

3.與子女，晚輩，部屬的關係得助力與否。

4.代表晚年有否福報，福祿，享受。

5.脾氣好壞，性能力，性行為的模式。

6.男性看妻貌，妻德，妻子賢慧能幫夫與否。

7.頭部鼻子至下巴的健康情形。

8.身體肚臍以下器官的功能，四肢，骨骼之健康情形。

9.41歲至60歲的大運，陽邊管前十年，陰邊管後十年。

十、公司行號命名法

公司行號命名法與姓名相同，每一個字有三年流年大運，如三個字就是九年，第十年又回到第一個字年歲運轉。

（一）例如：明華園股份有限公司（董事長是壬子年）：

公司名聲

陽	陰
月	日
天	（0-3年）

股東

陽	陰
艸	華
人	（4-6年）

利潤

陽	陰
口	袁
地	（7-9年）

以公司負責人生肖為主體，以公司名稱為客體，兩個相比較可以看出公司聲望和財運。

明：月在陽邊老鼠喜歡月，晚上有得吃又安全，穩定。日在陰邊老鼠不喜歡白天，白天沒得吃又不安全，易犯小人，搞破壞。

華：艸字陽邊草木，年天干壬水可生草木，有貴人相助，股東會相挺。華字藏巳蛇，蛇咬老鼠，股東之間有意見不合，暗中扯後腿，阻礙。

園：人口為洞穴，老鼠有洞就如有家，生活安逸，公司業務成長穩定。袁為猴與老鼠、龍為三合有助力，公司會很賺錢。

（二）例如：國豐貿易有限公司（董事長是癸卯年）：

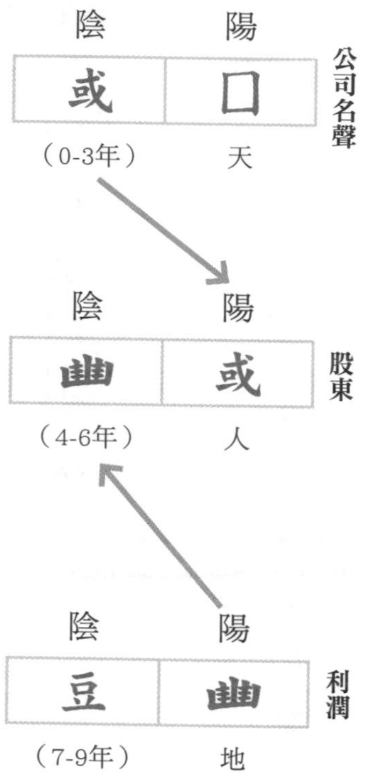

以公司負責人生肖為主體，以公司名稱為客體，兩個相比較可以看出公司聲望和財運。

國：大口在陽邊兔子喜歡洞穴棲身又可休息地方，安居樂業，穩定發展。

或字在陰邊暗藏有戌狗與卯兔為六合，有貴人相助，公司金字招牌，名聲響亮。

或：或藏有戌狗與卯兔為六合，得貴人相助，股東經營理念一致。

⿻凵丰丰：如同洞穴兔子有棲身休息的地方，經營者與股東理念相同。

豐：豐如洞穴，兔子洞穴棲身之地方，使公司業績安定成長而獲利。

豆是兔子喜歡吃的五穀雜糧，有得吃，表示公司經營很賺錢。

十一、文字拆解

姓名解析，除了主體與客體必須分清楚，以及年天干與地支，文字的拆解對應生剋都需要特別注意，加諸於個人的學識、學問、經驗、印證等，都為不可或缺之重要條件。以下舉例拆解供參考：

遠

袁者猴，申五行屬金

辶代表巳蛇，五行屬火

賸

半為戴官帽

象形為龍。

藏肉。

月中藏兔，卯五行屬木。

嶺

山中藏老虎象形為龍。
頁為龍。
令為下達命令、老大。

家

宀洞穴，家，人住的地方。
豸豬的部首，為豬。

諺

文為戴冠冕
彡穿彩衣。
言藏龍。

東

藏有日
東方屬木。
藏有木。

蔡

艸為草木。
祭示成供品，犧牲。

墨

黑色五行屬水。
五行為土。

燕

藏草木。
四點屬火。
匕為小刀、血光。

麗

丽眼睛雪亮，做事細心。
匕為小刀、血光。
鹿代表龍。

耀

羽毛為雞，酉雞五行屬金。
佳為雞。
陽光、日光。

裴

非象形西雞。
穿彩衣，亮麗的。

舒

予表示我自己，同自己生肖。
舍為家，安居樂業。

嵇

尤象形為龍。
山中藏老虎。
禾為穀雜糧。

十二、文字與生肖的互助關係

（一）例如：李，陽邊木，陰邊子，五行屬水，故出生年的天干喜逢甲、乙、壬、癸比和相生為吉，忌逢戊、己、庚、辛相剋為凶。地支喜逢庚、辛、壬、癸比和相生為吉，忌逢丙、丁、戊、己相剋為凶。年干支為主體生客體（姓），代表洩，亦少用為妙；而客體（姓）生主體（年干支），代表幫助我為佳。

子鼠：水生木，水水比旺，有祖德，長上緣佳，父母緣深，有科名，而且智慧高。

丑牛：丑藏水，水水比旺，有祖蔭，長上緣極佳，與父母親情深，有科名，智慧又高。

寅虎：木木比旺，水生木，五官清秀，得祖蔭，長上緣好，父母情深，學業優異。

卯兔：木木比旺，水生木，有祖蔭，長上相助，母親要求有壓力，但頭腦好，科名彰顯。

辰龍：木木比和，水生木，有祖蔭，長上提拔，母親要求有壓力，但頭腦好，科名彰顯。

巳蛇：木生火，水火相剋，有祖父、父親緣佳，無母親、女長上緣，而且有偏頭痛的問題。

午馬：木生火，子午相沖，父母緣薄，母親管教嚴，不易溝通，長上無助，偏頭痛之傾向。

未羊：木生火，水火相尅，父母緣薄，且有代溝，長上無助，科名破，腦神經衰弱之問題。

申猴：金尅木，金生水，祖父、父親緣淺，但母親較疼愛，女長上司緣佳，科名破，出外發展為佳。

酉雞：金尅木，金生水，不得祖父、父親緣，男長上緣淺無助，科名破，出外發展為佳。

戌狗：金尅木，藏金生水，與父親無法溝通，而男長上有代溝，有祖母、母親、女長上緣之助。

亥豬：水生木，水水比和，有祖蔭，長上極為呵護，智慧高，科名彰顯，笑臉迎人。

（二）例如：鳳、几陽邊藏巳蛇，五行屬火；鳳陰邊酉雞，五行屬金。

子鼠：老鼠被蛇吞食，危險之象，老鼠與雞相破，破壞、易碎之現象。

丑牛：巳（蛇）酉（雞）丑（牛）三合，自助人助，貴人相助。

寅虎：蛇遇猛虎如刀戮，寅（虎）巳（蛇）相害，易有血光之災。

卯兔：兔被蛇吞食，被壓制，難展鴻圖。卯（兔）酉（雞）相沖，大材小用，易有血光之災。

辰龍：龍逢蛇降格為小龍，懦弱、依賴，辰（龍）酉（雞）六合，有貴人相助。

巳蛇：巳（蛇）酉（雞）丑（牛）三合，得貴人相助，事事順利。

午馬：巳（蛇）午（馬）未（羊）三會，得朋友相助，團結力量大。

未羊：巳（蛇）午（馬）未（羊）三會，得朋友相助，團結力量大。

申猴：申（猴）巳（蛇）刑，徒勞無功。

酉雞：巳（蛇）酉（雞）丑（牛）三合，得貴人相助，事事順利。

戌狗：酉（雞）戌（狗）相害，有破害之現象。金雞遇犬淚雙流之破綻。

亥豬：巳（蛇）亥（豬）相沖，水火不容，代表不順，身心難安，易受傷害之現象。

十三、十二生肖與姓名之吉凶概論

（一）生肖個論—子鼠

1. 子鼠之人喜用的字—

（1）申（猴）子（鼠）辰（龍）三合的力量很大，幫助力也很大，壯大其身，得貴人助，財運更順暢。申猴如：「申、袁、侯」，辰龍如：「辰、貝、言、長、龍、麗、麒、麟」等。

（2）亥（豬）子（鼠）丑（牛）三會的有貴人相助，有情有義，對自己有所幫助。亥豬如：「家、亥」，丑牛如：「丑、牜、牛、生」等。

（3）子（鼠）丑（牛）六合，故子、丑之有關部首都不錯，如：「丑、牜、牛、生」等。

（4）老鼠喜歡打洞，做為藏身之所，如：「大口、小口」。老鼠喜歡有家，是安命立身之處，如：「宀、冖、門、戶、广、厂、聿、𠆢、冂、冊、册、𠕋、拜」等，更得安定及穩定發展。

（5）老鼠在生肖是排第一位，所以喜歡當老大，能得權，為王掌印，名利雙收。如：「王、大、首、聖、太、君、帝、主、令、皇、鼎、將、帥」等。

（6）老鼠是夜間動物，視力不佳，靠的是嗅覺觸覺，喜歡有「夕」，代表安全，運勢順暢。

（7）老鼠是吃五穀雜糧，可得福祿壽。如：「艸、米、禾、麥、豆、梁、甫」等。「田」字則因生產五穀雜糧之地，更可快樂生活，清閒一生。

（8）老鼠喜歡在草叢中安全的遊走，代表一生運勢順暢，有發展的空間。如：「艸」的部首。（但艸屬木，戊年和庚年生，則會產生相剋，故不宜用。）

（9）老鼠牙齒伶俐可有東西吃，可得食祿財帛，喜歡用武器，如：「刂、矢、戈、斤、片、爿、力、刀」等。

（10）老鼠喜歡披彩衣，華麗其身。不愁吃穿且有頭有臉，顯赫名望地位。如：「采、衣、衤、彡、巾、示、疋、糸」等。

（11）老鼠喜歡「金、庚、辛、酉、白、氵、冫、子、雨、壬、癸、亥、冬、北」等字根，金會生水，相生為吉，水水比旺。

2.子鼠之人不喜歡與忌用的字——

（1）子（鼠）酉（雞）是三破，「酉」與雞之有關部首及象形，如：「隹、酉、羽、非、兆、烏、鳥、飛」等，代表破壞，不順，易碎之現象。

（2）子（鼠）卯（兔）是三刑，「卯」字或有關「兔」字，如：「月」（雖「月」是指晚上，但

「月」又是代表卯兔，呈現三刑現象。）用之代表易受傷、不順。

（3）子（鼠）未（羊）是六害，如：「未、羊」的部首。代表傷身體，運勢不佳。

（4）子（鼠）午（馬）是六沖，如：「午、馬、竹、紅、火、灬、南、朱、夏」等。代表六親緣薄，受拖累、傷害，不順，身體難安，得凶災厄運。

（5）老鼠怕遇蛇，蛇是老鼠的天敵，會被吞掉。如：「虫、弓、廴、辶、之、几、冖、毛、邑」等。用之易遭受到傷害，有破綻。

（6）老鼠不喜歡被降格，否則權勢有破，官運不佳，事業難發展。如：「士、少、小、寸、相、二、工、臣」等。

（7）老鼠不喜歡白天，沒得吃，財運差，見光處境危險，易遭到傷害，犯小人損財。如：「日、光」等。

（8）老鼠不喜歡人，老鼠怕人，人看到老鼠就喊打，老鼠就會提心吊膽，而膽小做事保守，人際關係不好，人緣差，如：「人、彳、亻、𠆢、亻」等。

（9）老鼠不喜歡「山、艮、丘、屯」，山地無糧食，雖較不受限制，生活卻過得很清苦。

（10）老鼠不喜歡有「肉」的部首，受人利用，對您好是有目的。如：「忄、心、月、魚」等。

（11）老鼠忌「土」子屬水，土剋水，故逢土剋，被壓制。

姓名範例解析：

例一：甲子年生（女）

天格

陽	陰
口	矢
	（姓）

祖德庇蔭
父母、長上
科名、智慧
老闆名
賺錢型態
女看夫貌
頭部之健康
0—20歲運

人格

陽	陰
禾	乃
	（名一）

感情、婚姻
兄弟姊妹緣
自我心性
人際、人緣
賺錢慾望
容貌美醜
胸部之健康
21—40歲運

地格

陽	陰
叀	心
	（名二）

事業、田宅
子女、晚輩
個性、潛力
老闆命
財帛、福壽
男看妻貌
腰部之健康
41—60歲運

吳：

1.有祖蔭、父母、長上緣佳，疼愛有加。
2.頭腦好，早立功名，賺錢也輕鬆，先天條件優異。
3.少年流年運佳，少年可得志。

秀：

1.老鼠得五穀雜糧（禾），兄弟姊姐情深，互相扶持。
2.異性緣佳，人際關係良好，情路順遂。
3.個性較自我，能規劃好未來該走的路。
4.中年流年行運如意順利，心想事成。

惠：

1.工作表現良好，認真負責盡職。
2.老鼠不吃肉（心），在金錢容易犯小人而洩財。
3.偏財運不理想，勿做金錢遊戲，如：股票……。
4.女兒不貼心，易讓您傷腦筋，很叛逆。
5.辛苦工作有份，但是享福沒有。
6.老年流年運，前半段尚佳，後半段則易失敗，晚年堪憂，應以守為安。

姓名範例解析

例二：庚子年生（男）

天格

陽	陰
口	白

（姓）

祖德庇蔭
父母、長上
科名、智慧
老闆名
賺錢型態
女看夫貌
頭部之健康
0—20歲運

人格

陽	陰
建	亻

（名一）

感情、婚姻
兄弟姊妹緣
自我心性
人際、人緣
賺錢慾望
容貌美醜
胸部之健康
21—40歲運

地格

陽	陰
夋	馬

（名二）

事業、田宅
子女、晚輩
個性、潛力
老闆命
財帛、福壽
男看妻貌
腰部之健康
41—60歲運

呂：

1.老鼠有口可鑽，必得到父母百般呵護、疼惜。

2.有祖德，有留產業。

3.長相不錯，智慧也高，五官俊俏。

4.科名彰顯，有老闆名，未來屬於輕鬆賺錢型態。

5.少年流年運佳，學業成績優異。

健：

1.易交損友，犯小人，工作運不穩定，又多災多難。

2.難得好姻緣，宜晚婚，妻性情剛毅，常有紛爭。

3.兄弟姐妹緣薄無靠，朋友無助。

4.人生波折重重，個性懦弱，求財過程辛苦。

5.中年流年運，易有災禍，運途險惡。

駿：

1.事業工作不穩定，有志難伸的現象。

2.金錢方面是財不旺又無庫，又易劫財。

3.子女緣薄，易傷腦筋。妻無助又凶悍，夫妻不和。

4.身體四肢，骨骼易受傷害，意外之災頻繁發生。

5.老年流年運勞碌奔波，無福氣享受。

姓名範例解析

例三：戊子年生（男）

天格

陽	陰
余	亻

（姓）

祖德庇蔭
父母、長上
科名、智慧
老闆名
賺錢型態
女看夫貌
頭部之健康
0—20歲運

人格

陽	陰
月	日

（名一）

感情、婚姻
兄弟姊妹緣
自我心性
人際、人緣
賺錢慾望
容貌美醜
胸部之健康
21—40歲運

地格

陽	陰
翟	光

（名二）

事業、田宅
子女、晚輩
個性、潛力
老闆命
財帛、福祿
男看妻貌
腰部之健康
41—60歲運

徐：

1.老鼠忌人，無祖母與母親緣薄。
2.有祖蔭，與父親和睦，情濃。
3.不適合掛公司名，學業成績尚可。
4.幼年流年運上半段家境經濟良好，後半段家境經濟不佳，財務有狀況。

明：

1.老鼠見光死，不宜見日，婚姻、感情不穩定。
2.姐妹緣淺，情誼時好時壞，以金錢為考量。
3.兄弟情誼濃，人際關係尚可，但應防異性朋友陷害。
4.夫妻水火難容，宜晚婚，否則易紛爭或離婚。
5.性情較為懦弱，無鬥志無作為。
6.中年流年運前半段尚能穩健，後半段則災禍連連。

耀：

1.陽邊為「翟」藏雞與鼠相破，事業不順。
2.陰邊為「光」代表財位見光，漏財。
3.子女緣薄，會為子女而操心。
4.注意身體之生殖，泌尿系統之預防與保養。
5.老年流年運則勞碌奔波，無福氣享受。

(二) 生肖個論—丑牛

1.丑牛之人喜用的字—

(1)巳(蛇)酉(雞)丑(牛)三合的強大助力，能三合可得佳運。巳蛇如：「虫、巳、弓、廴、辶、几、毛、一、邑」等。酉雞如：「佳、酉、羽、非、兆、鳥、烏、飛」等。

(2)亥(豬)子(鼠)丑(牛)三會有助力。亥豬如：「豕、亥」等。丑牛如：「丑、牛、牜、生」等。子鼠如：「子、水、冫、氵、雨、亥、壬、癸、冬」等。

(3)子(鼠)丑(牛)六合，故子鼠如：「子、水、冫、氵、雨、亥、壬、癸、冬、北」等。丑牛如：「丑、牛、牜、生」等，用之有關的字根都不錯。

（4）丑牛喜歡小，大了就得工作或被宰。如：「士、臣、少、寸、相、二、工」等。用之皆宜。

（5）丑牛喜歡的食物是五穀雜糧，如：「艸、禾、豆、麥、粱」等，表示糧食豐富，財利旺，內心世界充實，一生不虞吃穿。

（6）丑牛喜歡有休息場所，有門欄的字代表保護，得地，安全、享福。如：「宀、冖、門、戶、广、厂、聿、亼、冂、冊、田、畾、拜、聿」等。

※「宇」字儘量勿用，于為我也，用之有「牢」之嫌。

※「安」字女子勿用，女代表自己，亦為「牢」之嫌。

（7）丑牛喜歡蹺腳「厶」，可得清閒，享受安樂一生。

（8）丑牛喜歡在田野耕田，都適得其所，盡其本份，任勞任怨，忍辱負重的過一生。如：「田、平、原、甫」。

（9）丑牛喜歡逢「子、水、氵、冫、雨、壬、癸、亥、冬」等，可清爽享福，富貴增榮，快樂一生。

（10）丑牛喜歡逢「木」，且木越大越好，可得乘涼，舒服快樂。

2. 丑牛之人不喜歡與忌用的字——

（1）丑（牛）未（羊）是六沖，未羊如：「未、羊」，用之厄運連連，以及不如意之事發生。

（2）丑（牛）辰（龍）是三破，辰龍如：「鹿、辰、貝、言、長、麗、龍、麒、麟」等，為天羅地網，一輩子難翻身。

（3）丑（牛）戌（狗）是三刑，戌狗如：「戌、犭、犬」，為天羅地網，一生事業難展鴻圖。

（4）丑（牛）午（馬）是六害，午馬如：「午、馬、南、火、灬、朱、紅、竹、夏」等，用則人際關係不好，身體欠安。

（5）丑牛不喜歡「人、亻、𠆢」的控制，但絕對不可用「彳、亻」否則不知聽誰的，做事易三心二意。

（6）丑牛的時間是凌晨一點到三點，所以不喜歡白天，故不宜用「日、光」是得辛苦，勞碌的工作。

（7）丑牛不喜歡大，大了就得工作或被宰殺成為供品，如：「王、大、太、君、首、聖、帝、令、皇、鼎、將、帥、主」等，代表犧牲奉獻。

（8）丑牛不喜歡抬頭的字，如：「主、⺌、癶、亠、⺍」等，抬頭就得工作，會較辛苦。

（9）丑牛不喜歡耳朵，如：「耳、阝」，以免被揪，即使不願意也會被強迫。

（10）丑牛不喜歡有「山、艮、丘、屯、石」，牛走山路也很辛苦，步履維艱而且孤獨。

（11）丑牛不喜歡有「車」，牛必須拉車，如一輩子做牛做馬的辛苦。

（12）丑牛不喜歡穿彩衣，否則會成為祭祀品，如：「巾、彡、采、衣、衤、糸、疋、肅」等。代表付出、犧牲、奉獻。

（13）丑牛怕「糸」，代表繩索之意，會被綁一生而不得志。

（14）丑牛是素食動物，不宜用「心、忄、肉、月」等部首，看得到吃不到，無法享用，不對味，腸胃不適。

（15）丑牛不喜歡逢「小口」，小口喘大氣，氣喘如牛，做事勞累而辛苦。

（16）丑牛怕「刀、刂」之部首，一生將多災難，甚至凶死身弱短壽，困苦一生。

（17）丑牛忌用「示」的字根，意為祭祀當供品，犧牲自己，奉獻別人，人說：「拼生拼死，別人在歡喜」。

姓名範例解析

例一：己丑年生（男）

天格

陽	陰
木	木

（姓）

祖德庇蔭
父母、長上
科名、智慧
老闆名
賺錢型態
女看夫貌
頭部之健康
0—20歲運

人格

陽	陰
聿	廴

（名一）

感情、婚姻
兄弟姊妹緣
自我心性
人際、人緣
賺錢慾望
容貌美醜
胸部之健康
21—40歲運

地格

陽	陰
知	日

（名二）

事業、田宅
子女、晚輩
個性、潛力
老闆命
財帛、福祿
男看妻貌
腰部之健康
41—60歲運

林：

1.不受祖蔭，父子間緣薄。
2.孝順母親，與母親較有話說。
3.功名不佳，賺錢不易而辛苦。
4.頭部易破相或帶眼鏡，體弱多病。
5.少年流年運，幼年難養，讀書運坎坷。

建：

1.重朋友講義氣，易受朋友相挺與照顧。
2.異性緣佳，感情順暢，婚姻美滿。
3.體質良好，企圖心旺盛。
4.兄弟姊妹緣情深。自我心性穩定，會規劃未來。
5.中年流年運事業工作順暢，財運佳。

智：

1. 牛忌小口氣喘如牛，事業波折，脾氣不好。
2. 牛忌日主辛苦付出勞力，有財無庫，財入財出。
3. 子女緣薄，屬下不得力，辛苦壓力又大。
4. 家庭易於紛爭，難有溫暖。
5. 身體注意腎臟、膀胱之系統或意外之發生。
6. 老年流年運勞碌奔波，運途曲折。

例二：辛丑年生（女）

天格

陽	陰
東	卩

（姓）

祖德庇蔭
父母、長上
科名、智慧
老闆名
賺錢型態
女看夫貌
頭部之健康
0—20歲運

人格

陽	陰
羊	大

（名一）

感情、婚姻
兄弟姊妹緣
自我心性
人際、人緣
賺錢慾望
容貌美醜
胸部之健康
21—40歲運

地格

陽	陰
爰	女

（名二）

事業、田宅
子女、晚輩
個性、潛力
老闆命
財帛、福祿
男看妻貌
腰部之健康
41—60歲運

陳：

1. 辛金剋東方木，和父親緣薄，無法溝通。
2. 牛被拎耳朵，覺得母親嘮叨囉唆。
3. 不適合自己創業當老闆。
4. 無祖蔭，一切靠自己奮鬥打拼。
5. 少年運家境清苦，讀書運不佳。頭部易受傷之嫌。

美：

1. 丑未沖，婚姻不美滿，壓力大，聚少離多為宜。
2. 人際關係不好，容易犯小人或被扯後腿。
3. 兄弟姊妹緣薄無助，易為朋友付出多得到少。
4. 賺錢辛苦，無貴人助，運途曲折坎坷。
5. 中年流年運奔波勞碌，身心俱疲。

媛：

1.牛戴皇冠，表面上很風光，實際上卻做不該做的事，做到很鬱卒。愛出風頭。

2.牛四隻腳二腳交叉，事業有志難伸。

3.一分耕耘沒一分收穫，努力付出仍是差強人意。

4.注意血液循環不佳，易腰酸背痛而不舒服。

5.老年流年運辛苦付出，錢財不易留住、守成。

姓名範例解析

例三：己丑年生（男）

天格

陽	陰
木	木

（姓）

祖德庇蔭
父母、長上
科名、智慧
老闆名
賺錢型態
女看夫貌
頭部之健康
0—20歲運

人格

陽	陰
聿	廴

（名一）

感情、婚姻
兄弟姊妹緣
自我心性
人際、人緣
賺錢慾望
容貌美醜
胸部之健康
21—40歲運

地格

陽	陰
畐	礻

（名二）

事業、田宅
子女、晚輩
個性、潛力
老闆命
財帛、福祿
男看妻貌
腰部之健康
41—60歲運

林：

1.木剋土，不受祖蔭，父親嚴厲，父子緣份淺。

2.有母親緣，孝順母親。

3.頭部易破相或帶眼鏡，體弱多病。

4.無功名，將來賺錢會很辛苦。

5.幼年流年運前半段運途坎坷，後半段家庭狀況佳。

建：

1.巳酉丑三合力量大，夫妻形影不離，伉儷情深。

2.兄弟姊妹感情深，人際關係也不錯。

3.有朋友情義相挺，而且貴人旺，做事積極有責任。

4.中年流年運是心想事成，諸事順利。

福：

1.牛有田可耕作，事業有成但較辛苦。

2.示為祭祀在財庫之位，表示一生不易聚財。

3.子女尚可，但兒子比女兒優秀或較聽話。

4.慎防女性員工或晚輩之拖累，有錢適合置不動產。

5.身體注意較易腰酸背痛，消化系統之疾病。

6.老年流年運前半段事業順暢，後半途諸事會不順。

（三）生肖個論—寅虎

1.寅虎之人喜用的字—

（1）寅（虎）午（馬）戌（狗）三合的力量很大，壯大其身，貴人相助，財帛更豐盛。午馬如：

「午、馬、竹、灬、火、紅、南、朱、夏」等。戌狗如：「戌、犭、犬」等。

（2）寅（虎）卯（兔）辰（龍）三會木，其特性木木相摩擦，木木相扶持，得慎用。寅和辰則產生「龍虎鬥」，卯和辰則產生「玉兔見龍雲裡去」的刑剋，用時要小心謹慎為宜。

（3）寅虎喜歡「山、艮、丘、屯、林、森」（若單木不成材，僅尚可不如林之好。）能雄霸山林，智勇雙全，福壽興家。

（4）寅虎喜歡當老大，抬頭及皇冠，如：「王、大、太、君、帝、首、主、鼎、將、帥、罒、亠、䒑、⺍、龹、癶」的字根。可掌握權威，成功立業。

（5）寅虎是為肉食動物，如：「月、心、忄、肉」等部首，可對味，表示有財富，舒服過日子。

（6）寅虎喜歡穿彩衣，如：「糸、巾、采、彡、衣、衤、疋」等部首，可有亮麗的外表及名利之獲得。

（7）寅虎五行屬木，所以喜歡有水來生助，如：「子、水、氵、冫、雨、冬、壬、癸、北」等字根，可獲得優良的環境，男性溫和、女性賢淑、名利雙收。

（8）寅虎喜歡「宀、冖」之字根，虎入穴為王，雄心逢勃，有鬥志之事業心。

（9）寅虎喜歡武器「矢、戈、斤、片、爿」之字根，代表虎牙、虎爪，有戰力，事業順暢。

2.寅虎之人不喜歡與忌用的字——

（1）寅（虎）申（猴）六沖，絕不能用申猴的一切部首，如：「申、袁、侯」等。否則凶險危殆。

（2）寅（虎）巳（蛇）是三刑，不能用巳蛇的部首，如：「巳、廴、辶、虫、之、弓、几、毛、

一、邑」等。用之多刑剋。

(3)寅(虎)亥(豬)雖六合，卻也是三破，亥豬如：「亥、豕」字根，用之會產生合又剋的現象，好壞呈現出極端。

(4)寅(虎)卯(兔)辰(龍)三會東方木，但三者間彼此都不喜歡，卯兔如：「卯、青、東、月、云」等。寅虎尤避諱見辰龍，以免「龍虎鬥」，辰龍如：「辰、長、貝、言、龍、麗、麒、麟」等。

(5)寅虎不喜歡當小，否則被降格，就變成病貓，如：「小、士、臣、寸、相、二、工、亞」。

(6)寅虎不喜歡遇「人、亻、彳、亻、𠆢」等，會被人所控制不得自由，而且老虎逢人，兩敗俱傷。

(7)寅虎不喜歡有「阝、耳」，會被拎耳朵不自由。

(8)寅虎忌逢「艸、平、原、甫」，其牠動物在平原中，草叢中極易躲過老虎的追殺，故寅虎會沒得吃，亦即「虎落平陽被犬欺」，一生不易得志。

(9)寅虎不喜歡「日、光」，寅時是在早上三點到五點，乃尚未天亮的時間，如此會使運勢不順。

(10)寅虎不喜歡有「大口、田、門、冊、聿、皿、扌、厂、广」，被困不得志，事業難展鴻圖。

（11）寅虎不要有「小口」，老虎開口，傷人傷己，因而會有爭吵之現象。

（12）寅虎不喜歡「厶」翹腳休息，懶洋洋的，不思前進，缺少積極主動。

（13）寅虎不喜歡五穀雜糧，如：「米、禾、豆、麥、粱」等，不對味口，會傷胃腸，而且也會損財，也等於無助、無緣，嚴重會一無所有的現象。

（14）寅虎忌「金」來尅，寅屬木，忌金尅之，有尅運勢會被壓抑。

（15）寅虎忌「土」被木尅，寅屬木，忌木去尅土，運勢會被壓抑。

（16）寅虎避諱有「示」之部首，因為老虎進不了宗廟、祠堂。

姓名範例解析

例一：壬寅年生（男）

天格

陰	陽
氵	共

（姓）

祖德庇蔭
父母、長上
科名、智慧
老闆名
賺錢型態
女看夫貌
頭部之健康
0—20歲運

人格

陰	陽
示	宀

（名一）

感情、婚姻
兄弟姊妹緣
自我心性
人際、人緣
賺錢慾望
容貌美醜
胸部之健康
21—40歲運

地格

陰	陽
育	匕匕

（名二）

事業、田宅
子女、晚輩
個性、潛力
老闆命
財帛、福祿
男看妻貌
腰部之健康
41—60歲運

洪：

1. 與父親緣份較薄，互相尅害，易生爭端。
2. 祖母、母親緣深，疼愛有加。
3. 讀書不專心，學業成績時好時壞。
4. 幼年多災，身體較弱。

宗：

1. 虎據洞穴為王，兄弟緣份深。
2. 對朋友重義氣，相交滿天下，朋友所託之事從不推辭。
3. 犧牲奉獻格局，付出得不到回報，易被朋友拖累。
4. 情路難走，做朋友比當妻子好。
5. 中年流年運起起伏伏，財進財出。

龍：

1. 事業起伏大，時好時壞。
2. 財入財出，妻子無幫助。
3. 子女緣薄、晚輩、員工亦無幫助。
4. 龍虎鬥，個性大好大壞，宜修身養性。
5. 身體注意腎臟功能，腳易受傷之問題。
6. 老年運不宜投資或當老闆，上班族穩定是福。

姓名範例解析

例一：甲寅年生（女）

天格

陽	陰
木	子
	（姓）

祖德庇蔭
父母、長上
科名、智慧
老闆名
賺錢型態
女看夫貌
頭部之健康
0—20歲運

人格

陽	陰
隹	牙
	（名一）

感情、婚姻
兄弟姊妹緣
自我心性
人際、人緣
賺錢慾望
容貌美醜
胸部之健康
21—40歲運

地格

陽	陰
彗	心
	（名二）

事業、田宅
子女、晚輩
個性、潛力
老闆命
財帛、福祿
男看妻貌
腰部之健康
41—60歲運

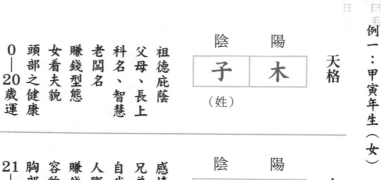

李：

1.有祖德庇蔭，留有產業，衣食無憂。
2.父母親疼愛有加，讓她嬌生慣養。
3.五官清秀、甜美，笑臉迎人。
4.可掛公司之負責人，科名彰顯。
5.少年流年運好，學業優異，無憂無慮。

雅：

1.兄弟姊妹緣佳，相互照顧，有情有義。
2.人際關係好，易得朋友幫助，相得益彰。
3.夫妻情深意濃，家庭和樂融融。
4.內心平穩情緒穩定。
5.中年流年運起稱心如意、順暢。

慧：

1. 慧字上有柵欄，工作事業難發揮。宜上班求安定。
2. 心為肉，老虎得肉，財運很旺，並有女性之媚力。
3. 善於理財，財富不虞匱乏。
4. 子女緣佳，晚年能享受天倫之樂，福德好。
5. 老年流年運順暢，財運旺盛。

姓名範例解析

例三：壬寅年生（男）

天格

陽	陰
午	言
	（姓）

祖德庇蔭
父母、長上
科名、智慧
老闆名
賺錢型態
女看夫貌
頭部之健康
0—20歲運

人格

陽	陰
士	亻
	（名一）

感情、婚姻
兄弟姊妹緣
自我心性
人際、人緣
賺錢慾望
容貌美醜
胸部之健康
21—40歲運

地格

陽	陰
申	土
	（名二）

事業、田宅
子女、晚輩
個性、潛力
老闆命
財帛、福祿
男看妻貌
腰部之健康
41—60歲運

許：

1.寅午戌三合助力大，長輩呵護備至。捧在手掌心。
2.有祖德庇蔭，功名佳，學業好。
3.「言」藏龍有龍虎鬥之嫌，媽媽管教嚴，會有頂撞。
4.將來賺錢輕鬆。
5.幼年流年運家境條件好，求學順利。

仕：

1.虎忌「士」小虎無力，有志難伸，懦弱之象。
2.兄弟姊妹緣薄，聚少離多，沒有助力。
3.虎忌「人」虎口傷人，夫妻易生口角不斷或離婚。
4.人際關係不好，朋友、手足都不得力。
5.無貴人而且易犯小人，賺錢過程多變化。
6.中年流年運前半段乏善可陳，後半段勞碌奔波。

坤：

1.寅申相沖為大破綻，影響事業和工作運之發展。
2.寅屬木會剋坤之土，不吉，有破財之象。
3.子女緣薄，易滋生剋害，晚輩、員工無助力。
4.身體注意四肢、骨骼易受傷害，以及腸胃之毛病。
5.老年流年運事業勞碌不順，晚年孤獨。

（四）生肖個論──卯兔

1.卯兔之人喜用的字──

（1）亥（豬）卯（兔）未（羊）三合，亥豬如：（亥、豕）等。未羊如：「未、羊」等部首皆可用，用之運勢順暢。
（2）卯（兔）戌（狗）六合，故戌狗如：「犬、戌、戍、犭」等部首皆可用，用之運勢順暢。
（3）寅（虎）卯（兔）辰（龍）三會木，其特性木木相摩擦，木木相扶持。卯和辰則產生「玉兔見龍雲裡去」的刑剋，用時要小心謹慎為宜。

（4）卯兔喜歡有洞的家可以住，如：「大口、小口、宀、冖、戶、尸、广、厂、入、門、聿、冊、冊、拜、曲」等。可獲優良環境，安定的家，事業工作順利。

※狡兔有三窟，但最好的是分配在姓名每個字各一個口，如口過多，個性則會多疑猜且神經質。有洞有家，一生得安定及發展。

※卯兔的人避免選用「宇」、「安」，因為「宇」的下半部為「于」，即是「我」之意，即「宇」字轉化為「冤」字，受冤枉之意。另外「安」的下半部為「女」字，即為「汝」字，故安字在卯兔而言為「冤」同意。女性避用之。

（5）卯兔喜歡逢「月、夕」，月中藏兔，合格，比較有安全感。

（6）卯兔喜歡穿彩衣，如：「彡、巾、采、衣、系、衤、疋」等部首，一生不愁吃穿，且富有名望，彩衣也代表健康、亮麗、人緣佳。

（7）卯兔喜歡吃的食物有如：「禾、米、豆、麥、梁」等部首，能享福祿壽。

（8）卯兔喜歡有「艸」的部首，草中可獲安全，故少煩惱，穩定中發展，增加財富。

（9）卯兔喜歡「厶」，可休息，清閒享福。

（10）卯兔喜歡「小、士、寸、少、臣、二、相、工、亞」等字根，小兔才會有人疼，增加人緣。

（11）卯兔喜歡「田、甫、平、原」，可享福壽興家，尊榮享福。

（12）卯兔喜歡「山、艮、丘、屯、谷」等，成為小兔，自由自在，樂天安逸生活。

（13）卯兔喜歡水來相生，如：「水、氵、冫、壬、癸、冬」，但用之亦應多當心。因子卯三刑，子有水之意，故可以有「小水」不可以有「大水」，如：「海、湖、江、河、溪、川、雨、雪、霜」。

（14）卯兔喜歡「木」，因「木」屬東方，「卯」亦為木，有見到自己同類的感覺，故可以安居樂業。

2.卯兔之人不喜歡與忌用的字—

（1）卯（兔）酉（雞）六沖，「酉」及雞之有關部首及象形不宜用，如：「羽、隹、鳥、烏、兆、非、飛」等，用之遭凶險。

（2）卯（兔）午（馬）是三破，午馬如：「午、馬、灬、火、紅、朱、南、竹、夏」等字根，逢之體弱多病之災。

（3）卯（兔）子（鼠）三刑，故不宜有「子、北」，用之體弱多病多刑剋。但最忌諱用「大水」，如：「海、湖、江、河、溪、川、雨、雪、霜」，用之有大凶險厄。

（4）卯兔不喜歡大，大則目標大容易被射殺，捕食，犧牲付出。如：「大、太、王、主、君、首、令、聖、皇、帝、將、帥」等。

（5）卯兔不喜歡食肉，如：「忄、心、肉」等部首，用之得腸胃毛病，運勢不順暢，並少有財富。

（6）寅卯辰三會，卯寅的幫助並不大，只是同類，但卻忌用辰龍「玉兔見龍雲裡去」，如：「辰、長、貝、言、龍、麗、麒、麟」等，用之運勢被壓抑，一生不易得志。

（7）卯兔不喜歡逢「人、亻、𠆢、亻、彳等」，逢人還是犧牲，而且會膽小，保守。

（8）卯兔怕逢巳蛇，如：「辶、廴、巳、之、弓、几、虫、一、毛、邑」等，逢之多刑。逢蛇命耽憂。

（9）卯兔不喜歡「耳、阝」，會被拎耳朵，耳朵軟，喜歡聽好話，忠言逆耳。

（10）卯兔忌諱用「日」，乃「日月正沖」，也忌見「光」，不安全，難能覓食，無財。

（11）卯兔不喜歡「扌、手」，手會被抓，受人掌控，運勢被壓抑。

（12）卯兔忌用「示、鼎」，兔肉不供桌，犧牲毫無代價。

姓名範例解析

例一：辛卯年生（男）

天格

陽	陰
龷	畁

（姓）

祖德庇蔭
父母、長上
科名、智慧
老闆名
賺錢型態
女看夫貌
頭部之健康
0—20歲運

人格

陽	陰
宀	豕

（名一）

感情、婚姻
兄弟姊妹緣
自我心性
人際、人緣
賺錢慾望
容貌美醜
胸部之健康
21—40歲運

地格

陽	陰
夋	亻

（名二）

事業、田宅
子女、晚輩
個性、潛力
老闆命
財帛、福祿
男看妻貌
腰部之健康
41—60歲運

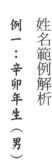

黃：

1.黃有草、有田，先天條件好，有科名。

2.草木被辛金尅，父親緣份較薄。

3.求學過程還算順利。

4.幼年時生活環境優渥。

家：

1.有亥卯未三合強大助力，情路暢通。

2.兄弟姊妹緣深，會相扶持與照顧。

3.朋友滿天下，朋友也有情有義的相挺。

4.夫妻婚姻生活美滿，百年好合。

5.中年流年運稱心如意、順利。

後：

1.兔子逢人，犧牲格局，事業工作會不順利。

2.常會為錢財而煩惱。

3.為子女不聽話而操心。

4.容易犯小人，不宜為人合夥或投資。

5.老年流年運起伏大，易財進財出，宜保守為佳。

例二：癸卯年生（男）

天格

陰	陽
羽	公

（姓）

祖德庇蔭
父母、長上
科名、智慧
老闆名
賺錢型態
女看夫貌
頭部之健康
0—20歲運

人格

陰	陽
上	下

（名一）

感情、婚姻
兄弟姊妹緣
自我心性
人際、人緣
賺錢慾望
容貌美醜
胸部之健康
21—40歲運

地格

陰	陽
朋	鳥

（名二）

事業、田宅
子女、晚輩
個性、潛力
老闆命
財帛、福祿
男看妻貌
腰部之健康
41—60歲運

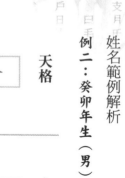

翁：

1.有卯酉正沖，母親緣薄，管教嚴格。
2.有祖蔭，父親緣佳，與父親較有話說。
3.不宜掛公司負責人。
4.頭腦易受傷或有戴眼鏡。
5.幼年運求學過程辛苦。

正：

1.正字有不上不下之意，兄弟姊妹緣，時好時壞。
2.夫妻間婚姻關係平淡。
3.人際關係有好有壞，跌跌撞撞。
4.賺錢過程辛苦，財進財出。
5.中年流年大運，乏善可陳。

鵬：

1.做事很敬業，事業心重，事業不穩定，常會搬家。

2.幸有賢妻之助，金錢不虞匱乏。

3.可做金融投資之事業。

4.身體注意右腳易受傷，腎臟之毛病。

5.老年流年運，前運辛苦勞碌，後運可享福。

姓名範例解析

例三：癸卯年生（男）

天格

陰	陽
白	口

（姓）

祖德庇蔭
父母、長上
科名、智慧
老闆名
賺錢型態
女看夫貌
頭部之健康
0—20歲運

人格

陰	陽
文	聿

（名一）

感情、婚姻
兄弟姊妹緣
自我心性
人際、人緣
賺錢慾望
容貌美醜
胸部之健康
21—40歲運

地格

陰	陽
肓	𣬉

（名二）

事業、田宅
子女、晚輩
個性、潛力
老闆命
財帛、福祿
男看妻貌
腹部之健康
41—60歲運

呂：

1.兔子逢雙口，得天獨厚，家世顯赫。
2.父母親疼愛有加，而且呵護備至。
3.有祖德，長上緣佳，易受提拔。
4.科名彰顯，學業成績名列前茅。
5.幼年流年運家境先天條件好。

建：

1.重朋友義氣，是一廂情願，朋友不得力。
2.「廴」藏蛇，兔子逢蛇，小人不斷。
3.兄弟情誼濃，姊妹緣淺無助。
4.情路坎坷，夫妻相處不融洽，常會爭吵之現象。
5.身體注意體質不佳，免疫力功能差。
6.中年流年運前半段事業順遂，後半段辛苦又不順。

龍：

1.辰卯相害，犯「玉兔逢龍雲裡去」之破綻。
2.事業運與不動產都會很不穩定，常換工作或搬家。
3.財運不理想，財入財出，常為金錢而煩惱。
4.子女無緣，相生相害，為子女之事也煩惱。
5.老年流年運工作不順，晚年孤獨。

（五）生肖個論─辰龍

1.辰龍之人喜用的字─

（1）申（猴）子（鼠）辰（龍）三合，申猴如：「申、袁、侯」等。子鼠如：「子、水、雨、氵、冫、壬、癸、亥、冬、北」等。用之運勢順暢，成功發達。

（2）辰（龍）酉（雞）六合，「酉」與雞之有關部首及象形可用，如：「羽、隹、兆、烏、鳥、非、飛」等，用之運勢順暢，成功榮昌。

（3）寅（虎）卯（兔）辰（龍）三會木，其特性木木相摩擦，木木相扶持，得慎用。寅和辰則產生「龍虎鬥」，卯和辰則產生「玉兔見龍雲裡去」的刑剋，用時要小心謹慎為宜。

（4）辰龍喜歡大，如：「王、大、太、君、令、聖、主、帝、鼎、皇、首、將、帥」，也喜歡抬頭及皇冠的字，如：「罒、亠、䒑、龸、癶、龹」等。可掌權威，成功立業，名利雙收。

（5）辰龍喜歡逢「雨」，龍行雨可翻雲覆雨，騰雲駕霧。一切之運勢為佳。

（6）辰龍喜歡逢「水」，如：「子、水、氵、冫、壬、癸、亥、冬、北」等字根。有蒼龍戲水，水中蛟龍，有沖天之勢，成功立業，名利雙收。

（7）辰龍喜歡得「日、月、星」，龍是不食人間煙火，只呼吸日月精華。用之能使前程似錦，一切順利，名利雙收。

（8）辰龍喜歡「龍袍加身」，更能彰顯強勢，如：「巾、糸、采、衣、衤、彡、示、疋」等。

（9）辰龍喜歡「馬」，有「龍馬精神」，可龍馬相配，相得益彰，午馬如：「午、馬、竹、南、紅、朱、火、灬、夏」等。表示做事積極努力開創前程。

2.辰龍之人不喜歡與忌用的字——

（1）辰（龍）戌（狗）六沖，戌狗如：「戊、戌、犬、犭」等。用之有凶厄，而且辰龍本是「天羅」，戌狗本是「地網」。

（2）辰（龍）辰（龍）自刑，辰龍自身亦產生「自刑」的現象，故辰龍如：「辰、長、言、貝、龍、麗、麒、麟」等之字根亦不能用。用之皆有凶災連連，而且會有志難伸或無力感。

（3）辰（龍）丑（牛）未（羊）三破，丑牛如：「丑、牛、牜、生」等。未羊如：「未、羊」等都不宜用。用之運勢會不順。

（4）辰（龍）卯（兔）六害，卯兔如：「卯、月」不宜用。因辰卯產生「玉兔見龍雲裡去」的刑剋，多凶厄。

（5）辰龍忌「小」，如：「小、少、臣、士、寸、相、丞、公、卿、二、工、卒、亞」等之字根。用之一生難得志，事業被壓抑無法突破。

（6）辰龍喜歡遨遊天空，不要受到限制、拘束，所以不要有「宀、冖、𠆢、戶、尸、广、厂、冊、冊、聿、拜、門、大口、小口」等部首。猶如「龍游淺灘遭蝦戲」，成困龍，用之一生不得志，處處受限制。

（7）辰龍不喜歡有「田、平、原、甫、谷」等，一生不得志，有志難伸，有被困住的感覺。

（8）辰龍不要有「山、艮、丘、屯、寅、宀」等部首。山中有老虎，「艮」卦意也為「山」，形成龍虎鬥，而且飛龍在天，山仍然不夠高。用之多刑剋，剋父母，刑偶，傷子。

（9）辰龍不喜歡被降格為「小龍」（巳蛇），如：「巳、廴、辶、虫、之、几、弓、毛、一、邑」等。用之運勢不順，大材小用，有志難伸的感覺。

（10）辰龍不喜歡逢「人、亻、𠆢、彳」等部首。神龍見首不見尾，乃天上之物，逢人降格。用之運勢不順，運勢會被壓抑。

（11）辰龍避免選用「艸」之部首，辰龍不喜歡落入草叢，有龍困淺灘之意。辰龍也不食「草」，會使運勢不順暢。

（12）辰龍避免選用「忄、心、肉、魚、米、豆、禾、麥、粱」等食物，因辰龍是不食人間煙火，用之運勢不順，而且得注意腸胃的小毛病。

（13）辰龍五行土藏木，忌用「金」的部首，金會尅木，碰到「金」會徒勞無功。

姓名範例解析

例一：丙辰年生（女）

天格

陽	陰
王	王

（姓）

- 祖德庇蔭
- 父母、長上
- 科名、智慧
- 老闆名
- 賺錢型態
- 女看夫貌
- 頭部之健康
- 0—20歲運

人格

陽	陰
日	立

（名一）

- 感情、婚姻
- 兄弟姊妹緣
- 自我心性
- 人際、人緣
- 賺錢慾望
- 容貌美醜
- 胸部之健康
- 21—40歲運

地格

陽	陰
瑩	氵

（名二）

- 事業、田宅
- 子女、晚輩
- 個性、潛力
- 老闆命
- 財帛、福祿
- 男看妻貌
- 腰部之健康
- 41—60歲運

王：

1.有龍王之格，家境富裕。
2.父母親寵愛，是為掌上明珠。
3.笑臉迎人，極得長輩疼愛。
4.科名彰顯，可當公司負責人。
5.少年流年運一帆風順。

昱：

1.人際關係良好，異性緣佳。
2.兄弟姊妹緣深，互相扶持與照顧。
3.夫妻感情好，生活幸福快樂。
4.賺錢過程流暢，信心十足，積極進取。
5.中年流年運得意順遂。

瑩：

1.工作積極認真，在職場表現稱職。
2.子女緣佳，孝順又乖巧。
3.有女性的魅力，又甜又美，人見人愛。
4.錢財妥善運用，金錢不匱乏。
5.一生福德雙全，名利雙收。
6.老年流年運可享福，天倫之樂。

例二：壬辰年生（男）

天格

陰	陽
⿱卯金	刂
（姓）	

祖德庇蔭
父母、長上
科名、智慧
老闆名
賺錢型態
女看夫貌
頭部之健康
0—20歲運

人格

陰	陽
万	戈
（名一）	

感情、婚姻
兄弟姊妹緣
自我心性
人際、人緣
賺錢慾望
容貌美醜
胸部之健康
21—40歲運

地格

陰	陽
氵	賓
（名二）	

事業、田宅
子女、晚輩
個性、潛力
老闆命
財帛、福祿
男看妻貌
腰部之健康
41—60歲運

劉：

1.卯辰之害，父母緣薄有代溝。
2.長輩、上司緣薄得不到提攜。
3.科名破，不適合掛公司負責人名。
4.注意腦神經衰弱、失眠。
5.少年流年運家境清苦。

戌：

1.兄弟姊妹之親情緣淺。
2.人際關係差，付出多得到少且又無助。
3.夫妻緣薄，相處不和諧，或聚少離多。
4.情緒不穩定，身體注意肝或消化系統。
5.中年流年運波折起伏大，易走險路。

濱：

1.事業不順，有志難伸，易有始無終。
2.財帛宮位得水，財運佳，得妻財，妻助力不小。
3.女兒較優異表現而貼心，兒子易讓人操心。
4.可投資理財、金融、保險業等。
5.老年流年運前段辛苦付出，後段收獲可享福。

姓名範例解析

例三：甲辰年生（男）

天格

陰	陽
奠	阝

（姓）

祖德庇蔭
父母、長上
科名、智慧
老闆名
賺錢型態
女看夫貌
頭部之健康
0—20歲運

人格

陰	陽
心	士

（名一）

感情、婚姻
兄弟姊妹緣
自我心性
人際、人緣
賺錢慾望
容貌美醜
胸部之健康
21—40歲運

地格

陰	陽
氵	賓

（名二）

事業、田宅
子女、晚輩
個性、潛力
老闆命
財帛、福祿
男看妻貌
腰部之健康
41—60歲運

鄭：

1.「邑」藏蛇降格，父親緣淺，無祖德。
2.母親疼愛有加，天資聰穎。
3.頭部注意眼睛保養，會帶眼鏡。
4.幼年流年運前半段家庭經濟狀況不穩定，後半段求學過程順利。

志：

1.龍被降格為士，無權威易受朋友欺侮、陷害。
2.龍逢「心」看得到卻吃不到，龍是不食人間煙火。
3.個性樂天安逸，做事不果斷又不積極，得過且過。
4.人際關係不佳，情路難走，夫妻生活不協調。
5.兄弟姊妹緣薄，手足不得力。
6.中年流年運工作不如意。

濱：

1.洞穴龍被蓋住，事業曲折不順，做事有始無終。
2.財源不錯，是妻子之相助而得妻財。
3.子女以女兒表現優異又貼心，兒子不成材。
4.身體注意腸胃之毛病。
5.老年流年運前半段辛苦工作，後半段可享清福。

（六）生肖個論─巳蛇

1.巳蛇之人喜用的字─

（1）巳（蛇）酉（雞）丑（牛）三合，可得外來的助力，使運勢更為順暢。「酉」與雞之有關象形的字，如：「隹、酉、西、羽、兆、非、烏、鳥、飛」等。丑牛之有關的字，如：「丑、牛、牜、生」等。

（2）巳（蛇）申（猴）六合，也是三刑，故不宜用申猴之有關的字，如：「申、袁、侯、候」等。

（3）巳（蛇）午（馬）未（羊）三會，午馬如：「午、馬、竹、火、灬、紅、南、朱、夏」等。未羊如：「未、羊」的部首。相關的字產生三會的助力，朋友之相扶持。

（4）巳蛇喜歡逢「小、士、少、寸、臣、二、工、相」等。因巳蛇之別稱為「小龍」，能平安過日。

（5）巳蛇喜歡有「虫、廴、辶、巳、弓、几、之、一、毛、邑」等。蛇類喜歡「物以類聚」，是團結力量大。

（6）巳蛇喜歡洞穴，如：「大口、小口、宀、冖」等部首。巳蛇在洞中有安全、安定、舒適有保障。巳蛇喜歡住家、柵欄，如：「門、戶、广、厂、冊、聿、拜、毌」等部首。代表生活能安居樂業。

（7）巳蛇喜歡辰龍，由小龍變大龍，如：「辰、言、貝、鹿、龍、麗、麒、麟」等。可事業順利，並且有沖天之勢，做事積極有衝勁。

（8）巳蛇喜歡彩衣，如：「彡、采、衣、衤、巾、糸、疋」等。可轉化為「龍」，有升格的意味。可不愁吃穿，有社會名望地位。

（9）巳蛇喜歡「艸」，除了巳蛇在草中可得到遊走安全的空間，而且「艸」也代表龍角，可升格。可使事業鴻圖大展，運勢順暢。

（10）巳蛇喜歡「田、甫、平、原」等，能運勢順暢，有學習心來增加學識博淵，而獲名利雙收。

（11）巳蛇喜歡肉，如：「心、忄、肉」等部首，能得福祿。

（12）巳蛇喜歡晚上「夕」，蛇為夜行動物，有捕食才能有財富。

（13）巳蛇喜歡「木、火」，巳蛇屬木，木可來生火，能使運勢順暢。

（14）巳蛇喜歡「金」，因巳（蛇）酉（雞）丑（牛）是三合金，酉雞屬金，代表一切順勢。

2.巳蛇之人不喜歡與忌用的字—

（1）巳（蛇）亥（豬）六沖，亥豬如：「亥、豕」等。用之必遭凶險。

（2）寅（虎）巳（蛇）六害，寅虎如：「虍、寅、艮」等字根，古云：「蛇遇猛虎如刀戮，運多波折少福祿」，用之一生多刑尅。

（3）巳（蛇）申（猴）是刑破，申猴如：「申、袁、侯」等字根，古云：「相行相沖遇猴豬，強顏歡笑暗自憂」，用之事業不振，多災難。

（4）巳蛇不喜歡逢「大、太、王、君、首、聖、主、令、皇、帝、將、帥」等。用之易受刑傷。

（5）巳蛇不喜歡五穀雜糧，如：「米、豆、禾、麥、粱」等部首，不對味，用之容易得胃病。另則表示其人內心不服輸，脾氣大，又有失落感，看得到吃不到。

（6）巳蛇不喜歡太陽「日」，巳蛇五行屬火，火旺不宜日來晒，而且運勢也不佳。

（7）巳蛇不喜歡「光」，光會讓牠們畏縮不前，而產生憂柔寡斷的個性。

（8）巳蛇忌逢「人、亻、𠆢、𠂉、彳」等部首。運勢會被壓抑，一生難得志。

（9）巳蛇忌逢「山、丘、艮、屯」等，山中藏虎，無助。

（10）巳蛇忌有「水、子、氵、冫、雨、壬、癸、亥、冬、北」等字根。用之易體弱多病，運勢不順。

（11）巳蛇忌用「乂、又、儿、厶」等字根，為畫蛇添足，多此一舉。

（12）巳蛇忌用「扌、手」之部首，巳蛇被手抓住，運勢會壓抑，事業難展鴻圖。

姓名範例解析

例一：乙巳年生（男）

天格

陽	陰
午	言
	（姓）

祖德庇蔭
父母、長上
科名、智慧
老闆名
賺錢型態
女看夫貌
頭部之健康
0—20歲運

人格

陽	陰
炏	宋
	（名一）

感情、婚姻
兄弟姊妹緣
自我心性
人際、人緣
賺錢慾望
容貌美醜
胸部之健康
21—40歲運

地格

陽	陰
羊	我
	（名二）

事業、田宅
子女、晚輩
個性、潛力
老闆命
財帛、福祿
男看妻貌
腰部之健康
41—60歲運

許：

1.父母親緣深，呵護疼愛有加。
2.能得長輩上司提攜與關照。
3.有祖德庇蔭，有家產，賺錢輕鬆。
4.有科名。學業成績優異。
5.少年流年運家庭優渥。

榮：

1.乙木生火，待人熱忱，做事積極，而有責任心。
2.很有異性緣，外貌俊俏。夫妻婚姻生活美滿快樂。
3.兄弟姊妹緣佳，親情深能相互扶持與照顧。
4.有事業企圖心，很自我。
5.中年流年運事業運途順遂。

義：

1.事業工作穩定，在企業界佔有一席之地。
2.不善於理財，不適合玩股票性投資。
3.兒子表現優異貼心，女兒緣薄，父母常操心。
4.注意身體四肢易受傷害。
5.老年流年運前段運如意，後段運煩心，諸事不順。

姓名範例解析

例二：癸巳年生（女）

天格

陽	陰
共	氵

（姓）

- 祖德庇蔭
- 父母、長上
- 科名、智慧
- 老闆名
- 賺錢型態
- 女看夫貌
- 頭部之健康
- 0—20歲運

人格

陽	陰
宀	豕

（名一）

- 感情、婚姻
- 兄弟姊妹緣
- 自我心性
- 人際、人緣
- 賺錢慾望
- 容貌美醜
- 胸部之健康
- 21—40歲運

地格

陽	陰
俞	木

（名二）

- 事業、田宅
- 子女、晚輩
- 個性、潛力
- 老闆命
- 財帛、福祿
- 男看妻貌
- 腰部之健康
- 41—60歲運

洪：

1.水火相沖，與父母緣薄。
2.母親要求高，嚴苛而壓力大。
3.長輩上司緣薄，沒有助力，一切靠自己努力奮鬥。
4.注意身體偏頭痛的問題。
5.少年流年運家庭困苦。

家：

1.兄弟緣情誼深，異性緣佳。
2.姊妹關係互動差，無助。
3.巳亥相沖，夫妻相處不和睦，易有紛爭。
4.注意身體消化系統的毛病。
5.中年流年運前半段運工作運順遂，後半段運辛苦、勞心。

榆：

1. 工作上表現良好又穩定。
2. 木生火有福報，財帛豐盛，金錢不匱乏。
3. 子女緣很好很優秀。
4. 善於理財投資、規劃之高手。
5. 老年流年運人生漸入佳境，運勢順暢。

姓名範例解析

例三：乙巳年生（女）

	陰	陽	
天格	丁（姓）	丁	祖德庇蔭 父母、長上 科名、智慧 老闆名 賺錢型態 女看夫貌 頭部之健康 0—20歲運
人格	大（名一）	羊	感情、婚姻 兄弟姊妹緣 自我心性 人際、人緣 賺錢慾望 容貌美醜 胸部之健康 21—40歲運
地格	女（名二）	燕	事業、田宅 子女、晚輩 個性、潛力 老闆命 財帛、福祿 男看妻貌 腰部之健康 41—60歲運

丁：

1.丁火和巳火比旺，有祖德、祖產。
2.與父母親情深，受父母呵護備至。
3.有科名，卻智慧又高。
4.可掛公司負責人之名。
5.幼年流年運家庭條件不錯。

美：

1.羊藏火而乙木生未火為洩，凡事付出多得到少。
2.為朋友、兄弟都是付出而犧牲，得不到回饋。
3.夫妻緣差，相處不睦，姊妹緣淺，無助。
4.工作事半功倍，不順遂。
5.中年流年運工作辛苦且勞碌。

嬿：

1.蛇在草叢中遊走很安全，工作順利有發展之空間。
2.巳火遇灬，火火比旺，福祿極佳。
3.事業、財帛都很順心如意。
4.子女緣好，而且很孝順，學業表現也很優異。
5.老年流年運福澤深厚，可享天倫之樂。

（七）生肖個論—午馬

1.午馬之人喜用的字—

（1）寅（虎）午（馬）戌（狗）三合，寅虎有關的字，如：「寅、虍、艮」等。戌狗有關的字，如：「犬、戊、戌、犭、成、威」等。都能得貴人之助，事業順利，成功發達。

（2）午（馬）未（羊）六合，未羊如：「未、羊」等部首。用之貴人顯現，成功昌榮。

（3）巳（蛇）午（馬）未（羊）三會火，巳蛇如：「廴、辶、巳、虫、之、弓、几、一、毛、邑」等。未羊如：「未、羊」等部首。能產生三會的動力，火火比旺。

(4)午馬喜歡彩衣，如「采、衣、衤、巾、彡、示、糸、疋」等部首。能顯出雄糾糾氣昂昂的千里馬，都代表有精神和威風，可得福祿及社會地位。

(5)午馬是素食動物而喜歡五穀雜糧，如「米、豆、禾、麥、粱」等。代表得食，不愁吃穿，可得福祿，富裕。

(6)午馬喜歡洞穴，如：「宀、冖、入、門、戶、尸、广、厂、冊、聿、冊、拜」等部首。能安居樂業。

(7)午馬喜歡「艸」的部首，有得食，且在平原上才能一展雄姿，不受拘束，自由奔馳，表示賺錢容易，可輕鬆享受。

(8)午馬喜歡「平、原」平地可得奔馳，表示能發揮其所長。

(9)午馬喜歡逢「大」，馬宜大而壯，能跑善躍，如：「大、王、太、君、主、首、聖、長、令、皇、帝、鼎、將、帥」等。逢大表示身體強壯，運勢佳。

(10)午馬喜歡「人、亻、入」等部首。用之能溫和賢淑、克己助人，重義信用。

(11)午馬喜歡辰龍有關的字，如：「辰、貝、言、長、龍、鹿、麗、麒、麟」等。可助馬的威力有「龍馬精神」，做事積極負責盡職，一切順利。

(12)午馬喜歡「木」，有樹木可遮陽，午屬火有木來生助，表示日子過的悠哉，可得貴人相助。

（13）午馬喜歡冠冕，如：「亠、䒑、罒、龹、白、由、龸」等字根。代表要出人頭地，有事業心，並且積極開拓發展。

2.午馬之人不喜歡與忌用的字——

（1）子（鼠）午（馬）六沖，子鼠有關的字，如：「子、氵、冫、水、雨、北、壬、癸、亥、冬」等。用之一切不順，且多災厄。

（2）午（馬）卯（兔）相破，卯兔如：「月、卯、兔」等。用之運勢不順暢。

（3）午（馬）丑（牛）六害，古云：「自古白馬怕青牛」，故丑牛如：「丑、牛、二、工、牜、生」等之有關的字不宜用，用之有害。

（4）午（馬）午（馬）自刑，故不宜用午馬有關的字，如：「午、馬」等。用之依賴性重，有力不從心之感覺。

（5）午馬不喜歡逢小，如：「小、少、寸、士、臣、相、二、工、亞」等。逢小降格，無法顯出其精神，力不從心，無力感。

（6）午馬忌逢「大口」被圍住的馬，就會有志難伸，事業難展鴻圖。

（7）午馬忌逢「雙口」，因為馬字上加二個口成為「罵」，罵人者恆被罵之，故口角爭吵不斷，禍從口出。

（8）午馬不喜歡盤腿，如：「厶」，用之怠惰不長進。

（9）午馬不喜歡撇腳、蹺腳、叉腳，如「乂、儿、又、八」等字根。馬腳被綁，無法動彈，事業難發展，運勢不振。

（10）午馬不喜歡逢「日、光」，炎陽下的馬，代表辛勞，在身上容易疲憊不堪。

（11）午馬不喜歡逢「田、甫」，馬在平原上是千里馬，下田當牛用是大材小用，一生辛苦又難得志。逢田多辛勞。

（12）午馬不喜歡「山、谷、丘、屯」等，馬上山則步履艱難，而且相當辛苦，一生難有成就。馬逢山多辛苦。

（13）午馬不喜歡食肉，如：「心、忄、月、肉」等部首。吃肉不對味，腸胃有毛病，運勢也會不佳。

（14）午馬忌用雙人，如「彳、亻、仁」等，因為好馬不跨雙鞍，對人生會沒有方向，做事易三心二意。

姓名範例解析

例一：丙午年生（男）

天格

陽	陰
木	子
	（姓）

祖德庇蔭
父母、長上
科名、智慧
老闆名
賺錢型態
女看夫貌
頭部之健康
0—20歲運

人格

陽	陰
二	亻
	（名一）

感情、婚姻
兄弟姊妹緣
自我心性
人際、人緣
賺錢慾望
容貌美醜
胸部之健康
21—40歲運

地格

陽	陰
幸	辶
	（名二）

事業、田宅
子女、晚輩
個性、潛力
老闆命
財帛、福祿
男看妻貌
腰部之健康
41—60歲運

李：

1.木生丙火，與父親緣深，較有話說。
2.子午相沖，與母親緣薄，較無法溝通。
3.適合出外發展，較有發揮空間。
4.注意腦神經衰弱、失眠。
5.少年流年運辛苦，學業難成。

仁：

1.兄弟姊妹緣情深，互相扶持與照顧。
2.人際關係良好，能得朋友之協助。
3.夫妻間和諧、幸福。但注意桃花或三角關係。
4.中年流年運運勢順遂，如意。

達：

1.達藏有羊，「巳午未」三會之助力。

2.工作事業順利，能發揮其所長。

3.妻子賢妻良母，家庭幸福和樂。

4.子女表現優異，學業優良。

5.有福報，賺錢輕鬆，是位理財高手。

6.老年流年運事業運勢順暢，財源滾滾。

例二：戊午年生（男）

天格

陽	陰
余	亻
	（姓）

祖德庇蔭
父母、長上
科名、智慧
老闆名
賺錢型態
女看夫貌
頭部之健康
0—20歲運

人格

陽	陰
亠	乂
	（名一）

感情、婚姻
兄弟姊妹緣
自我心性
人際、人緣
賺錢慾望
容貌美醜
胸部之健康
21—40歲運

地格

陽	陰
夆	卩
	（名二）

事業、田宅
子女、晚輩
個性、潛力
老闆命
財帛、福祿
男看妻貌
腰部之健康
41—60歲運

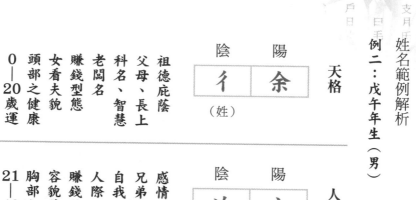

徐：

1.有父親緣，與父親較易溝通。
2.與母親緣薄，易溝通不良。
3.較同性長輩上司緣，易得提拔。
4.幼年身體虛弱，易多病。

文：

1.「文」陽邊抬頭，有積極心要開創事業。
2.兄弟緣深，互相扶持，但姊妹緣淺而無助。
3.人際關係良好，但異性緣不佳。
4.夫妻情份薄，相處不和諧。
5.賺錢辛苦，付出多得到少。
6.中年流年運前半段努力辛苦，後半段持續力不足。

隆：

1.「隆」藏牛，牛馬相害，又逢撇腳，事業難發展，屬下無助，脾氣火爆。

2.兒子不長進，使父母操心。

3.易受男性部屬拖累而損財。

4.「阝」馬逢耳，易犯小人而財務受損。妻管嚴。

5.老年流年運事業、工作運不順，起伏大。

姓名範例解析

例三：戊午年生（男）

天格

陽	陰
卩	丘
	（姓）

祖德庇蔭
父母、長上
科名、智慧
老闆名
賺錢型態
女看夫貌
頭部之健康
0—20歲運

人格

陽	陰
禾	彐
	（名一）

感情、婚姻
兄弟姊妹緣
自我心性
人際、人緣
賺錢慾望
容貌美醜
胸部之健康
21—40歲運

地格

陽	陰
昱	火
	（名二）

事業、田宅
子女、晚輩
個性、潛力
老闆命
財帛、福祿
男看妻貌
腰部之健康
41—60歲運

邱：

1.阝馬邑藏巳蛇，巳午未三會助力大。
2.有祖蔭，有功名，得長上之提拔。
3.斤為山，馬逢山多辛苦，頭腦好但讀書覺得很辛苦。
4.母親管教嚴格。
5.幼年流年運家庭經濟狀況好，求學階段很辛苦。

秉：

1.秉字中藏禾，有五穀，馬有五穀可吃而肥。
2.兄弟緣誼濃，朋友有情有義，互相扶持相挺。
3.姊妹緣佳，異性緣好，情感順遂。
4.夫妻感情濃厚，生活相處融洽。
5.外形俊俏，積極進取，有企圖心。
6.中年流年運事業、工作運很順利。

煜：

1.馬逢日勞心勞力，做事很敬業，很辛苦。
2.火與午火比旺，財帛豐富。
3.子女表現很優異，又很孝順。
4.得賢妻之幫助大，但妻子性情較剛毅。
5.老年流年運如意順遂，但較勞心勞力。

（八）生肖個論──未羊

1.未羊之人喜用的字──

（1）亥（豬）卯（兔）未（羊）三合，故宜有亥豬如：「亥、豕」等。卯兔如：「卯、兔、青、東、云」等。會有好人緣，外來幫助的好運勢。

（2）午（馬）未（羊）六合，午馬如：「午、馬、火、灬、南、朱、紅、竹、夏」等。用會得善緣，有外助力及運勢順遂。

(3)巳(蛇)午(馬)未(羊)三會，宜用巳蛇的字，如：「廴、辶、虫、几、弓、之、一、毛、邑」等。以及午馬的字，如：「午、馬、火、灬、南、朱、紅、竹、夏」等。用之一切順暢。

(4)未羊喜歡小，宜用：「小、寸、少、士、臣、相、亞」等。增加人緣，人際關係好，家庭和樂融融。

(5)未羊喜歡吃草，故有「艸」字部首，對未羊有幫助有得吃，享福祿。

(6)未羊喜歡喜歡五穀雜糧，如「禾、米、豆、麥、粱」等部首。有得吃，得財富。

(7)未羊喜歡「田、平、原、甫」等。未羊平原有得吃，能生存。享福祿。

(8)未羊喜歡「山、丘、屯、艮、谷」等。自由自在奔馳，可悠哉享清福。

(9)未羊喜歡洞穴，有如「宀、冖、入、門、戶、尸、广、厂、聿、冊、拜、册」等。用之能安居樂業，且有安定的事業與工作。

(10)未羊喜歡翹腳，有如「厶」字。可享清福、快樂過一生。

(11)未羊喜歡有「木」的部首，樹木下可以乘涼，舒服快樂過一生。

2.未羊之人不喜歡與忌用的字——

(1)丑(牛)未(羊)六沖，丑牛如：「丑、牛、牜、生」」等。用之刑剋重，多災厄。

（2）未（羊）辰（龍）三破，辰龍如：「辰、言、貝、長、鹿、麗、龍、麒、麟」等。天羅地網，有志難伸。

（3）未（羊）戌（狗）三刑，戌狗如：「戊、戌、犬、犭」等部首，天羅地網，用之一生難順遂。

（4）未（羊）子（鼠）六害，而未羊本生性就怕水，故不宜用「子、水、氵、冫、雨、北、壬、癸、冬」等。用之有凶災。

（5）未羊不喜歡穿彩衣，如：「采、衣、衤、糸、彡、巾、示、疋」等。否則會被犧牲當祭祀品，所以易一生為人做嫁衣。犧牲自己照亮別人，古云：「若將彩衣披上身，勞碌奔波淚雙流」的寫照。

（6）未羊不喜歡逢人，如：「人、亻、亻、人、𠆢、彳」等。逢人被牽制，命運被主宰，無法發揮才能，有志難伸。

（7）未羊不喜歡有「阝、耳」的部首，有被揪，會遭控制。

（8）未羊不喜逢「大」，逢大則成為犧牲品，如：「大、太、王、君、令、聖、首、主、皇、帝、鼎、帥、將」等。

（9）未羊不喜歡抬頭或戴冠冕，羊強出頭非牠的屬性，反而會造成運勢不順。如：「亠、罒、䒑、业、癶、龹」等字根。

（10）未羊忌諱逢水，如：「子、水、氵、冫、北、壬、癸、雨、冬」等。逢水易新陳代謝不良，也會影響其運程，甚至危及生命。

（11）未羊不喜歡食肉，如：「心、忄、肉、月」等部首。逢肉不對味，腸胃會有毛病，內心也會苦悶鬱卒，看得到吃不到。

（12）未羊不喜歡「日、光」等，逢之犧牲奉獻，付出多得到少，損丁或破財之嫌。

（13）未羊不喜歡逢「車」，被車載至屠宰場的危機，犧牲成為祭祀品，易有車關之厄。

（14）未羊不喜歡逢「大口」，就會被圈住，成為待宰的羔羊，犧牲奉獻，一生運勢有阻礙的感覺。

（15）未羊忌諱逢「金」，未五行屬土藏火，火會剋金，如：「金、西、白、戈、刀、刂」等。用之多刑剋，易有刀厄。

姓名範例解析

例一：乙未年生（女）

天格

陽	陰
畄	日

（姓）

祖德庇蔭
父母、長上
科名、智慧
老闆名
賺錢型態
女看夫貌
頭部之健康
0—20歲運

人格

陽	陰
叔	氵

（名一）

感情、婚姻
兄弟姊妹緣
自我心性
人際、人緣
賺錢慾望
容貌美醜
胸部之健康
21—40歲運

地格

陽	陰
尹	口

（名二）

事業、田宅
子女、晚輩
個性、潛力
老闆命
財帛、福祿
男看妻貌
腹部之健康
41—60歲運

曾：

1.冠冕加身，又逢日，有被犧牲奉獻之格局。

2.父母緣淺，靠自己奮鬥。

3.不適合掛公司負責人之名。

4.長上緣薄，無助力，須辛苦付出。

5.幼年流年運家庭清苦。

淑：

1.羊忌水，婚姻生活不和諧，是非口角多。

2.容易犯小人而損財。

3.兄弟姊妹緣份薄而無靠，賺錢也辛苦。

4.注意身體胸、肺、肝、心臟等易有開刀之嫌。

5.中年流年運感情多曲折、財運，人際關係不好。

君：

1.羊忌逢「君」，犧牲奉獻，事業辛苦，不穩定。
2.不適合置不動產或投資房地產。
3.子女緣薄，難管教與溝通，易操心。
4.注意財務管理，不然錢財易損。
5.注意身體四肢無力，有受傷之嫌。
6.老年流年運勞力勞神，福份少。

例二：丁未年生（女）

天格

陽	陰
宀	木
	（姓）

祖德庇蔭
父母、長上
科名、智慧
老闆名
賺錢型態
女看夫貌
頭部之健康
0—20歲運

人格

陽	陰
兔	辶
	（名一）

感情、婚姻
兄弟姊妹緣
自我心性
人際、人緣
賺錢慾望
容貌美醜
胸部之健康
21—40歲運

地格

陽	陰
艸	𠌶
	（名二）

事業、田宅
子女、晚輩
個性、潛力
老闆命
財帛、福祿
男看妻貌
腰部之健康
41—60歲運

宋：

1.父母緣深，疼愛有加。
2.有祖德庇蔭，而且長上緣佳，極為呵護。
3.有智慧，學業好，科名彰顯。
4.笑口常開，人人讚賞。
5.少年流年運學業優異，家境富裕，先天條件好。

逸：

1.亥卯未三合有貴人相助，而且很有異性緣。
2.巳午未三會得朋友之相助。
3.兄弟姊妹緣情深，且能互相扶持照顧。
4.夫妻婚姻相處融洽，幸福美滿。
5.人際關係良好，適合公關或代言工作。
6.中年流年運事業、婚姻如意順遂。

華：

1.事業、工作運穩定順利，適用投資房地產。

2.「華」藏蛇有三會格局，財帛豐富。

3.子女緣佳，而且表現優異。

4.「華」有草木來生丁火，是個有福德福報的人。

5.注意身體四肢無力，有受傷之嫌。

6.老年流年運晚年享福，享受天倫之樂。

姓名範例解析

例三：己未年生（女）

天格

陽	陰
東	卩
	（姓）

祖德庇蔭
父母、長上
科名、智慧
老闆名
賺錢型態
女看夫貌
頭部之健康
0—20歲運

人格

陽	陰
禾	乃
	（名一）

感情、婚姻
兄弟姊妹緣
自我心性
人際、人緣
賺錢慾望
容貌美醜
胸部之健康
21—40歲運

地格

陽	陰
㐱	王
	（名二）

事業、田宅
子女、晚輩
個性、潛力
老闆命
財帛、福祿
男看妻貌
腰部之健康
41—60歲運

陳：

1.東為木，剋己土，與父親緣淺較無話說。
2.母親緣佳，但要求嚴苛，較會唸。
3.無祖蔭，不適合掛公司之名。
4.易失眠或戴眼鏡。
5.幼年流年運家境清苦，身體較弱。求學階段辛苦。

秀：

1.禾為五穀羊有得吃，乃為蛇形，巳午未三會格局。
2.兄弟姊妹情深意濃，互相扶持照顧。
3.夫妻感情融洽，家庭幸福美滿。
4.人際關係良好，貴人旺，助力大。
5.中年流年運事事如意順遂。

珍：

1.羊披彩衣「彡」，犧牲奉獻，工作勞碌不休。

2.羊逢王，羊大被宰殺，錢財留不住，財進財出。

3.丈夫無助，負擔家計之責任，家事樣樣都要管。

4.子女不聽話，令人操心不已。

5.身體注意婦科、心血管之疾病。

6.老年流年運晚年辛勞而且孤獨。

（九）生肖個論—申猴

1.申猴之人喜用的字—

（1）申（猴）子（鼠）辰（龍）三合，逢之有貴人相助，事事皆如意。子鼠如：「子、水、氵、冫、雨、北、壬、癸、冬、北」等。辰龍如：「辰、貝、言、長、鹿、龍、麒、麟」等。

（2）申（猴）酉（雞）戌（狗）三會，逢之同格。申猴如：「酉、西、隹、兆、非、羽、鳥、飛」等。戌狗如：「戊、戌、犬、犭」等。

（3）申猴喜歡逢小，如：「小、少、寸、士、臣、相、亞」等。逢小人緣佳，運勢流暢。

（4）申猴喜歡有家有洞穴，可安居樂業，洞穴代表得地、享福。如：「宀、冖、大口、冂、門、广、厂、亼、冊、聿、冊、拜、尸、戶」等。

（5）申猴喜歡逢人，如：「人、亻、亼、亻」等。逢人外格，得位，申猴成人，事業有成就。

（6）申猴喜歡披彩衣，如「采、衣、衤、彡、巾、示、糸、疋」等。申猴穿衣像人，升格，得位，可得事業成就與名望。

（7）申猴喜歡「立、步、走」等。因申猴能站立像人，外格，得位，有成就。

（8）申猴喜歡有「小口」，有小口會講話，能言善道，口才好，人緣佳。

（9）申猴喜歡有「言」字旁，會講話，升格當人，能言善道，有所作為。

（10）申猴喜歡水果，如「蘋、果、瓜、梨、桃、柑、橘、香蕉」等。可得福祿。

（11）申猴喜歡夜晚，如：「夕」，代表安全，運勢順暢。

（12）申猴喜歡逢水，如「子、水、氵、冫、雨、北、壬、癸、冬」等。得之個性溫和，樂天安逸。況且申子辰三合水，又可得貴人相助。

（13）申猴喜歡逢金，逢金比旺，能增強運勢。

（14）申猴喜歡逢土，因申猴屬金，土能生金，得之有助於運勢、財祿。

2.申猴之人不喜歡與忌用的字──

（1）寅（虎）申（猴）六沖，寅虎如：「寅、虍」等字不宜用，用之多刑尅。

（2）申（猴）亥（豬）六害，古云：「豬遇猿猴似箭投」，亥豬怕遇到申猴，遇之如箭射到會有刑傷。人緣也不佳，事業不順，婚姻不和諧。亥豬如：「亥、豕」等。

（3）巳（蛇）申（猴）三刑，巳申亦六合，但又刑又合，而刑偏重，故仍不宜用，用之事業皆波折。巳蛇：「辶、廴、巳、虫、几、弓、之、一、毛、邑」等。

（4）申猴忌逢「五穀雜糧」，人云：「大猴損五穀」，是拿五穀來玩耍，糟踏掉，所以用之，表示個性會浪費奢侈，錢財易守不住，而且也會傷到腸胃、胃病、胃出血、消化系統之毛病。如：「米、豆、禾、麥、粱」等。

（5）申猴忌逢「田、甫」等。田中生產五穀，申猴逢田有敗家產之嫌。

（6）申猴不喜歡食肉，如：「忄、心、月、肉」等部首。不對味，會有腸胃的毛病，也會看得到吃不到，內心很鬱卒。

（7）申猴忌逢大，如：「大、太、王、君、令、聖、首、主、皇、帝、鼎、帥、將」等。申猴逢大有暗喻自不量力，強出風頭。逢之沒有人緣，運勢也不佳。

（8）申猴忌逢「日、光」等，因為白天較辛苦、危險，會有夫妻不和睦、洩財等現象。

（9）申猴不喜歡逢有耳朵旁的字，如：「耳、阝」等。怕被揪，被控制、利用，而且會有志難伸之感覺。

（10）申猴不喜歡逢「山、艮、丘、屯、谷」等。因山中有老虎，寅申對沖，不宜用之，用之代表不安，危險，易遭失敗等現象。

（11）申猴忌用「火」，火燒屁股之意，而且申猴屬金，火會尅金，運勢被壓抑難發揮。

姓名範例解析

例一：丙申年生（男）

天格

陽	陰
虍	皿

（姓）

祖德庇蔭
父母、長上
科名、智慧
老闆名
賺錢型態
女看夫貌
頭部之健康
0—20歲運

人格

陽	陰
中	心

（名一）

感情、婚姻
兄弟姊妹緣
自我心性
人際、人緣
賺錢慾望
容貌美醜
胸部之健康
21—40歲運

地格

陽	陰
木	灬

（名二）

事業、田宅
子女、晚輩
個性、潛力
老闆命
財帛、福祿
男看妻貌
腹部之健康
41—60歲運

盧：

1.盧藏虎與猴正沖，與父親緣薄。

2.盧藏田，看得到吃不到，得不到母親疼愛呵護。

3.無祖蔭，長上緣份薄而無助。

4.科名破，不適合掛公司負責人。

5.須靠自己奮鬥賺勞力財。

忠：

1.事業辛勞，徒勞無功。

2.兄弟姊妹緣薄，手足不得力。

3.人際關係不好，付多得到少。

4.夫妻緣份差，多波折，內心空虛。

5.注意身體之疾病。

6.中年流年運辛苦付出，且徒勞無功，起伏大。

杰：

1.木生生火，做事積極，事業順利。
2.「杰」的火剋申金，努力的付出得到卻很少。
3.妻子對丈夫好，丈夫感受不到。
4.兒子表現優異，女兒不聽話又不易溝通。
5.老年流年運前半段事業順遂，後半段辛苦且損財。

例二：庚申年生（女）

格	陽	陰	含義
天格	射	言（姓）	祖德庇蔭、父母、長上、科名、智慧、老闆名、賺錢型態、女看夫貌、頭部之健康、0—20歲運
人格	禾	乃（名一）	感情、婚姻、兄弟姊妹緣、自我心性、人際、人緣、賺錢慾望、容貌美醜、胸部之健康、21—40歲運
地格	朱	王（名二）	事業、田宅、子女、晚輩、個性、潛力、老闆命、財帛、福祿、男看妻貌、腰部之健康、41—60歲運

謝：

1.言為辰子申三合，父母緣深，疼愛呵護有加。
2.有祖蔭，幼年家境富裕。
3.功名好，可掛公司負責人之名。
4.五官清秀，聰明伶俐，學業優異。

秀：

1.「秀」字有禾，「大猴損五穀」，財易損。
2.兄弟姊妹緣薄，手足不得力，情路又難走。
3.夫妻感情不順遂，坎坷多波折。
4.注意身體腸胃之毛病。
5.中年流年運婚姻、事業皆不順遂。

珠：

1.朱為火，火剋庚金，事業不順，難展鴻圖。

2.子女緣薄，叛逆難溝通，易操心。

3.財運不佳，易犯小人而洩財。

4.個性剛毅，主觀意識強，致家庭不和諧。

5.老年流年運任勞任怨的付出，晚年較孤獨。

姓名範例解析

例三：戊申年生（男）

天格

陽	陰
木	木（姓）

祖德庇蔭
父母、長上
科名、智慧
老闆名
賺錢型態
女看夫貌
頭部之健康
0—20歲運

人格

陽	陰
言	亻（名一）

感情、婚姻
兄弟姊妹緣
自我心性
人際、人緣
賺錢慾望
容貌美醜
胸部之健康
21—40歲運

地格

陽	陰
公	木（名二）

事業、田宅
子女、晚輩
個性、潛力
老闆命
財帛、福祿
男看妻貌
腰部之健康
41—60歲運

林：

1.戊土剋林木，無祖蔭，無父親緣。
2.申金剋林木，有剋母之嫌，生產時有難產之象。
3.頭部會有破相，或者戴眼鏡。
4.無科名，不愛讀書。
5.幼年流年運家境清苦，體弱多病。

信：

1.言藏辰，有申子辰三合助力大。
2.猴逢人升格，外表俊俏，能言善道，個性豪爽。
3.交際手腕俐落，做事圓滑。
4.兄弟姊妹情深意厚，異性緣也不錯。
5.夫妻感情和諧融洽，但是注意桃花。
6.中年流年運事事順利。

松：

1.猴子不喜歡蹺腳，表示事業難展鴻圖，有志難伸。
2.申金剋松木，錢財容易損耗，由太太理財為佳。
3.子女緣差，不易溝通或管教。
4.妻子很辛苦，有幫夫運。
5.老年流年運前半段平平，後半段辛苦有代價。

(十)生肖個論—酉雞

1.酉雞之人喜用的字—

(1)巳(蛇)酉(雞)丑(牛)三合，有貴人助，財運順勢。巳蛇如：「辶、廴、虫、巳、弓、几、之、一、毛」等。丑牛如：「丑、牛、牜、生」等。

(2)申(猴)酉(雞)戌(狗)三會，唯申酉金可比吐。申猴如：「申、袁、侯、候」等可用。餘酉戌是六害，不宜用。

(3)辰(龍)酉(雞)六合，是龍鳳配格局。故辰龍如：「辰、貝、言、長、鹿、龍、麗、麒、麟」等。

（4）酉雞喜歡逢小，逢大仍犧牲格局，小了就安全。如：「小、寸、士、少、臣、亞、二」等。

（5）酉雞喜歡家，能成家立業，舒適而平安。如：「宀、冖、口、門、戶、尸、广、厂、冊、冊、聿、拜」等部首。

（6）酉雞逢「小口」，是「司晨之雞」而鳴叫，有口才而獲得名聲，在事業上有所作為。

（7）酉雞喜歡逢「日」，天亮是「司晨之雞」而鳴叫，有口才，人緣佳，事業順暢。

（8）酉雞喜歡「金雞獨立」，酉雞單腳可睡覺，平穩舒適，如：「丨、中、干、平、華」等。

（9）酉雞喜歡披彩衣升格，飛上枝頭麻雀變鳳凰，則外表亮麗，人緣佳，如：「采、衣、礻、彡、巾、糸、疋」等部首。

（10）酉雞喜歡「夕」晚上可以休息，生活安逸舒適。

（11）酉雞喜歡五穀雜糧，有得食才有福祿，財帛豐富，如：「米、豆、禾、麥、粱」等部首。

（12）酉雞喜歡「田、甫」，田生產五穀雜糧，田五行藏土生酉金，得人相助，且福祿、財富。

（13）酉雞喜歡有「艸」的部首，有草必有地，有得食。但草有小木之意，故宜小心慎用之。

（14）酉雞喜歡「飛」字，唯有雞和龍，飛中有升，就能翱翔，而且龍和雞又是六合，因此用「飛」能夠展翅飛翔成鳳凰。

（15）酉雞喜歡上屋頂變鳳凰，如：「瓦」。升格。

（16）酉雞喜歡「山、丘、屯、艮、谷」等。山雞得自由自在，逍遙過日子。

（17）酉雞喜歡有「土」，土能成酉金外，雞喜歡在土上找食物，有財富。

（18）酉雞喜歡逢「金」，金金比旺，成為「金雞母」。財帛豐富。

2. 酉雞之人不喜歡與忌用的字—

（1）卯（兔）酉（雞）六沖，卯兔如：「月、卯、東、青、兔」等忌用之。

（2）酉（雞）戌（狗）六害，戌狗如：「戊、戌、犬、犭」，等忌用，有云：「金雞遇犬淚雙流」，可見雞遇狗有多慘，而且遇勢也會不順。

（3）酉（雞）子（鼠）相破，忌用子鼠如：「子、水、氵、冫、雨、北、壬、癸、冬」等。雞遇水變落湯雞，表示一副可憐的樣子。

（4）酉（雞）酉（雞）自刑，故不宜用，酉雞如：「酉、隹、兆、羽、非、烏、鳥、」等。代表依賴，做事有始無終。

（5）酉雞不喜歡逢「大」，會犧牲、付出、勞碌、辛苦。如：「大、王、太、首、聖、令、主、皇、帝、鼎、將、帥」等。

（6）酉雞忌逢「人、亻、𠆢、亻、彳」等。逢人易犧牲，受人利用、牽住。

（7）酉雞不喜歡食肉，不對味，看得到吃不到，內心憂鬱，腸胃也不好。如：「月、心、忄、肉」等，其中「月」中藏兔，卯酉相沖更嚴重。

（8）酉雞不喜歡腳交叉「乂、又」，被綁住走不了，有志難伸之嫌。

（9）酉雞不喜歡跛腳「厶、儿、八」等，難以行走，走不穩，運勢不順。

（10）酉雞忌逢「雙口、雙日」，司晨之雞多口多日則咯咯不休的叫，話多會不受人歡迎，而顧人怨。

（11）酉雞是家庭祭祀的供品，忌用「示」的部首，用之犧牲奉獻，財也不易守住。

（12）酉雞忌逢「火」，火會尅酉金，有血光，運勢也不順。

（13）酉雞忌逢「木」，酉金尅木，有阻力，運勢而不順。

姓名範例解析

例一：乙酉年生（男）

天格

陽	陰
長	弓
	（姓）

祖德庇蔭
父母、長上
科名、智慧
老闆名
賺錢型態
女看夫貌
頭部之健康
0—20歲運

人格

陽	陰
宀	厷
	（名一）

感情、婚姻
兄弟姊妹緣
自我心性
人際、人緣
賺錢慾望
容貌美醜
胸部之健康
21—40歲運

地格

陽	陰
雨	林
	（名二）

事業、田宅
子女、晚輩
個性、潛力
老闆命
財帛、福祿
男看妻貌
腰部之健康
41—60歲運

張：

1.父母親緣深，受其疼愛與呵護。

2.有祖上庇蔭，得家產。

3.有科名。學業成績名列前茅。

4.幼年流年運家境富裕，生活條件好。

宏：

1.兄弟緣深，互相扶持，對朋友重情重義。

2.姊妹緣淺不得力，相處不融洽。

3.夫妻感情不和諧，先生的付出，太太感受不到。

4.注意身體腸胃的毛病。

5.中年流年運前半段如意順遂，後半段運勢較曲折。

霖：

1.雞遇水成落湯雞，事業工作辛勞無代價。
2.酉金剋木，錢財破劫，財留不住。
3.兒子愛玩不讀書，女兒較優秀，金剋木成材。
4.妻子幫助不大，得不到丈夫的肯定。
5.老年流年運勞碌無功，辛苦賺不到。

例二：丁酉年生（女）

天格

陰	陽
奠	阝

（姓）

祖德庇蔭
父母、長上
科名、智慧
老闆名
賺錢型態
女看夫貌
頭部之健康
0—20歲運

人格

陰	陽
氵	叔

（名一）

感情、婚姻
兄弟姊妹緣
自我心性
人際、人緣
賺錢慾望
容貌美醜
胸部之健康
21—40歲運

地格

陰	陽
王	令

（名二）

事業、田宅
子女、晚輩
個性、潛力
老闆命
財帛、福祿
男看妻貌
腰部之健康
41—60歲運

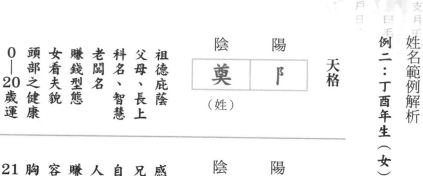

鄭：

1. 鄭藏酉金自刑，邑藏蛇雞牛三合。
2. 與父親緣深，疼愛有加。
3. 與母親緣薄，母親管教倍感壓力。
4. 有祖德，科名。
5. 幼年流年運前半段生活環境好，後半段生活經濟有壓力。

淑：

1. 「叔」雞腳被綁住，事業難發揮，工作不順。
2. 雞遇「氵」落湯雞，為丈夫付出，且有苦難。
3. 兄弟姊妹無靠，只是付出，犧牲奉獻而無助。
4. 情路坎坷曲折，婚姻家庭生活不和諧。
5. 中年流年運不順遂，任勞任怨無代價。

玲：

1.酉雞得令，強出頭。酉雞為王而犧牲。
2.事業不順遂，得不到名利。
3.錢財易損失，財進財出。
4.子女兒緣薄，叛逆又不聽話。
5.在家掌權，負擔家計。
6.老年流年運勞碌而辛苦。

姓名範例解析

例三：丁酉年生（女）

天格

陽	陰
广	書
	（姓）

祖德庇蔭
父母、長上
科名、智慧
老闆名
賺錢型態
女看夫貌
頭部之健康
0—20歲運

人格

陽	陰
圭	亻
	（名一）

感情、婚姻
兄弟姊妹緣
自我心性
人際、人緣
賺錢慾望
容貌美醜
胸部之健康
21—40歲運

地格

陽	陰
艸	𠌶
	（名二）

事業、田宅
子女、晚輩
個性、潛力
老闆命
財帛、福祿
男看妻貌
腰部之健康
41—60歲運

唐：

1.雞有「广」有住，衣食無缺。
2.雞逢口，有「司晨之雞」的格局。
3.有祖先庇蔭，父母親疼愛有加，家中的掌上明珠。
4.科名好，學業成績名列前茅。
5.幼年流年運家庭經濟條件好，求學過程順利。

佳：

1.兄弟、朋友情深，為人熱忱，易為朋友打抱不平。
2.姊妹緣較薄，易為姊妹付出，且易受拖累。
3.人際關係良好，尤其是異性朋友較為幫助。
4.心地善良，無心機易受傷害，感情易有波折。
5.中年流年運前半段尚可，後半段勞碌又辛苦。

華：

1. 草木來生丁火，工作積極，做事認真、負責。
2. 華有「金雞獨立」之格局，有耕耘就有收穫。
3. 金錢方面還滿豐厚，可置不動產。
4. 子女表現優異，不用煩惱。
5. 在家掌權，負擔家計。
6. 老年流年運順利如意，心想事成。

（十一）生肖個論—戌狗

1. 戌狗之人喜用的字—

（1）寅（虎）午（馬）戌（狗）三合，自強大的助力，貴人相助。寅虎如：「虍、寅、艮」等。

午馬如：「午、馬」等。都可以用。

（2）申（猴）酉（雞）戌（狗）三會，酉戌是六害，僅申猴與戌狗可會合，故申猴如：「申、袁、侯、候」等可以用之。

(3)卯(兔)戌(狗)六合，卯兔如：「卯、兔、月」等可以用。有貴人助，運勢順暢。

(4)戌狗喜歡逢「小、士、寸、少、臣、二、相」等。是忠狗，人類最忠實的朋友—忠心。

(5)戌狗喜歡家，如：「宀、冖、戶、尸、門、广、厂、冊、聿、冊、拜」等。代表安全、得地、舒適、可成家立業。

(6)戌狗逢「人、亻、𠆢」為忠心，而逢人等於有了家，有了食物一樣。

(7)戌狗喜歡逢「四口」成器，如「器、田、甲、由」等字可用。

(8)戌狗喜歡有「口」會「吠」會叫，有保衛能力，也代表有口才，人際關係好。

(9)戌狗喜歡披彩衣，如：「采、衣、衤、彡、巾、糸、疋」等。逢之享福祿、人緣好，有名望地位。

(10)戌狗喜歡食肉，如：「肉、忄、心、月」等部首。財帛豐富，生活優渥、充實。

(11)戌狗喜歡「矢、斤、戈、片、爿」等武器，代表牙齒與狗爪，有鬥志、有開創事業的心。

(12)戌狗喜歡平原草地「平、原、艸」等。表示能得地、生活舒適。

(13)戌狗喜歡逢「厶」字形，守護的狗。

(14)戌狗喜歡「月、夕」等部首。表示可以休息，生活舒適。

(15)戌狗喜歡逢「土」，戌五行土藏金，土可生金，比旺相生之格局。

（16）戌狗五行土藏，申酉戌三會金，所以「金」字旁的字可用。

2. 戌狗之人不喜歡與忌用的字——

（1）辰（龍）戌（狗）六沖，辰龍如：「辰、貝、言、貝、長、龍、麗、麒、麟」等都不適用。用之運勢不順，凶災連連。

（2）酉（雞）戌（狗）六害，古云：「金雞遇犬淚雙流」，酉雞如：「酉、西、隹、羽、兆、非、烏、鳥、飛」等都不宜用。用之傷身體，諸事不順。

（3）未（羊）戌（狗）相破，未羊如：「未、羊」等忌用。代表破壞、不順之現象。

（4）丑（牛）戌（狗）三刑，丑牛如：「丑、牛、牜、生」等不適用。用之易受傷、不順。

（5）戌狗不喜歡逢「大」，如：「大、太、王、首、聖、令、君、皇、帝、鼎、將、帥」等。用之意識強，個性陽剛而固執，難與人相處。

（6）戌狗忌逢「雙口」則成哭，「三口」是不成器。表示大材小用，有志難伸的感覺。

（7）戌狗忌逢「彳、仁」，一隻狗二人牽，不知往東或往西，會有三心二意、意志不堅。

（8）戌狗不喜歡逢「日、光」等字根，有「天狗食日」之破綻，用之有損耗、破財等現象。

（9）戌狗不喜歡逢「山、艮、丘、屯、谷」等。戌狗離開人類成山狗，個性會優柔寡斷，有志難伸之現象。

（10）戌狗不喜歡五穀雜糧，如：「米、豆、禾、麥、粱」等部首。不對味，腸胃有毛病，無福可享，錢財難求的現象。

（11）戌狗忌用「示」的部首，因狗肉不上供桌祭拜。

（12）戌狗不喜歡逢「手、扌」等部首，猶如被人牽住，運勢不順。

（13）戌狗忌用「火」、「木」等部首，戌五行土藏金，「火」會剋金，金會去剋「木」，是大凶的格局。

（14）戌狗忌用「乂、又、入、儿」等字形，是奔忙的狗，辛苦而忙碌。

姓名範例解析

例一：庚戌年生（女）

天格

陽	陰
木	木

（姓）

祖德庇蔭
父母、長上
科名、智慧
老闆名
賺錢型態
女看夫貌
頭部之健康
0—20歲運

人格

陽	陰
宀	豕

（名一）

感情、婚姻
兄弟姊妹緣
自我心性
人際、人緣
賺錢慾望
容貌美醜
胸部之健康
21—40歲運

地格

陽	陰
玆	心

（名二）

事業、田宅
子女、晚輩
個性、潛力
老闆命
財帛、福祿
男看妻貌
腰部之健康
41—60歲運

林：

1.金來尅雙木，無祖蔭，父母緣薄。
2.得不到長上的幫助或提拔。
3.科名破，不愛讀書，功課差。
4.胡思亂想，易失眠，視力不佳或戴眼鏡。
5.幼年流年運先天條件差，家境困苦。

家：

1.兄弟姊妹關係良好，有情有義是相挺。
2.夫妻情深意濃，生活美滿快樂。
3.有自信心，穩重內斂，人際關係良好。
4.中年流年運運勢順遂。

慈：

1.做工作很積極，有衝勁，有進取心。

2.心為肉中之王，財帛豐厚，輕輕鬆鬆賺錢。
3.子女緣好，表現都很優秀而且成材。
4.是位很有福慧雙全的人。
5.老年流年運可享受天倫之樂。

例二：壬戌年生（女）

天格

陽	陰
曲	日

（姓）

祖德庇蔭
父母、長上
科名、智慧
老闆名
賺錢型態
女看夫貌
頭部之健康
0—20歲運

人格

陽	陰
凧	王

（名一）

感情、婚姻
兄弟姊妹緣
自我心性
人際、人緣
賺錢慾望
容貌美醜
胸部之健康
21—40歲運

地格

陽	陰
夌	糹

（名二）

事業、田宅
子女、晚輩
個性、潛力
老闆命
財帛、福祿
男看妻貌
腰部之健康
41—60歲運

曹：

1.父母緣淺，並有尅母之嫌，逢日為天狗食日之象。
2.長上緣薄，助力小，會見解不同而爭吵。
3.科名破，易有官司之災。
4.求學階段成績不理想。
5.幼年流年運家庭環境困苦。

珮：

1.兄弟之間親情濃厚，很有話說。
2.姊妹緣薄，固執，難相處，又不好溝通。
3.夫妻感情好，異性緣佳，如眾星拱月般的呵護著。
4.注意身體肝功能、血液循環之毛病。
5.中年流年運前段運勢順利，後段運辛勞付出。

綾：

1.事業工作上較辛苦與波折。

2.兒子較叛逆不聽話，女兒乖巧又貼心。

3.錢財豐富又能積財。

4.身體注意腸胃之毛病。

5.老年流年運前段辛勞，後段運勢順遂，可享福。

姓名範例解析

例三：戊戌年生（男）

天格

陽	陰
木	木
	（姓）

祖德庇蔭
父母、長上
科名、智慧
老闆名
賺錢型態
女看夫貌
頭部之健康
0—20歲運

人格

陽	陰
艹	央
	（名一）

感情、婚姻
兄弟姊妹緣
自我心性
人際、人緣
賺錢慾望
容貌美醜
胸部之健康
21—40歲運

地格

陽	陰
夋	山
	（名二）

事業、田宅
子女、晚輩
個性、潛力
老闆命
財帛、福祿
男看妻貌
腰部之健康
41—60歲運

林：

1.戊土剋林木，與父親緣薄，無功。
2.戊土剋林木，母親緣亦薄，較讓母親煩心。
3.無長上緣，得靠自己奮鬥。
4.晚上睡不著，容易失眠或戴眼鏡。
5.幼年流年運先天條件差，體弱多病，功課差。

英：

1.「艸」木剋戊土，為朋友付出，得不到回饋。
2.兄弟緣淺，相互利用，各懷鬼胎，兄弟不得力。
3.「央」中央屬土戊土比旺，姊妹有情誼互相照應。
4.夫妻感情相處尚可，妻性情較剛烈。
5.應防男性朋友的相剋拖累或者陷害，得小心。
6.中年流年運前段辛苦勞碌，後段運工作順利。

峻：

1.「夋」腳交叉，代表事業多奔波，而且不穩定。
2.狗忌山有「狗上山頭百獸欺」，表示破財。
3.子女緣薄，子女不爭氣，會讓父母操心。
4.身體注意的四肢、腎臟功能、筋骨之毛病。
5.老年流年運事業不如意，且有勞碌辛苦之無力感。

(十二) 生肖個論—亥豬

1.亥豬之人喜用的字—

(1)亥(豬)卯(兔)未(羊)三合，生有貴人相助，妻賢子孝。卯兔如：「卯、兔、青、月」等。未羊如：「未、羊」等宜用。

(2)亥(豬)子(鼠)丑(牛)三會，會產生互相之助力。子鼠：「子、水、氵、雨、壬、癸、北、冬」等。丑牛如：「丑、牛、牜、生」等宜用。

(3)寅(虎)亥(豬)六合，也是三刑，老虎會咬豬，故不宜用。

（4）亥豬喜歡有家的感覺，表示被養的豬，比較有福氣，生活過得很舒適，如：「宀、冖、戶、尸、广、厂、門、聿、冊、罒、拜」等。

（5）亥豬喜歡逢小，如：「士、寸、小、少、相、工、臣」等。人緣好，運勢順暢。

（6）亥豬喜歡「夕、月」等字形，晚上可以休息，表示生活過得很悠哉。

（7）亥豬喜歡翹腳，如「ㄙ、云」等。可休息、享福，快樂過一生。

（8）亥豬喜歡五穀雜糧，如「米、豆、禾、麥、粱」等部首。可得食祿、財富。

（9）亥豬喜歡「艸、田、原、甫」等，因田間、平地有五穀雜糧可食，自由逍遙、生活富裕。

（10）亥豬喜歡「矢、斤、戈、片、爿」等，代表豬牙、武器，有事業心，運勢順暢。

（11）亥豬喜歡逢「金」，亥五行屬水，金可生水助旺相，如：「金、西、酉、庚、辛」等。

（12）亥豬喜歡逢「水」，水水得比旺，如：「子、水、氵、冫、雨、北、壬、癸、冬」等。

（13）亥豬喜歡逢「木」，亥水可生木，則看八字缺木補木。亥卯未三合木，卯中有木，故宜用。

2. 亥豬之人不喜歡與忌用的字——

（1）巳（蛇）亥（豬）六沖，古云：「豬蛇相沖財難求」忌用，如：「巳、虫、辶、廴、弓、几、之、一、毛、邑」等。

（2）亥（豬）申（猴）六害，古云：「豬遇猿猴似箭投」，豬怕猴忌用，如：「申、袁、侯、候」等。

（3）寅（虎）亥（豬）刑破，老虎會咬豬，用之多刑剋，受傷。如：「寅、虍、艮」等。

（4）亥（豬）亥（豬）自刑，依賴心重，沒有作為，如：「亥、豕」等。

（5）亥豬不喜歡逢「大」，犧牲奉獻，徒勞無功，無福享受，如：「大、太、王、主、首、令、聖、君、帝、鼎、將、帥」等。

（6）亥豬不喜歡逢「人、亻、𠆢、⺅、彳」等。會被牽制，犯小人，有財損之嫌。

（7）亥豬不喜歡有「阝、耳、扌」等部首，不自由，受人控制，易有洩財之嫌。

（8）亥豬不宜強出頭或戴皇冠，如：「罒、亠、䒑、业、龹、癶、⺈」等，在工作上容易打壓或排斥。

（9）亥豬不喜歡逢「日、光」，天亮會被宰殺，代表勞碌、危險之嫌。

（10）亥豬不喜歡穿彩衣，古云：「彩衣抬頭多煩憂」，等於供上桌成祭祀犧牲品，如：「采、衣、衤、彡、巾、示、糸、疋」等。

（11）亥豬不喜歡食肉，如：「忄、心、肉」等部首，不對味，腸胃之毛病，也恐有危險之嫌。

（12）亥豬不喜歡逢「山、丘、屯、艮」等，因山中暗藏老虎，而且寅虎是相破，表示有財破、情斷之嫌，避用之。

(13) 亥豬不喜歡逢「車」，亥豬上車就會送到屠宰場宰殺之危險。

(14) 亥豬忌用「示」字旁，表示被人宰殺當祭祀供品，勞碌一生。誠如人所說：「拼生拼死，別人在歡喜」。

(15) 亥豬不喜歡有腳分開「八」之字形，代表不健康，站立不挺。事業運勢不順。

(16) 亥豬忌逢「火」，亥五行屬水，水火不相容，用之多刑尅。有血光之厄。

(17) 亥豬忌逢「土」，亥五行屬水，土會來尅水，用之多刑尅。

姓名範例解析

例一：乙亥年生（女）

天格

陽	陰
羊	女
	（姓）

祖德庇蔭
父母、長上
科名、智慧
老闆名
賺錢型態
女看夫貌
頭部之健康
0—20歲運

人格

陽	陰
虫	心
	（名一）

感情、婚姻
兄弟姊妹緣
自我心性
人際、人緣
賺錢慾望
容貌美醜
胸部之健康
21—40歲運

地格

陽	陰
⺊	貝
	（名二）

事業、田宅
子女、晚輩
個性、潛力
老闆命
財帛、福祿
男看妻貌
腰部之健康
41—60歲運

姜：

1.有亥卯未三合之強大助力。
2.有父母親緣，是父母的掌上明珠。
3.五官清秀，可愛，有長輩上司緣。
4.聰明有智慧，學業成績優異。
5.幼年流年運得天獨厚，家境富裕。

惠：

1.兄弟之間有情有義，親情濃厚。
2.姊妹緣薄，互相較沒有話說。
3.夫妻婚姻生活尚可，但內心有時較空虛，宜晚婚。
4.人際關係良好，尤其異性緣佳，比較有幫助。
5.中年流年運前段工作順遂，後段事倍功半。

貞：

1.有強出頭之表現，顯示工作勞碌辛苦，付出多得到少。
2.子女緣薄，子女不聽話，會讓人操心。
3.努力賺錢卻守不住。人云：「前手接錢後手空」。
4.身體多注意婦女方面之疾病。
5.老年流年運為工作、為子女操勞而辛苦。

例二：辛亥年生（男）

天格

陽	陰
口	矢

（姓）

祖德庇蔭
父母、長上
科名、智慧
老闆名
賺錢型態
女看夫貌
頭部之健康
0—20歲運

人格

陽	陰
宀	于

（名一）

感情、婚姻
兄弟姊妹緣
自我心性
人際、人緣
賺錢慾望
容貌美醜
胸部之健康
21—40歲運

地格

陽	陰
羽	羊

（名二）

事業、田宅
子女、晚輩
個性、潛力
老闆命
財帛、福祿
男看妻貌
腰部之健康
41—60歲運

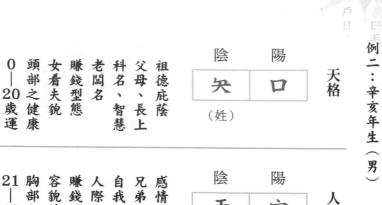

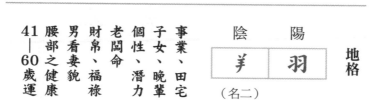

吳：

1.父母緣淺，莫不關心。易父母拖累。
2.長上緣薄，不得力。無祖德庇蔭。
3.功名不佳，讀書不專心。
4.不適合公司負責人之名。
5.幼年流年運家境經濟不好，身體方面亦不佳。

宇：

1.兄弟朋友有情有義的相挺。
2.姊妹情深意濃，會互相扶持與照顧。
3.人際關係八面玲瓏，極有異性緣。
4.夫妻感情好，生活相處融洽。
5.中年流年運事業，感情兩得意。

翔：

1.羽為雞屬金與辛金比旺，事業順利，蒸蒸日上。

2.亥卯未三合，幫助力量大，更能增強財運。

3.子女表現優異，不用父母的操心。

4.有賢妻相助，是投資、理財的高手。

5.老年流年運之運勢旺盛而順遂。

姓名範例解析

例三：辛亥年生（男）

天格

陰	陽
木	卯

（姓）

祖德庇蔭
父母、長上
科名、智慧
老闆名
賺錢型態
女看夫貌
頭部之健康
0—20歲運

人格

陰	陽
亻	專

（名一）

感情、婚姻
兄弟姊妹緣
自我心性
人際、人緣
賺錢慾望
容貌美醜
胸部之健康
21—40歲運

地格

陰	陽
丨	口

（名二）

事業、田宅
子女、晚輩
個性、潛力
老闆命
財帛、福祿
男看妻貌
腰部之健康
41—60歲運

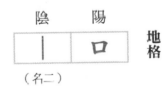

柳：

1.亥卯未三合助力很大，木中藏兔。

2.祖蔭頗佳，又得父母、長輩寵愛有加，家中的寶貝。

3.科名彰顯，學業名列前茅。

4.聰明絕頂，才華洋溢。

5.幼年流年運家庭經濟良好，求學過程順利。

傳：

1.傳藏田得食，兄弟情深意濃，互相扶持相挺。

2.豬忌逢人，姊妹緣淺，少管事，免受拖累。

3.夫妻緣不深，有時夫妻之間難溝通。

4.感情路較曲折，慎防異性朋友的拖累。

5.中年流年運前半段事業順遂，後半段事業較波折。

中：

1.事業、工作運很順遂，財帛豐厚。
2.藏巳蛇與亥豬相沖，破財。易財進財出。
3.有財帛時宜置不動產，不宜投資或投機之行業。
4.兒子表現良好，女兒緣薄，易讓父母操心。
5.身體注意肝功能、血液循環與腸胃之毛病。
6.老年流年運前半段工作穩定，後半段為財而煩惱。

十四、男女生肖配婚幸福指數

結婚為人生最重要的大事，夫妻家庭生活能幸福與否，其關鍵在生肖喜忌之搭配而影響，謹慎為幸。藉此列出各生肖婚姻喜配的幸福指數提供做參考，配合為禱。當然八字相當即不拘。

1.子鼠年出生的人婚姻喜配

（1）幸福指數合格喜配之生肖有：鼠、牛、龍、猴。

（2）幸福指數及格喜配之生肖有：虎、蛇、狗、豬。

（3）幸福指數不及格忌配生肖有：兔、馬、羊、雞。

2.丑牛年出生的人婚姻喜配

（1）幸福指數合格喜配之生肖有：鼠、牛、蛇、雞。

（2）幸福指數及格喜配之生肖有：虎、兔、猴、豬。

（3）幸福指數不及格忌配生肖有：龍、馬、羊、狗。

3. 寅虎年出生的人婚姻喜配

（1）幸福指數合格喜配之生肖有：虎、馬、狗、豬。

（2）幸福指數及格喜配之生肖有：鼠、牛、兔、龍、羊、雞、豬。

（3）幸福指數不及格忌配生肖有：蛇、猴。

4. 卯兔年出生的人婚姻喜配

（1）幸福指數合格喜配之生肖有：兔、羊、狗、豬。

（2）幸福指數及格喜配之生肖有：牛、虎、蛇、猴。

（3）幸福指數不及格忌配生肖有：鼠、馬、龍、雞。

5.辰龍年出生的人婚姻喜配

（1）幸福指數合格喜配之生肖有：鼠、猴、雞。

（2）幸福指數及格喜配之生肖有：虎、蛇、馬、羊、豬。

（3）幸福指數不及格忌配生肖有：牛、兔、龍、狗。

6.巳蛇年出生的人婚姻喜配

（1）幸福指數合格喜配之生肖有：牛、蛇、雞。

（2）幸福指數及格喜配之生肖有：鼠、兔、龍、馬、羊、狗。

（3）幸福指數不及格忌配生肖有：虎、猴、豬。

7.午馬年出生的人婚姻喜配

（1）幸福指數合格喜配之生肖有：虎、羊、狗。

（2）幸福指數及格喜配之生肖有：龍、蛇、猴、雞、豬。

（3）幸福指數不及格忌配生肖有：鼠、牛、兔、馬。

8.未羊年出生的人婚姻喜配

（1）幸福指數合格喜配之生肖有：兔、馬、羊、豬。

（2）幸福指數及格喜配之生肖有：虎、龍、蛇、猴、雞。

（3）幸福指數不及格忌配生肖有：鼠、牛、狗。

9.申猴年出生的人婚姻喜配

（1）幸福指數合格喜配之生肖有：鼠、龍、猴。

（2）幸福指數及格喜配之生肖有：牛、兔、馬、羊、雞、狗。

（3）幸福指數不及格忌配生肖有：虎、蛇、豬。

10.酉雞年出生的人婚姻喜配

（1）幸福指數合格喜配之生肖有：牛、龍、蛇。

（2）幸福指數及格喜配之生肖有：虎、馬、羊、猴、豬。

（3）幸福指數不及格忌配生肖有：鼠、兔、雞、狗。

11. 戌狗年出生的人婚姻喜配

（1）幸福指數合格喜配之生肖有：虎、兔、馬、狗。

（2）幸福指數及格喜配之生肖有：鼠、蛇、猴、豬。

（3）幸福指數不及格忌配生肖有：牛、龍、羊、雞。

12. 亥豬年出生的人婚姻喜配

（1）幸福指數合格喜配之生肖有：羊、兔、虎。

（2）幸福指數及格喜配之生肖有：鼠、牛、龍、馬、雞、狗、虎。

（3）幸福指數不及格忌配生肖有：蛇、猴、豬。

十五、姓氏與生肖配合之吉凶

我們姓名中有生肖的暗示之字很多，配合自己生肖如何，抑或姓名之中相生相剋有重大之關係，那麼姓名的姓氏是與生俱來的，所以和上輩子前世因果有關連，比較不能改變，除非是過繼或冠夫姓，從母姓。但是由姓氏可以看出與父母緣深緣淺，與長輩的關係好壞，長官、上司是否會給予提拔、助力，個人科名是否彰顯，自我的智慧、才華高低、學業成績表現，五官長相、幼年家境生活如何，這些都可以從姓氏看出，因此您的姓氏與何年之生肖來出生對自己比較有利，藉此提供姓氏與何年之生肖出生來配合比較理想，做有系統彙總整理出「百家姓與生肖配合之吉凶」參考如後。

1.子鼠年出生的人姓氏與生肖配合之吉凶——

（1）有長輩、上司、祖蔭、父母親緣，有科名，學業優異，幼年家境條件好之姓氏有：

卜上水方尤牛王冉平左包田古甘白申仝戎安米向匡有同曲吳呂李池成余宋貝言江辛冷況甫周沉

金於松武卓尚屈和汪季林房杭宗居空汲沃官侯咸柏俞計柯相冠帥哈禹皇韋涂柴狐奚孫索宮家芮貢祖袁唐席高洪容師祝戚范章苗班浦梁常康畢茅麻婁終國商紫粘涂麥彭雲喻斜富茹喬舒費黃項閔賀單盛賁程童鈕瘦訾須辜荊靳詹農雷湛廉虞莫解路賈裘經祿游楚莘華趙滑甄溫齊福廖超厲黎葉董滕樊萬廣滿鞏賞緱閻陶潘陳賴蒲蒼蒙冀龍陰閻穆盧蒯蓋蔣糜繆蔡隆鞠鍊階館魏隗璩蕭顏豐闕權龐歸鎗濟薄麴譯薛闞遼類鏡嚴竇藺黨羅鐘寶鐔藏薩顧饒鐵櫻露藩蘇龔權襲灌欒蘭。

（2）有男長輩、上司、祖父、父親緣，聰明，科名尚可，但無祖母、母親、女長上緣之姓氏有：

仇卞尹支勾公文史充伊任伏伍危何巫佟伯宓明孟東艾胥宦昝宣查花翁宰徐庫益張曹宿扈苑惠甯荀屠曾莊雍塗韶萃通逢聞臧熊慎逯墨衛鮑霍駱衡蓬慕應蔚遠韓瞿叢蕉薊遲懷藍闞邁邊驗顯燕。

（3）有女長輩、上司、祖母、母親緣、聰明、科名尚可，但無祖父、父親、男長上緣之姓氏有：

孔司石吉牟百谷別杜岑利段狄沙祁秋姬施紀姚柳秦桂晏桑殷凌桓留許梅胡那邢尉馮郜景勞阮邵嵇越楊湯郁郎裴榮郗郜郤管褚劉樂談郭歐養錢鄂陸諸融謝鄒澤鴻嶺陽濮戴譙鄧釋騰魏鑑樣酈巖。

（4）無祖蔭、長輩、上司、父母親緣，學業欠佳，無科名，幼年家境清苦之姓氏有：

丁乃弓山于干巴元毛殳丘印仰仲年朱光車步昌幸扶易竺岳佴姜紅弘風封羿馬烏倪時夏耿晁符習魚崔巢敖邴焦堵能祁強邱斐傅鳳郟連翟壽郝魯都鄔雙聶鄢儲鄭蟻籍鶴。

2.丑牛年出生的人姓氏與生肖配合之吉凶—

（1）有長輩、上司、祖蔭、父母親緣，有科名，學業優異，幼年家境條件好之姓氏有：

乃弓水巴牛毛勾公冉平左田白申印安米有牟百曲李池杜余宋江辛步況甫沉金段松屈季林沙空汲沃姬柏俞姚弘相凃風柴封柳羿翁家烏芮桂袁洪范苗浦扈梁康畢茅麻婁那邢涂麥范尉雲斜富堵舒黃強程鈕越荊靳莊雷湛廉郁解游塗莘華鳳趙滑翟壽通逢溫廖厲黎葉董滕樂萬廣滿鞏墨潘蒲蒼蒙冀閻霍蒯蓋蓬縻蔚遠鴻鍊魏蕭豐權蕉鎗鄭薄麴薛闞遲遼竇藺藍鐘鐔邁薩顧鐵鶴藩藥蘇權邊鑑灌酈蘭。

（2）有男長輩、上司、祖父、父親緣，聰明，科名尚可，但無祖母、母親、女長上緣之姓氏有：

元殳石金仰仲伊任伍吉匡同巫東佟伯周於宓幸明孟房宗居東艾祁官侯紀昝宣查花宮貢祖宰殷唐時席徐容庫曹宿習終紫喻惠甯郜邴荀焦屠茹祁邵閔邱瘦斐傅農傳莫賁經楚郎裴郗郜郟萃卻聞熊郝福葛郭樊閭陶陳鮑鄂陸陰融都謝鄒蔣慕應蔡隆鞠階館隗雙闕鄢龐蓟譚寵譙闞寶藏露驗。

（3）有女長輩、上司、祖母、母親緣、聰明、科名尚可，但無祖父、父親、男長上緣之姓氏有：

孔卞包危年岑利冷卓和汪杭竺秋柯秦孫晏桑凌晁桓留張章崔梅粘敖馮彭勞項單童嵇辜楊雍湯路甄榮連臧超劉養逯錢賴穆盧澤濮瞿戴濟類鏡蟻嚴黨騰饒巍櫻樣欒巖。

（4）無祖蔭、長輩、上司、父母親緣，學業欠佳，無科名，幼年家境清苦之姓氏有：

卜丁山于干上方尤仇尹支文王司古史甘丘戎充伏向朱光吳呂何谷車別成貝言昌武扶尚狄易岳佴

咸胥施姜計紅冠帥哈禹皇韋孤奚馬索倪夏高耿師益祝戚許旺符魚常胡巢國賞緱衛燕龍諸駱衡繆齊嶺韓陽璩顏聶叢歸儲籍懷羅釋襲龔顯。

3. 寅虎年出生的人姓氏與生肖配合之吉凶—

（1）有長輩、上司、祖蔭、父母親緣，有科名，學業優異，幼年家境條件好之姓氏有：

卜丁山上水王丘印戎安朱李谷池成宋江冷宓武卓汪林狄杭空岳汲沃咸胥姜姚柯紅相冠帥禹皇柴孤柳奚孫馬索烏宰夏洪戚章班魚梁常終崔商紫馮甯焦勞盛靳雍湛裘經祿游愛楚趙滑裴榮翟熊齊慎葉樊滿養霍繆澤鴻齊嶺璩聶叢濟懷黨羅騰饒鶴樣欒。

（2）有男長輩、上司、祖父、父親緣，聰明，科名尚可，但無祖母、母親、女長上緣之姓氏有：

方卞支勾支古仰充任伏危向東岑佟尚明孟宗東竺官侯秋查韋羿家貢祖容耿師益許宿符習胡彭斜富舒阮童嵇曾斐宦詹雷虞塗臧管葛魯董談逯賞墨陳冀盧衡鍊韓雙歸譚譙蟻籍鐘寶鐔巍露巖雲。

（3）有女長輩、上司、祖母、母親緣、聰明、科名尚可，但無祖父、父親、男長上緣之姓氏有：

孔全匡有吳杜況沈於段松幸季房沙祁姬柏施紀凃桂晏桑殷席凌晁桓祝范浦麻梅國邢涂苑惠邴能景祁閔邱越須楊湯廉莫郁路郎郗溫福廖超褚樂郭緱潘鮑燕駱蓋鄒蔣鄔應蔡濮瞿館蕭顏闞權鄢蕉鄭薄

釋藏櫻藥權襲灌驗。

（4）無祖蔭、長輩、上司、父母親緣，學業欠佳，無科名，幼年家境清苦之姓氏有：

乃弓千干尤仇巴牛元毛尹殳公司冉平石左包田史甘白申仲伊伍米吉年牟百同曲光呂何巫車別余貝言利辛步伯甫倪唐時高徐庫留張曹扈康畢茅婁巢那粘麥尉敖喻郃荀堵屠茹喬邵費項賀單強賁程鈕瘦訾辜傅荊苗莊農傳解賈莘華鳳甄郜韶郟連壽萃卻通逢聞郝厲黎劉萬廣歐鞏衛閭陶錢鄂陸賴蒲蒼蒙龍陰閻穆諸蒯融都謝蓬縻慕蔚隆鞠遠階陽魏隗戴豐龐鎗儲麴薊龐薛闞遲遼類鏡鄧嚴竇藺藍闞邁薩顧鐵藩蘇龔邊鑑酈蘭顯。

4.卯兔子鼠年出生的人姓氏與生肖配合之吉凶——

（1）有長輩、上司、祖蔭、父母親緣，有科名，學業優異，幼年家境條件好之姓氏有：

丁山牛勾公冉平左田甘申丘印戎安米吉向有牟朱同曲呂谷束成岑佘宋江步況甫周沉松尚屈和林狄房杭宗沙居空岳汲沃官秋咸姬宦姜俞柯紅相哈凃柴狐柳馬家芮祖宰袁唐席夏高洪容師祝戚范苗浦梁常康畢茅麻婁終國紫粘凃麥苑尉馮彭喻斜富茹喬勞舒黃單盛程嵇荊靳湛廉解路裘經楚華趙滑榮壽聞溫臧熊管福超厲黎葉董滕樂萬廣滿養緱閭陶潘陳蒲蒼蒙燕冀陰閻盧駱蒯蓋縻蔡蔚澤薄館魏隗蕭豐

聶權歸麴關嚴籍藺藍釋騰藏薩巍藩藥蘇樣欒蘭巖驗池。

（2）有男長輩、上司、祖父、父親緣，聰明，科名尚可，但無祖母、母親、女長上緣之姓氏有：

包史全仰伊任伏匡吳李何巫佟於宓明季東竺艾侯胥昝宣弘查封花孫宮貢時徐耿庫曹許宿符扈崔惠甯荀屠閔賀鈕瘦辜傅莊農傳莫塗莘韶萃通廖葛談樊墨衛鮑謝蔣蓬慕鞠遠嶺鍊韓瞿闕龐蕉鎗蓟譚龐薛遲蟻竇懷羅鐘闞寶鐔邁邊鑑。

（3）有女長輩、上司、祖母、母親緣、聰明、科名尚可，但無祖父、父親、男長上緣之姓氏有：

方司石古別杜利冷段幸卓汪祁柏施紀韋秦索晏桑凌桓留章梅胡那商邢常雲郜邴焦阮邵邱童越須楊湯雷虞郁祿游郎裴郗郜郤褚歐鞏鄂陸賴穆融鄒繆隆階陽濮戴顏鄢叢濟類鄧黨饒櫻露權襲灌酈。

（4）無祖蔭、長輩、上司、父母親緣，學業欠佳，無科名，幼年家境清苦之姓氏有：

卜乃弓于干上孔水尤仇巴元毛卞尹支殳文王白充仲伍危年百光車貝言辛伯昌金武扶孟易佴計姚冠帥禹皇風羿奚翁烏倪殷晁益張班習魚巢敖堵能景費強賁訾曾斐慎魯雍詹賈愛鳳甄郟連翟逢齊郝劉郭逯賞錢龍霍諸衡都鄔應鴻齊璩雙儲鄭譙遼鏡顧鐵鶴龔顯。

5.辰龍子鼠年出生的人姓氏與生肖配合之吉凶—

（1）有長輩、上司、祖蔭、父母親緣，有科名，學業優異，幼年家境條件好之姓氏有：

卜丁上水王申朱光李池杜江冷昌武卓明汪林杭易東汲沃侯姚昝紅相查冠帥禹皇柴羿奚孫馬索烏桂祖袁夏淩洪晁益桓范章許班習梁常終紫馮雲焦堵景曾斐楊靳維湯湛虞袞祿游塗楚華滑裴甄榮翟熊齊葛褚葉滕樂樊滿墨繽蒙霍蓋蔣慕繆蔡鴻雙韓瞿璩蕭聶蕉濟薄籍黨騰鶴藩藥權灌欒。

（2）有男長輩、上司、祖父、父親緣，聰明，科名尚可，但無祖母、母親、女長上緣之姓氏有：

方仇卞支文古充任危束佟幸孟狄竺秋胥韋晏耿符商彭斜荀勞童莊詹雷愛莘萃管慎董談逯賞陳陸蒲冀穆盧諸衡蓬遠鍊階陽叢歸儲薊譚薛譙澹懷藍鐔藏薩饒露蘇邊蘭。

（3）有女長輩、上司、祖母、母親緣、聰明、科名尚可，但無祖父、父親、男長上緣之姓氏有：

孔全安匡有吳宋況沉於段松季房宗沙祁姬柏施紀柯凃柳翁桑殷時席祝曹浦崔梅邢涂敖邴屠祁閔須廉莫郁經鳳郗韶溫福廖魯郭養潘燕駱蒯都鄒鄔澤嶺濮顏闞權鄺鄭羅釋櫻龔樣驗顯。

（4）無祖蔭、長輩、上司、父母親緣，學業欠佳，無科名，幼年家境清苦之姓氏有：

乃弓山于千尤巴牛元毛尹勾殳公司冉平右左包田史甘白丘印戎仰仲伊伏伍米吉向年牟百同曲呂何巫谷車別成岑佘貝言利辛步伯甫周金宓扶尚徐容庫師留張戚苗宿扈魚康畢茅麻婁胡巢那國粘麥苑尉喻惠富甯邰能茹喬舒阮邵費黃項賀單盛強賁程鈕嵇瘦訾越辜傅荊農傳解路賈郎趙郜郟連壽郤通逢

閻臧郝超厲黎劉萬廣歐鞏衛閭陶鮑錢鄂賴鄧嚴竇藺鐘闞寶邁顧巍鐵龔鑑酈巖。

6.巳蛇年出生的人姓氏與生肖配合之吉凶—

（1）有長輩、上司、祖蔭、父母親緣，有科名，學業優異，幼年家境條件好之姓氏有：

丁乃弓尤巴牛毛冉平左包田甘白谷印戎安吉向有朱百同曲呂束成杜余宋貝言辛甫周金於宓段幸尚居林狄房宗居竺空祁官咸胥姬宦柏姜俞紀姚柯紅相哈風柴狐封柳羿馬宮翁烏芮貢桂祖宰唐席夏高容師祝張戚許苗扈魚常康畢茅麻婁胡那國邢紫苑尉喻惠斜富甯郜邴焦茹喬勞祁舒邵費黃項賀單盛強賁鈕須辜荊靳莊農廉郁解賈裘經楚莘華鳳趙裴榮郗郜翟壽卻通逢臧熊郝管福慎廖厲葉董談萬廣閭陶陳鮑鄂陸賴蒼燕龍陰閻駱蒯融蓋謝鄒蓬鄔應繆蔡蔚隆館隗瞿蕭顏鍊聶權鄢龐薛譙闞遲蟻嚴竇懷藺羅藍鐘釋騰寶鐔藏邁薩顧鐵鶴櫻藥權邊龔鑑樣酈欒蘭驗。

（2）有男長輩、上司、祖父、父親緣，聰明，科名尚可，但無祖母、母親、女長上緣之姓氏有：

尹勾殳公史全仰仲伊伏伍匡吳李何池江伯明和沙東艾秋昝宣查凃花孫時徐耿庫曹范宿符浦習粘涂馮彭荀屠閔邱瘦越斐傅湛傳路郎韶郟萃聞溫超葛魯郭樊滿養鞏衛潘蒲蒙穆都蔣糜慕澤鴻鍊韓魏雙闞薄類鄧籍闞藩蘇龔灌顯豐。

（3）有女長輩、上司、祖母、母親緣、聰明、科名尚可，但無祖父、父親、男長上緣之姓氏有：

方司石古危年牟別岑步松卓杭施弘韋索晏桑晁桓留章梁崔梅終商常敖堵能阮童訾楊雍詹雷虞祿愛塗甄連褚滕樂歐逯賞墨緱錢冀霍盧諸遠階陽戴叢遼鏡饒露巖。

（4）無祖蔭、長輩、上司、父母親緣，學業欠佳，無科名，幼年家境清苦之姓氏有：

卜山于干上孔水仇元卞支文王申充任米光巫丘車佟利冷況昌沈武扶孟汪季易岳佴汲沃侯冠帥禹皇秦奚家袁倪殷淩洪益班巢麥雲景程嵇曾湯莫游滑齊黎劉衡鞠嶺濮璩濟儲麴黨巍。

7.午馬年出生的人姓氏與生肖配合之吉凶—

（1）有長輩、上司、祖蔭、父母親緣，有科名，學業優異，幼年家境條件好之姓氏有：

卜丁乃弓上方尤仇巴毛王冉平包古甘中印全戎仰伊安伏伍危米向匡年有朱同何車束成杜余宋貝言周於段幸武卓尚屈和林狄房杭宗居祁侯秋咸施姜俞計紀姚柯紅相冠帥禹皇韋風柴狐柳羿秦奚花索翁家烏芮桂祖宰袁殷唐席夏容庫益張戚章宿班扈常康茅麻梅那國商邢紫粘麥苑常彭喻斜邴焦茹勞邴邵費閔賀盛強賁訾越須荊靳莊雍詹農廉虞莫郁路裘祿楚華鳳郎趙裴榮郗郜連翟通逢熊齊郝廖超厲葉董談樊萬廣養逯鞏賞緱陶陳陸賴蒼蒙燕龍閻諸蒯融蓋鄒蔣蓬糜鄔繆蔡鞠遠蕭瞿璩顏豐聶闞權酈龐叢

蕉歸鄭麴譚龐譙遲遼類蟻鄧竇藺羅釋寶藏邁薩顧鐃鶴櫻藥蘇龔權邊襲樣酈欒蘭。

（2）有男長輩、上司、祖父、父親緣，聰明，科名尚可，但無祖母、母親、女長上緣之姓氏有：

元卞尹支勾殳公文左史充百光吳李池步冷宓明汪季東空艾官胥宦昝宣查凃孫宮徐耿師曹范苗符習涂富甯郜荀屠黃項邱童瘦曾辜斐湛愛莘滑韶郲萃卻聞溫臧慎葛黎郭滿歐衛閭鮑鄂蒲陰盧駱衡都慕應蔚鴻鍊館韓濮雙鎗濟薄薊薛闕懷黨藍闞鐔藩灌驗顯。

（3）有女長輩、上司、祖母、母親緣、聰明、科名尚可，但無祖父、父親、男長上緣之姓氏有：

司石仲任吉別岑佟利伯松竺佴姬柏弘封貢晏桑倪晁桓祝梁畢崔胡終尉敖堵景舒阮程嵇傅楊傳解賈經塗管福褚滕樂墨穆霍謝嶺魏儲嚴騰巍露巖許。

（4）無祖蔭、長輩、上司、父母親緣，學業欠佳，無科名，幼年家境清苦之姓氏有：

山于干孔水牛田丘白牟曲呂巫谷江辛況甫昌沉金扶孟沙易岳汲沃哈馬時高凌洪留魚婁巢馮雲惠能喬單鈕湯雷游甄壽魯劉潘錢冀隆澤階陽隗戴鏡籍鐘鐵鑑。

8.未羊年出生的人姓氏與生肖配合之吉凶—

（1）有長輩、上司、祖蔭、父母親緣，有科名，學業優異，幼年家境條件好之姓氏有：

丁乃弓山巴毛公冉平包田甘申丘印安米向有朱同曲谷束杜岑余宋甫周段松屈和林房居竺岳秋姬宦姜俞姚柯紅相風柴封柳羿馬家烏芮桂宰袁唐夏容苗扈康畢茅崔麻婁那邢粘麥苑尉喻斜富郜邴焦茹勞舒黃強邱嵇越荊莊廉郁華鳳郎趙榮翟壽郤通逢熊郝管超厲葉董萬廣養陶陳鄂陸蒼蒙燕陰閻盧駱蒯融蓋鄒蓬糜鄔蔚鞠遠館魏瞿蕭豐權鄢蕉麴闞遲蟻鄧竇藺藍騰邁薩巍鶴藥蘇權邊樣酈蘭巖驗。

（2）有男長輩、上司、祖父、父親緣，聰明，科名尚可，但無祖母、母親、女長上緣之姓氏有：

元尹殳石左史全仰吉匡牟百吳李何池於宓幸明季狄宗沙東空艾祁官侯紀昝宣弘查凃花宮祖殷時席徐耿庫曹范許宿符浦習涂馮惠甯荀屠祁邵閔賀瘦辜斐傅農湛傳莫楚莘滑裴郗郜郟萃聞溫福廖葛黎談郭樊滿閭潘鮑蒲都謝蔣慕應蔡澤鴻嶺鍊隗雙闞龐鎗鄭薄蘇譚龐薛譙籍羅鐘闞釋寶鐔藏藩鑑灌。

（3）有女長輩、上司、祖母、母親緣、聰明、科名尚可，但無祖父、父親、男長上緣之姓氏有：

勾古危年別利步卓杭柏韋秦晏桑晁桓留張章梁梅胡商敖彭雲堵單程童楊雍雷解路塗連臧滕樂逯鞏墨賴冀穆霍戴叢遼類嚴顧饒櫻露欒。

（4）無祖蔭、長輩、上司、父母親緣，學業欠佳，無科名，幼年家境清苦之姓氏有：

卜于干上孔水方尤仇牛卞支文王司白戎充仲伊任伏伍光呂巫車成貝言佟江辛冷況伯昌沉金武扶尚孟汪易佴汲沃咸胥施計冠帥哈皇狐奚孫索貢倪高凌洪師益祝戚班魚常終巢國紫常能喬景阮費項盛賁鈕訾曾須靳詹湯虞賈裘經祿游愛甄齊慎褚魯劉歐賞緱衛錢龍諸衡繆隆階韓濮璩顏聶歸濟儲鏡懷黨

鐵龔襲顯。

9.申猴年出生的人姓氏與生肖配合之吉凶—

（1）有長輩、上司、祖蔭、父母親緣，有科名，學業優異，幼年家境條件好之姓氏有：

卜于干上水方尤仇牛王冉平左甘白申印戎仰仲伊任安伍吉向有同呂池成余貝言佟江辛步冷況伯周沈金於尚屈汪林房宗沙居空汲沃官侯咸宦施俞計姚哈凃封羿花孫馬宮翁家烏芮貢祖袁唐席洪容戚范章符常康茅麻終巢商紫涂尉馮雲喻斜茹祁舒阮費項賀盛賁鈕訾越須辜傅荊靳莊農湛廉解賈裘經祿游塗楚莘華趙滑裴甄翟壽萃溫臧管廖超厲滕滿歐墨緱閭陸賴蒲龍陰閻霍蒯蓋謝繆蔚隆澤鴻階館濮瞿蕭顏闞龐歸鎗薄譚龐薛嚴竇藺羅蔚釋騰寶鐔藏薩顧鐵鶴露龔襲鑑灌蘭驗。

（2）有男長輩、上司、祖父、父親緣，聰明，科名尚可，但無祖母、母親、女長上緣之姓氏有：

卞尹支勾公文包史匡年吳巫杜宋宓幸扶明孟和竺艾胥柏昝宣柳秦桂宰時徐庫師張曹苗宿習扈梁梅國粘苑彭富甯荀焦黃屠閔單程童瘦斐雷莫路韶通逢聞熊葛葉董樊萬廣衛鮑蒼蒙燕冀穆蔣蓬糜慕應遠蔡雙權蕉蓟關遲類籍懷闞邁櫻藩藥蘇權邊樣欒顯。

（3）有女長輩、上司、祖母、母親緣、聰明、科名尚可，但無祖父、父親、男長上緣之姓氏有：

孔方司古伏牟百李何別束岑段卓季狄佴祁紀韋索晏倪凌晁浦崔胡那邢常敖郜堵勞邵雍詹湯傳虞郁鳳郗郜卻福褚黎劉談郭輩賞潘陳錢鄂諸融鄒鄔鞠鍊陽濟儲鄭譙鏡黨鐘饒酈巖。

（4）無祖蔭、長輩、上司、父母親緣，學業欠佳，無科名，幼年家境清苦之姓氏有：

丁乃弓山巴元毛殳石田丘充危米朱曲光谷車利甫昌松武杭易東岳秋姜柯紅弘相查冠帥禹皇風柴狐奚桑殷夏高耿益桓留班魚畢婁麥惠邴能喬景強邱嵇曾楊愛郎榮郟連齊郝慎魯樂養遂盧衡都嶺韓魏隗璩戴豐聶鄢叢遼蟻鄧巍。

10. 酉雞年出生的人姓氏與生肖配合之吉凶—

（1）有長輩、上司、祖蔭、父母親緣，有科名，學業優異，幼年家境條件好之姓氏有：

卜乃弓山于干尤巴牛毛卞尹冉平石左句田甘白申丘安危米吉向有百同曲谷岑余貝言辛甫周沉金於段幸卓尚明屈房易居竺空岳官姬宦姜俞計紀晉宣風封馬索宮家芮貢宰殷唐時席容益張曹章許苗扈常康畢茅婁那商邢紫粘麥苑尉彭喻斜富荀堵屠茹邵費黃項賀強邱賁程童鈕嵇訾曾越須常袁和辜荊靳莊詹農廉虞郁解路賈裘經莘華郎趙甄郗郜韶壽卻通逢管超葛褚厲董萬廣養遂鞏賞緱閭陶鄂陸賴蒼蒙龍閻穆盧諸駱蒯融都蓋謝鄒蓬糜慕繆蔚鞠遠館韓陽魏蕭顏豐龐叢歸鎗麴譚龐薛遲遼類蟻鄧竇藺藍鐘

釋騰寶鐔邁薩巍鐵蘇龔邊襲鑑酈蘭巖驗顯。

（2）有男長輩、上司、祖父、父親緣，聰明，科名尚可，但無祖母、母親、女長上緣之姓氏有：

仇元支勾殳公史全仲伊伍匡光吳巫池杜宋江伯宓季宗沙艾祁侯胥柏相凃花孫桂晏祖徐庫晁師范宿符浦崔麻國涂馮惠甯郜邴景祁閔瘦傅楊湯湛傳莫祿愛鳳滑郟萃聞溫熊郝福廖黎葉郭滿衛潘鮑蒲燕蔣鄔蔡隆嶺階隗瞿闞鄢蕉儲鄭薄薊關籍懷黨羅闞藏顧櫻藩藥樣欒。

（3）有女長輩、上司、祖母、母親緣、聰明、科名尚可，但無祖父、父親、男長上緣之姓氏有：

方司古年牟別束利步武東秋施弘查韋秦留習胡終敖勞舒阮單雷塗楚裴連臧魯劉滕談墨陳錢冀澤鍊戴譙鏡嚴饒露

（4）無祖蔭、長輩、上司、父母親緣，學業欠佳，無科名，幼年家境清苦之姓氏有：

丁上孔水文王印戎仰充任伏朱呂李何車成佟冷況昌松扶孟汪林狄杭佴汲沃咸姚柯紅冠帥哈禹皇柴狐柳羿奚烏桑倪夏高淩洪耿桓祝戚班魚梅梁巢雲焦能喬盛斐雍游榮翟齊慎樂樊歐霍衡應鴻濮璩雙聶權濟鶴灌。

11.戌狗年出生的人姓氏與生肖配合之吉凶—

（1）有長輩、上司、祖蔭、父母親緣，有科名，學業優異，幼年家境條件好之姓氏有：

乃上水仇巴毛勾公冉平田甘白申印戎仰仲伊任安伏向年有百同曲池成余佟辛步伯周沈金於宓段尚屈房居竺汲沃祁侯咸姬宦施俞紀弘韋凃風孤封孫馬家祖袁殷唐席洪戚章宿符魚常康畢茅婁胡那國邢紫涂苑尉馮雲喻斜富甯茹祁舒盛強越辜傅靳莊雷湛傳廉虞郁路裘游愛塗郎趙滑甄郗壽通逢溫藏管福慎超厲董滕郭萬廣滿墨緱陶潘鮑陸冀閻駱融鄒遠館闞鎗闞遲懷鐘騰鐔鐵邊鑑蘭驗。

（2）有男長輩、上司、祖父、父親緣，聰明，科名尚可，但無祖母、母親、女長上緣之姓氏有：

方卞支殳文左包史全危吉匡牟吳杜宋松辛扶明孟和宗沙空艾官柏昝宣相柳秦宮桂宰時徐容庫師曹許扈粱麻梅粘彭郜郕屠郘閔賀邱程瘦詹農莫賈鳳郜韶郟萃卻聞熊郝廖葛魯葉歐衛閭鄂燕陰穆霍盧都縻階瞿壉豐鄢龐歸譚龐鄧竇籍羅闞寶翁。

（3）有女長輩、上司、祖母、母親緣、聰明、科名尚可，但無祖父、父親、男長上緣之姓氏有：

孔古伍百李何別束岑江冷況武卓汪季狄佴花索芮晏倪凌留祝張范苗浦終商常敖惠堵能勞黃鈕須湯解經祿楚莘裴連褚黎劉養逯翟錢賴蒼蒙蒯蓋謝蓬應繆蔡蔚鞠澤鴻鍊顏濟薄薊薛遼鏡蟻嚴藺黨藍藏邁薩鐃藩龔灌酈欒巖。

（4）無祖蔭、長輩、上司、父母親緣，學業欠佳，無科名，幼年家境清苦之姓氏有：

卜丁弓山于干尤牛元尹王司石丘充米朱光呂巫谷車貝言利甫昌林杭易束岳秋胥姜計姚柯紅查冠帥哈禹皇柴羿奚烏貢桑夏高耿晁益桓班習崔巢麥苟焦喬景阮費項單賁童嵇訾曾斐荊楊雍華榮翟齊樂談樊賞陳蒲龍諸衡蔣慕鄔隆齊嶺韓陽魏隗濮雙戴蕭聶權叢蕉儲鄭麴譙類釋顧巍鶴櫻露藥蘇龔權樣顯。

12. 亥豬年出生的人姓氏與生肖配合之吉凶—

（1）有長輩、上司、祖蔭、父母親緣，有科名，學業優異，幼年家境條件好之姓氏有：

水牛公冉平左田甘白印安米吉向牟有同曲李束池余宋貝言江辛步甫周沈金松屈和季林房沙居空汲沃姬宦柏姜俞計姚相涂柴柳羿馬翁家烏芮貢宰唐洪范許苗浦梁康畢茅麻婁粘涂麥尉馮雲喻斜富茹喬費黃項賀賁程鈕辜荊靳農雷湛廉解路賈游莘華趙滑翟壽溫管厲黎葉董滕樂萬廣滿養閭陶潘賴蒲蒼蒙冀龍閻霍駱蒯蓋謝麋蔚鞠澤鴻鍊館魏瞿蕭豐權龐鎗薄麴龐薛闞類竇藺藍鐘騰寶譚薩顧鐵鶴櫻露藩藥蘇龔權鑑樣灌蘭驗。

（2）有男長輩、上司、祖父、父親緣，聰明，科名尚可，但無祖母、母親、女長上緣之姓氏有：

史仰任伍吳巫佟伯於宓明孟宗東竺艾官查封花宮祖時席徐容庫張曹宿習扈終苑惠甯荀焦屠閔瘦

斐傅莊傳莫經塗楚裴韶萃通聞熊福廖超葛畢陳燕陰蔣蓬慕應蔡隆遠階隗雙顏闕蕉薊譚遲蟻籍羅闞釋藏邁邊龔顯。

（3）有女長輩、上司、祖母、母親緣、聰明、科名尚可，但無祖父、父親、男長上緣之姓氏有：

孔勾古別杜岑利冷況段幸卓尚汪杭秋柯秦孫桂晏桑淩晁桓留章崔梅胡那商邢郜勞舒邵單童嵇越楊雍詹湯虞郁鳳榮郜臧劉談翟賞錢穆盧諸融鄒鄔濮戴叢濟譙鏡鄧嚴黨饒巍酈欒巖。

（4）無祖蔭、長輩、上司、父母親緣，學業欠佳，無科名，幼年家境清苦之姓氏有：

卜丁乃弓山于干上方尤仇巴元毛卞尹支殳文王司石包申丘全戎充仲伊伏危匡年朱光呂何谷車成昌武扶狄易岳佴祁侯咸胥施紀咎紅弘冠郈哈禹皐阜風狐奚索袁倪殷夏高耿師益祝戚班符魚常巢國紫常敖彭邴堵能景阮盛強邱訾曾須裘祿愛郎甄郗運卻逢齊郝慎褚魯郭樊歐逯緱衛鮑鄂陸衡都繆嶺韓陽璩聶鄢歸儲鄭遼懷。

十六、全方位命名須知

1.嬰兒出生農曆年月日時，以及父母的姓名與農曆的年份。

2.查嬰兒資料後排定其生辰八字及陰陽五行，找出其八字之喜用神五行，並要補助八字五行之不足，由後天姓名的格局，數理吉數之靈動，陰陽五行，以及其生肖環境、屬性、食性做彌補調整。

3.由日干元神瞭解其陰陽五行強弱，找出其喜用神，定人格陰陽五行與天格、地格三才之搭配，瞭解成功運，基礎運之吉凶，人格與外格的社交運吉凶，總格之運用。並且其各格數理都要吉數。

4.姓名陰陽五行調和及數理吉凶之配置，可參照姓氏數理格局配置表。

5.命名或改名要注意筆畫格局之搭配，避免影響夫妻感情和財務之破損。

（1）名字的總數不要與姓氏同筆畫。例如：11、5、6或17、8、9等（天格+人格+地格）。

（2）名字的尾字不要與姓氏同筆畫。例如：16、9、16或15、8、15等（天格+人格+地格）。

6.再依其數理選用名字的字時，第一優先考慮的是將其年干支五行與生肖配合取字。

7.避免選用自己生肖忌諱的字。所以必須瞭解生肖環境、屬性、食性之特性。

8.避免選用與直系親屬或直系祖先相同的字。把嬰兒當祖先來叫，違反禮制。

9.禁忌選用與舅舅、母舅公相同的字或同音的字都不可以用。因為在中國春秋禮數中，母舅的地位很崇高，不可與其名字重疊，若重疊等於嬰兒的運勢被壓制。何況俗語說：「天公尚大，地就是母舅公」的道理。

10.嬰兒取名應配合父母的生肖，避免沖剋父母，所以必須考慮三個人生肖所喜用的字，因為小孩子與父母是生命共同體，命運也會有相互之影響。

11.已婚者改名時應配合另一半的生肖，避免沖剋發生，來影響婚姻的經營。

12.避免選用與帝王賢君的名諱，古聖三公「堯、舜、禹」這三個字都是平民百姓禁用文字。

13.命名或改名都要注意女性重感情，男性重事業，因此女人的姓名第二個字不能沖剋，男人第三字不能沖剋。

14.命名或改名都要注意自己本身在家排行（男女有別），字有排行之順序不可亂用，長子的字用：乾、震、冠、伯；次子的字有：仲、叔；三子的字有：季；次女的字有：姿、亞…等。

15.女性的名字宜慎用，君、聖、仙、文、太、止、天、貞、冠等霸道強勢，陽剛的字，會影響到感情與婚姻的經營很辛苦。

16. 女性的名字宜慎用，梅、雪、霜、露、花、月、枝、霞、冰、楓、萍、春、夏、秋、冬、雲等過於孤寒、飄浮無根的字，會影響到婚姻機運及婚後生活。

17. 避免有音韻拗口，諧音不吉者勿用，如：楊偉豪諧音陽萎，高麗黛諧音高利貸，于楓諧音于瘋，許不了諧音苦袂了等等。

18. 避免選用名字三個字部首相同，如：何保健；五行過旺，如：黃木樹、林木森；五行相尅，如：李金樹、許金木等，會影響事業和身體的健康。

19. 避免用字義不佳或負面的意義。

20. 避免名字的發音不響亮或太繞舌，以及太沉重之發音皆不宜用。

21. 盡量少用字形有刀、兵器形狀的字，如：戈、利、彗、化、矛、比、刊、初、則、牆等，容易造成血光刀厄之災。

22. 名字音韻要注意其靈意，音不但表現文字語言，而且音之強弱高低更表示其意的善與惡，所以音韻會讓人在聽覺受到刺激，所發生的心理感覺有好或壞的印象。

23. 命名或改名皆以八字為主，不足部分由數理吉數之靈動、陰陽五行來彌補，再依其本身生肖環境、屬性、食性來取字，相輔相成，相當益彰，是全方位而客觀的命名、改名方式最妥當了。

十七、結論

「筆畫姓名學」最早最傳統「八十一畫筆畫數吉凶」姓名學工具書延用至今，顯示出有它的準確性和參考價值，這是不可否認的事實，只不過沒有深入去研究它的學者，就會否定它的準確性和參考價值，以及對它的筆畫數計算認知有差異，其實八十一畫數吉凶的統計邏輯，是依照清朝帝王專用的「康熙字典」為標準，但是因為清朝的「康熙字典」筆畫數與現代的「國語字典」筆畫數多多少少有差距，只有靠姓名學研究學者實務經驗去做印證了。

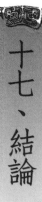

「陰陽五行姓名學」以人格為主，對其四格之陰陽五行相生相剋的關係，早期命名都以四柱八字年月日時，瞭解其天干地支五行的欠缺或偏輕偏重，直接在名字去彌補其五行，或者直接在總格彌補其所需五行之吉數筆畫。其實先查出八字年月日時，瞭解其天干地支陰陽五行的欠缺，並由元神找出喜用神五行，再以姓名架構五行做筆畫吉數、三才、陰陽五行來彌補做調整先天上的不足。

「生肖姓名學」為十二地支所屬動物，依其所對應地支的含意與大地五行的學理，所以經人一出生之後，即受當時年柱天干地支之陰陽五行所影響。「生肖姓名學」是以年柱天干為主體，姓名則為客體，推論客體對主體配合而產生之生肖喜忌與五行相生相剋現象論斷姓名之吉凶。「數理」，一到十恰好與十天干的配合，十天干裡面包含五陰五陽的總格。十是圓滿之象，一橫是陰、一豎是陽，所以十是代表「天地宇宙的一切圓滿力量」。就像天主教的十字和佛教的卍字，這都是在暗示著宇宙圓滿的「陰陽」運轉力量，同樣，我們在宗教禮儀當中祈禱，也是用雙手合掌為十，這就是「數理、陰陽五行」的重要。那麼「生肖」是古聖先賢很睿智用十二種動物做為生肖，各生肖都有它先天的習性，後天環境，食性各有特性而不同，我們要去瞭解它們。所以命名或改名之時候，先查其先天八字五行的欠缺與其喜用神，再由後天名字的數理吉數靈動、陰陽五行之互助調和，然後依據其生肖環境、屬性、食性來取字命名或改名，才是最客觀、最實在的全方位命名或改名的方法。

那麼，我們就以名人姓名來做實例解析，以供學術研究之探討。

例如：台灣目前最受歡迎電視名主持人—吳宗憲，不但深受青少年喜愛，絲毫不受誹聞影響的主持界紅人，本名就叫「吳宗憲」，民國51年9月26日生，在主持界受歡迎的程度，不亞於張菲、張小燕、胡瓜等前輩。

若依筆畫數的三才五格學派解析：

吳宗憲姓名五格的筆畫數相當好，「15畫」慈祥有福，福壽圓滿，富貴吉祥，人溫和恭謙之精神，能受長上提拔，得立身成名就，德望高。「24畫」才略智謀，出類拔萃，以致富貴而成功，可白手成家而越老越榮昌，而子孫可繼承其餘福。此數為金錢豐厚，富貴榮華，財源廣進之數。「31畫」有首領運格，能衝破難關，建立聲譽及偉大事業。有領導之德望，統馭眾人，至繁榮富貴，博得名望、幸福。「17畫」性情剛毅而不善解人意，意志堅韌，富有突破萬難之氣魄，當可獲得最大成功。吳宗憲的三才五格其，「成功運」（天、人格）為成功順利，自能達到其目的。「基礎運」（人、地格）為得屬下之支援，充分之安定，逐漸發展，又得意外之進境。「社交運」（人、外格）為人忠厚，但不得要領，不討好別人，易受人欺而洩敗，但數理吉可以一時安穩，（人格15畫吉，外格17畫吉）是大吉格局是配置。

假成 1
吳 7 — 8 天格
宗 8 — 15 人格
憲 16 — 24 地格

外格 17金

成功運 八—五
基礎運 五—四

總格 31木

若依陰陽五行學派解析：

吳宗憲對於長上很好，並擅於辭令，會察顏觀色，見人說人話，較會推銷，包裝自己。人際關係較圓滑。因人活潑外向、愛玩，喜歡往外跑，愛找人聊天，人際關係好，對事業敢投資，對未來充滿慾望，愛享受。因地格所屬先天欠他的，母親對他的愛是無條件，配偶則是外來的助力，剛開始會付出，時間久了，配偶對他瞭若指掌，對他會有些失望，是因為瞭解而結合，因瞭解而分開。對愛情不在乎，較易靡爛。因談吐風趣，喜出風頭，對異性有吸引力，但要小心感情及情慾問題。天生財運佳，不會為錢的事而煩心，懂得賺，也懂得花錢，有享福的命。

若依十二生肖學派解析：

吳宗憲屬虎，壬寅年生

天格

陰	陽
夨	口

（姓）

人格

陰	陽
示	宀

（名一）

地格

陰	陽
憲	宀

（名二）

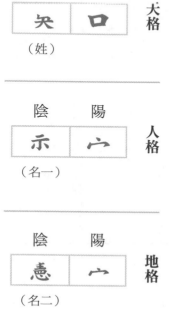

0—20歲運	21—40歲運	41—60歲運
祖德庇蔭	感情、婚姻	事業、田宅
父母、長上	兄弟姊妹緣	子女、晚輩
科名、智慧	自我心性	個性、潛力
老闆名	人際、人緣	老闆命
賺錢型態	賺錢慾望	財帛、福祿
女看夫貌	容貌美醜	男看妻貌
頭部之健康	胸部之健康	腰部之健康

吳：

1.有長輩異性緣，易受提拔，母親疼愛有加。

2.有口逢口會傷人傷己，兩敗俱傷。

3.嘴巴厲害得很，口齒伶俐，也暗喻名聲不好。

4.頭腦好，學業成績優異，科名彰顯。

5.幼年流年運家境經濟不好。

宗：

1.有虎據洞穴為王，兄弟朋友相交滿天下。
2.對朋友重情重義，朋友拜託的事，從不推辭。
3.「示」暗藏申，寅申正沖，不會分辨好人與壞人，一輩子犯小人，會被朋友拖累。
4.「示」於妻宮位，有明顯犯沖大破綻，情路難走，當他的朋友比做妻子好。
5.情緒變化大，前後看法或做法大有不同。
6.身體方面要特別注意心臟系統與腰椎的保養。
7.中年流年運勢，前半段運勢順遂，但比較辛苦，後半段運勢起伏大，投資更要小心。

憲：

1.虎據洞穴為王，事業能成器，可置不動產，白手起家格局。
2.子女、晚輩、屬下得力相助，女兒很優秀。
3.「心」為財帛豐盈富足，吃穿不用愁，但閒不住，喜歡到處跑。
4.有老闆命格，妻子貌美，賢慧而有才華。
5.老年流年運勢，一帆風順，福祿安康。

以上經過三大學派學術重點的解析，其實，吳宗憲的名字還不錯，能在藝能界闖出名氣，可以說相當不簡單，但是在平穩發展過程中，平常得要多行善積一點口德與福報，就會一直紅到老。

至於是筆畫數的三才五格派比較準呢？還是陰陽五行派比較準呢？抑或生肖姓名學比較準呢？個人看法還是認為每一個學派都有準與不準，有它的優點與缺點，我們要如何的去運用它而已，但是綜合分析運用才是最客觀，而且能採取各派之精華做綜合命名或改名才是最全方位、最妥當、最客觀、最實際的命名或改名的方法。那麼，學習姓名學者要用心和細心去研究，才會領悟出各學派的精髓，再加上融會貫通就沒有錯了。

十八、姓名相關文字整理歸類

（一）生肖相關之字

鼠子—孟孔游遊孫存好孝浮孚季教敦淳厚諄錞郭學仔孜孺勃孛李渤浡享惇孜籽洊。

水—氶永汞泵淼滕穎漿檗泉求泰。

冫—冬冲冰冶冷冼冽凍清凄凌凅准凋凓滄凘凜凝瀆。

雨—雪雰雯雲雱雷電雺雽零雹需霄霆震霈霂霉霑霖霍霓霏霜霞霧霸霹露靂靈靄靉。

氵—汁汀污汝汏汎江池汕汐沙汶沄汯汰沁沚沉沛汭沂汪沐汲注泳泫沶河泂沺波泠法泓油況泗沒治泊洹洧洳洙洛洋洲洪洸津活洽浤浣浡浢涍淯浥涔浠浰海涓浬浚浴浩涂涼淳浣淡添清淩淥淇淋淑淞洤淼涴淵涵深淮淨渟渼游湧湳湄湋湀渥湛湘渃湞湹湲渭渝滋渙溯溶源滈溏溱溫滉澂準滄漳演滸漮漢漣漫澍潾澔潼澄潔潭潤潞澴濂濃澤澧濱濟濰濠濬濯濡瀅瀋瀛瀚瀧瀠瀝濤灝灣。

牛丑—紐鈕扭妞杻羞

牛—生隆笙星浩皓澔牟產告造誥牢牽犖犛犀。

牜—牡牧牲特物犄牝牠牿牴牷犆犒犍牾犝犢犆。

虎寅—演縯鏔。

虎—盧蘆廬爐虞虔處慮濾膚彪獻虛琥號壉據遞。

艮—良郎瑯琅卿銀艱朗。

丘—邱岳。

屯—頓純鈍炖杶。

岡—剛崗鋼綱。

山—屹岐岑岌岍岏岷岸岠岭岬岢岩岱岫岳峙峒峐峋峇峭峽峻峪峨峰島崁崺峮崇崎崢崕崑崔崙崝
崚崧崗崟嵐嵫嵾嵋崴崽嵙嵇嵂嵩嵱嵯嶄嶂嶙嶔嶧巇嶲嶸嶺嶼嶽。

兔兔—勉逸菟挽免。

卯—迎柳茚仰印卿鉚珋留劉鎦聊。

月—湖朋鵬棚明蝴溯有服朔朕朗望期朝朣朦朧。

龍辰—晨宸振農震濃儂穠。

龍—寵瀧瓏龔襲龐龐尤尨就。

長—張帳漲倀悵展。

鹿—麒麟麗麓儷酈。

言—計訂記討訊託訓訪訥許設訟註詠詎詅詒評詞證詔訴診該試詡誂詩詰詣誅誠訾詢詮詹誌誦語認誓說誥誼諒談諄請諸課調論諦諺諫諠諰謀諮諾謂諭謇謙譖謹謨識證譚議藹譯譬讓。

君—郡群珺。

京—涼諒鯨。

貝—貞財貢責貫貽費賀貴買貿資賈賓賡賑賡賞賢賜質賸贈贏領楨禎偵順頤蘋顏願顧顯櫻瓔實寶積題潁穎績。

蛇巳—宛婉琬選巽妃范巷包撰譔起泡袍。

弓—弘弗弦弩弭張強弼彈彊彌弦弦疆躬引彎。

虫—虹蚩蜀蜜蝶融螢蟬閩風蝴蛉蜻蜓。

几—凡芃汎凱朵鳳凰風帆迅訊。

廴—廷建延健庭誕涎。

辶—迅巡迎近述迦迪迭迫送迷退迺迴這通連速逐造逞逢逵週逸逯進運道達遍遁遠遙適遵選遊途邊。

之—芝乏泛。

巴—色杷芭吧琶。

邑—邗邢那邵邸邱邰郕郃郎郁郡郝郟郜郤部郭都鄉鄰鄭鄧部鄴酈。

川—州洲訓順馴巡巢。

丨—中千平芊華。

馬馬—馮馳馱駁馹駝駐駟駛駕駑駒駙駍駏駖駱駤駩聘駿騏騙騰騜騫驀騎驅驚驛驗驥驠篤媽嗎傌榪驊驪。

午—許杵。

朱—珠殊株茱侏誅。

丁—亭婷行頂汀訂停。

南—献楠。

竹—竺竿竽笈笆笑笳笠笛第符笞笭等策箏筑筒筌答筍筦筳筥筧筷節筱筠箖管箕算篇箴篁築篤簇簡簦簷簾簿簽籌籃籍籈籐籠籟範箱。

羊羊—美羑羚善羢羨義群羲羱烊佯犧曦渼鎂媄祥詳翔庠幸達倖業鄴報宰姜儀樣漾恙養議澤譯驛徉。

未—味妹茉昧沫。
猴袁—園遠環寰溒嬛鐶。
申—坤紳珅神伸暢。
示—礽社祁祈祇祕祐祠祖神祝祤祥祺祿禎福禘禕禔禚禧禪禮禱禰。
侯—候。
雞酉—酉酊酒配酌酣酥酬酪酩酮酯醒酷醇醒醫醬。
鳥—鳩鳴鳳鴦鴿鴛鳷鴐鴻鴿鵑鶯鷹鸚鵬鷺鸞鸝鷗。
羽—羿翁翊翌翎習翊翔翕翛翠翡翟翩翦翰翱翼翻耀瀚曜燿躍繆廖寥。
非—霏菲扉翡斐靡靠。
兆—姚晁桃珧洮銚。
飛—騑。
西—粟票茜賈要潭譚標栗。
佳—雀雁雅雄集雇萑雍雋雕雙。
狗犭—獄猶嶽狄荻猛猜猿獲。
戍—誠盛成城宬晟郕荿鉞茂葳箴鍼瑊威崴葳域絨戎羢武斌感滅。

犬—猷獻献獎然嶽狀突默器獄。

豬亥—孩該核刻劾。

豕—家傢鎵幏豫象橡毅緣逐遂隧豪壕濠儫稼蒙檬朦。

（二）五行相關文字

金—釗釵釩釧鈔鈞鈴鈿鉅鉉鉛鉀鈾銀銅銘銓銳鉻鋒鋪鋁鋅鋇鋼錄錚錢錦錫鐘錘鎔鎧鎵鏗鏞鏡鐵鑾鈺鍊鑑鍵

木—本材村杉李杜杏杞杭東松林枋枰柄柏柳柔柯柱栩核根格桀桂桃桐桑桓桔梁梅梓梧梭梵梨棉棋棚棟棠棣棨椒森棼植楊楓楚榆楨業楷楹楠榕榛榮槐樂樊樓標梓模樑樹橋橙樺櫻權横棕彬檳樟杰相查柴

水—承計訂求汝永汏汎江池汕汐沙汶沄汯汰沁沚沉沛汭沂汪沐汲注泳泫沶河洄沺波泠法泓油況泗沿治泊泉泰洹洧洊洳洙洺洵洋洲洪流洸津活洽浤浣浡浢涍淯浥涔浠浰海涓浬浚浴浩涂涼淳淙淡添清湞洫湲渭渝滋渙溯溶源滈溏溱溫滉溦滕滎準滄漳演滸漉潁淩淥淇淋淑淞淦淼涴淵涵深淮淨渟渼游湧湳湄湋湀渥湛湘渃漢漣漫澍潾澔潼澄潔潭潤潞澴濂濃澤澧濱濟灘濠濬濯濡瀅瀋瀛瀚瀧瀠瀝濤灝灣

火—炎灶炘炒炤炫為炳炯炬烊烈烏焉烽焄焌焙焦焜然煙照煒煣煜煬煌煥熔熙熊熏燁燊燕熹營燦
燮爍爐

土—圳地在均坎圻坪坤型城埔堅堆埠堂基堯報堡塞塑塗境墉增墩壁墾墨壤

（三）五穀相關的字

禾—秋秀秉科秦秩秧程稜稚稟種穀稿穠稼穎穌穆穗利穫和積莉臻蓁溱蘇

米—粟籽粒粥粢粱粲粹粽精糕糖糧類粧燦璨菊糠糜

豆—豈豎豐艷彭凱壹澎

田—潘由甲男界鉀留畢畔略戰畸疇思當藩渭福細異鈿甸冀

甫—浦蒲庸再冉輔

麥—麩麵麴

梁—粱樑

（四）肉類相關文字

心—必志忍念悉悠惠意慈慧憲懋

忄—怡恂恒恬悅情惋惜惟愉愷慷憫憶懷

月—有朋朔朗望期朧膧朦郁騰勝宥服

肉—肯育胥胄胤能脩膺

（五）彩衣相關文字

衣—依表衾衰衷袁袈袋裁裂裟裔䙝裳裴製褒褮襄襲

衤—初衫衲袧衿被袒袖袍袸裙裎補裨褚複褘褕裕襠衦

糸—紀紅紋純紐約紘紓紟紡紗紊素索級紜納紸絃統紮紹細紳組絰絖絅絪絜結絨紫絮絲絡絢綖經
絹綏綧綣綝綻綜綽綦緊綾綠網綱綺綢綿綵綸維緒緗緹締練緯緘緻緬編緣緞縉縈績總繈繁織
繹繪繶繕繽繼纂續纓纖繡繐

彡—彤彣彥彫彩彬彪彭澎影彰形須顏杉衫珍修廖繆

疋—疏楚胥定碇錠綻捷緁婕倢

采—彩綵釋採婇寀

肅—蕭繡淵

巾—市布帆希帖帛帑帟帤帝帥帣席師帨常帶帳帷幅幀幄幃幏幛幕幣幔幟沛⿱雨巾錦

示—礽社祁祉祈祕祐祠祖神祝祤祥票祺祿禎福禘禕禔禗禚禦禧禪禮禱禰

（六）環境相關文字

口—可古右召叮叩司只另史台句吉吏同吁吋各向名合后吾吰吳呈呂告吸含吟味呵和周咎咨咸品
唐哿唄哲員商唯售啻嗲喜單喻喬嗣嘉嘒器咏和啟

囗—因固回國圃圍圓圖團囿

宀—守安宇宋宗宏宛宜定宙宬宥宴家宸容富寓寧實寬寰賓寶

冖—冠軍冥

广—府庠序庫庭康庶廉庸廣廖龐庇

厂—厚原源厝厲龎厘

穴—宸穿竇窈穹窕

丘—邱丘址

山—岡岫岑涔岳岱峰峻崇崑崔崗崧嵇崴嵐嵩嶽巍巖岸岩島嶺嶸

門—閔閡開間閑閈閣閨閩閭闖關

屯—純

艮—良郎朗根銀

艸—艾芃芊芋芎芙芝芩芬芭芯芮花芳芷芸芹苑苓苔苗苞苡若英苹茂茄范茆茉茗茱茹茵茜莨荃荐
荷荻莊莒莓莘莆莉莎荳菀菊菘華菁菲萌萍菱萬萱葉葛葦葳蒂蒙蒲蓁蒼蒿蓉蓓蒨蓮蓿蔚蔡蔣
蔟蕉蕊蕎蕙蕭蕾薇薏薔薛薪藍藝藤藜蘭藻蘇蘋蘿

戶—房所扁扈扉

尸—尼尾局居屈展屖屏履層屬局

冊—姍珊柵

册—侖倫扁編篇

聿—津肄肆肇書

平—苹萍坪泙

原—源蒝獂

拜—慧彗邦

（七）人相關文字

人—令合企余介以命巫來央映欷欣欽歐歌歡

亻—仕仁仇侍使付傅仙代貸岱似仲仰休修脩伍伊依何荷伯佑侑佐伸但位佈佛倩做作優攸佩佳悠倶傢俐儷俊傑伸集倢信保侯候值倚健件儂倫僑佈係佼偵備倍傳儀億侷份傭佶佰仟偌伙伴儒

彳—行得德往從徖後征徵律待衍徇徉徑禦術徒衛衡徽愆復街徘徊徹徐

（八）戴冠冕相關文字

龸—常當堂裳黨賞檔擋璫

癶—發登燈證撥

䒑—尊首酋遵樽罇隊遂道兼導歉曾鄭賺普益逆

亠—享亭亦充市亥京亮諒亭帝裏雍適文玟懷高商毫豪稟立玄方

龸—光肖輝洸趙消銷

龸—業濮鄴叢對樸璞

爫—彩采睬綵寀婇為爭錚淨靜辭番潘藩奚愛溪滔穩覓受孚浮

彑—彙錄祿篆碌綠緣

龹—騰藤謄豢滕勝賸眷綣券卷

⺈—角奐詹檐譫危象簷

（九）拱叉腳相關文字

厶—台充允能參滲摻叄俊竣峻駿公流毓琉宏弘泓玹弦閎紘浤竑鉉翃

又—淑叔友取受雙久艾隆峻竣浚駿桑文彥收雯俊駱夏紋玟妏政致教校敏啟敖敬斌悠攸盈冬各格
憂改攻放效敞敘敦散瓊整數斐斑

八—共供兵與貝貢期其淇琪典真貞具偵禎楨與輿異庚庾冀冀

儿—光先允充兑竟鏡流琉毓阮沅見觀現硯貌堯曉胤院元完浣兒霓兢兄克免

（十）武器相關文字

刀—刊利刋列刑划別判刻到刮制前則剋剛剝副剴創剩劃劇劉劍劑梁刷莉例召

力—加功劭劣助努劼勇勉勃勁勛動務勝勛勤募勢勳勸勵勘

戈—戊戎戍成戒我或戚戰戲戴絨識織試式熾淺代錢戕箋
匕—北匙它能託比庇紫茈此玼指旨些陀燕麗鹿昆崑
斤—斧斯新欣斯炘忻妡昕沂質近薪
牙—雅邪芽蕥穿掌
爿—裝莊壯狀蔣將獎槳牆藏臧
片—版牌牋牒牘
矛—柔葇媃茅務矜矞
矢—知矣矩短雉矯矮

（十一）掌權蓋玉印相關文字

王—玉玎玖玗玔玩玦玠玨玟玫珌珂珈珅玷珊玻玲珍珀玳珪珓珙珖珧珣珞珩班琉珮珠珶珸珵琄琁
珽琇琅球理現琍琮琯琬琛琰琚琦琨琭琤琺琪琳琥琴瑯瑚瑟瑞琿瑛瑜瑄瑊瑋瑒瑑瑗瑀瑤瑪瑰
瑩瑢瑱璋璇璉璊瑾璁璜璣璘璞璟璠璩環瑗璦璧璨璐璽璸瓀璿瓊瓅瓏瓔瓖
大—天太夫夭央失夯夾奇奈奕契奎奐奘奚套奕奧奪奮

君—珺群

首—導道馗

主—素青表清

長—張悵帳倀

（十二）次要、老二相關文字

臣—臥臧臨熙姬頤堅監鑑鑒賢

少—沙抄劣莎妙秒雀匙省

士—志吉壯喜壹壽臺嘉賣壬寺

次—姿諮瓷羨資

寸—寺封射尉謝專尊尋對導寮傳傅將樹澍

小—尖尚慕

（十三）被拎相關文字

扌—打扔托抄抗抖技扭抎抵把批扼抒折投抑承拉拄拌拂拒招拓抨抽押拇拍抱拘抬拎按拵持拮指
拱拯括拾捡挑捍挹捌振捐挺挪据掠控探接捷捧掘措推掄授採掬捨揉揆揎揵揄提握揮揭揚搞
搭摸撲撰撙撐撜撥播撫擁擋據擇擠擷擴擲攏攘攖攝

手—拜挈拳拿拳擊掣掌摩摯摹擎擊擘攀

耳—耿耶聆聖聞聚聲聽聯聶

阝—阡阮阿陀陛院陛陪陵陸陳陶陽隆際

（十四）其它相關文字

夕—外夙多夜夠夥夢

日—旦旨旬旭旺旼昕昊旻昇易昌昆昂明昀昶昡昱昺春昭映是星暉晟晊晁時晉晏晃晨晞晢晚普晴
晶景智暄暘暐暉暖書曹曾曼曉暢曈曄曇曆暹曖曙曜曚曛曦

女—妃好如妝妞妙妍妤妘妗委妹妮姍始姎姌姿威姻姝娘娜娟姬姊娥娉婉婧婞娸婠娩婕媚婷媛媞
媽嫈孅嬫媵嫦嫣嫥嫚嫺嫻嬌嬴嬡嬪嬿

十九、百家姓配喜忌生肖年速查表

在前面文章有詳細彙總整理出「姓氏與生肖配合之吉凶」，本書再延續彙總整理資料以「百家姓配喜忌生肖年速查表」，以利讀者查閱自己姓氏何年出生之人有長輩貴人相助，對男人事業運也旺，在於社會地位與名望都有很大的提昇。然而女性有長輩緣，長相清秀又聰明，可配貴夫。避免姓氏犯沖、破、害之生肖年，無人緣，則易生是非、傷害，以下如表謹此提供參考之用。

姓氏	字畫	喜用生肖年	忌用生肖年
卜	二	子寅辰午申酉	丑卯巳未戌亥
丁	二	寅卯辰午未巳	子丑申酉戌亥
弓	三	丑巳午未酉	子寅卯辰申戌亥
山	三	寅卯未酉	子丑辰巳午申戌亥
上	三	子寅辰午申戌	丑卯巳未酉亥

姓氏	字畫	喜用生肖年	忌用生肖年
乜	二	子丑卯巳午未酉	寅辰申戌亥
刁	二	子丑巳申戌	寅卯辰午未酉亥
乃	二	丑巳午未酉	子寅卯辰申戌亥
于	三	申酉	子丑寅卯辰午未戌亥巳
干	三	巳酉	子丑寅卯辰午未申戌亥

字畫	姓氏	喜用生肖年	忌用生肖年
四	孔	子丑寅辰申亥	卯巳午未酉戌
四	方	子寅辰午申酉戌	丑卯巳未亥
四	井	子寅申亥	丑卯辰巳午未酉戌
四	巴	丑巳午未酉	子寅卯辰申戌亥
四	毛	丑巳午未酉	子寅卯辰申戌亥
四	水	子丑寅卯辰申戌亥	巳午未酉
四	尤	子申巳午酉	丑寅卯辰未戌亥
四	仇	午申戌	子丑寅卯辰巳未酉亥
四	牛	子丑卯巳申酉亥	寅辰午未戌
四	元	丑申	子寅卯辰巳午未酉戌亥

字畫	姓氏	喜用生肖年	忌用生肖年
四	卞	子寅辰午申酉	丑卯巳未戌亥
四	毋	子卯巳午未申酉戌亥	丑寅辰
四	勾	子丑卯午未申酉戌亥	寅辰巳
四	公	子丑卯巳未酉戌亥	寅辰午申
四	王	子寅辰午申	丑卯巳未酉戌亥
四	尹	子辰午未申酉	丑寅卯巳戌亥
四	支	辰申	子丑寅卯巳午未酉戌亥
四	殳	丑酉	子寅卯辰巳午未申戌亥
四	文	子寅辰午申	丑卯巳未酉戌亥
五	司	子卯巳午未申酉戌亥	丑寅辰

姓氏	字畫	喜用生肖年	忌用生肖年
冉	五	子卯巳午未申酉戌亥	丑寅辰
皮	五	寅卯辰午申	子丑巳未酉戌亥
石	五	子卯巳午未	丑寅辰申酉戌亥
田	五	子丑卯巳未酉戌亥	寅辰午申
甘	五	子卯巳午未申酉戌亥	丑寅辰

姓氏	字畫	喜用生肖年	忌用生肖年
平	五	子丑卯巳午未申酉戌亥	寅辰
包	五	子丑卯巳午未申酉戌亥	寅辰
左	五	子丑卯巳申酉亥	寅辰午未戌
古	五	子卯巳午未申酉戌亥	丑寅辰
史	五	子卯	丑寅辰巳午未申酉戌亥

字畫	姓氏	喜用生肖年	忌用生肖年
五	白	子丑巳申酉戌亥	寅卯午未辰
五	丘	寅卯未酉	子丑辰巳午申戌亥
六	全	子巳午申戌	丑寅卯辰未酉亥
六	仰	午申戌	子丑寅卯辰巳未酉亥
六	充	子丑辰未申	寅卯巳午酉戌亥

字畫	姓氏	喜用生肖年	忌用生肖年
五	申	子丑辰午未申酉戌	寅卯巳亥
六	印	丑寅卯午未申戌亥	子辰巳酉
六	戎	子寅卯午申戌	丑辰巳未酉亥
六	羊	卯巳午未酉亥	子丑寅辰申戌
六	仲	午申戌	子丑寅卯辰巳未酉亥

字畫	姓氏	喜用生肖年	忌用生肖年
六	收	子寅卯辰申	丑巳午未酉戌亥
六	伊	午申戌	子丑寅卯辰巳未酉亥
六	伏	午申戌	子丑寅卯辰巳未酉亥
六	危	寅辰巳午酉戌	子丑卯未申亥
六	吉	卯巳午未申酉戌亥	子丑寅辰
六	任	申戌	子丑寅卯辰巳午未酉亥
六	安	子丑寅卯巳午未申酉戌亥	辰
六	伍	午申戌	子丑寅卯辰巳未酉亥
六	米	子丑卯午未酉亥	寅辰巳申戌
六	向	子卯巳午未申酉戌亥	丑寅辰

姓氏	字畫	喜用生肖年	忌用生肖年
匡	六	子巳午申戌	丑寅卯辰未酉亥
牟	六	子丑寅卯巳申酉亥	辰午未戌
朱	六	寅卯辰巳午未	子丑申酉戌亥
同	六	子卯巳午未申酉戌亥	丑寅辰
曲	六	子丑卯巳午未酉戌亥	寅辰申
年	六	午申酉	子丑寅卯辰巳未戌亥
有	六	子丑寅卯巳午未申酉戌亥	辰
百	六	子丑巳申酉戌	寅卯辰午未亥
光	六	辰酉	子丑寅卯巳午未申戌亥
吳	七	子卯巳午申	丑寅辰未酉戌亥

字畫	姓氏	喜用生肖年	忌用生肖年
七	呂	子卯巳申	丑寅辰午未酉戌亥
七	何	午申戌	子丑寅卯辰巳未酉亥
七	谷	卯巳未酉	子丑寅辰午申戌亥
七	別	子卯巳午申酉	丑寅辰未戌亥
七	成	寅卯巳午申戌	子丑辰未酉亥
七	李	子丑寅卯辰巳申亥	午未酉戌
七	車	午	子丑寅卯辰巳未申酉戌亥
七	束	子丑卯巳午未申酉亥戌	寅辰
七	池	子丑寅卯辰申戌亥	巳午未酉
七	杜	丑寅卯辰巳午未申酉亥	子戌

姓氏	字畫	喜用生肖年	忌用生肖年
岑	七	寅卯未酉	子丑辰巳午申戌亥
貝	七	子巳午申酉亥	丑寅卯辰未戌
言	七	子巳午申酉亥	丑寅卯辰未戌
江	七	子丑寅辰申戌亥	卯巳午未酉
辛	七	子丑辰申酉戌亥	寅卯巳午未
余	七	子丑卯巳午未申酉戌亥	寅辰
宋	七	子丑寅卯巳午未申酉戌亥	辰
佟	七	申戌	子丑寅辰巳午未酉亥
利	七	子丑卯辰午未酉亥	寅巳申戌
步	七	丑卯午未申戌亥	子寅辰巳酉

字畫	姓氏	喜用生肖年	忌用生肖年
七	冷	子丑寅辰申戌亥	卯巳午未酉
七	伯	午申戌	子丑寅卯辰巳未酉亥
八	周	子卯巳午未申酉戌亥	丑寅辰
八	沈	子丑寅卯辰申戌亥	巳午未酉
八	金	子丑巳申酉戌亥	寅卯辰午未

字畫	姓氏	喜用生肖年	忌用生肖年
七	況	子丑寅卯辰戌亥申	巳午未酉
七	甫	子丑卯巳未酉亥	寅辰午申戌
八	呂	辰	子丑寅卯巳午未申酉戌亥
八	於	子丑卯巳午未申酉戌亥	寅辰
八	宓	子丑卯巳午未申酉戌亥	丑辰

字畫	姓氏	喜用生肖年	忌用生肖年
八	段	丑巳午未酉戌	子寅卯辰申亥
八	幸	巳午未申酉	子丑寅卯辰戌亥
八	卓	子寅辰午酉	丑卯巳未申戌亥
八	尚	子卯巳午未申酉戌亥	丑寅辰
八	孟	子丑寅辰申亥戌	卯巳午未酉

字畫	姓氏	喜用生肖年	忌用生肖年
八	松	子丑寅卯巳午未亥	辰申酉戌
八	武	丑寅辰巳午未申戌	子卯酉亥
八	扶	辰	子丑寅卯巳午未申酉戌亥
八	明	辰酉	子丑寅卯巳午未申戌亥
八	屈	子丑卯巳午未申酉戌亥	寅辰

字畫	姓氏	喜用生肖年	忌用生肖年
八	和	子丑卯午未酉亥	寅辰巳申戌
八	季	子丑卯酉亥	寅辰巳午未申戌
八	狄	寅卯辰巳午未	子丑申酉戌亥
八	杭	子丑寅卯辰巳午未亥	申酉戌
八	沙	子丑寅卯辰申戌亥	巳午未酉
八	汪	子寅辰申戌	丑卯巳午未酉亥
八	林	子丑寅卯巳午未亥	辰申,酉戌
八	房	子丑卯巳午未申酉戌亥	寅辰
八	宗	子丑寅卯巳午未申酉戌亥	辰
八	易	辰酉	子丑寅卯巳午未申戌亥

字畫	姓氏	喜用生肖年	忌用生肖年
八	東	子丑寅卯辰巳午未亥	申酉戌
八	竺	丑寅卯巳午未酉亥	子辰申亥
八	岳	寅卯未酉	子丑辰巳午申戌亥
八	艾	子丑辰午未申	寅卯巳酉戌亥
八	沃	子丑寅卯辰申戌亥	巳午未酉

字畫	姓氏	喜用生肖年	忌用生肖年
八	居	子丑卯巳午未申酉戌亥	寅辰
八	空	子丑寅卯巳午未申酉戌亥	辰
八	佴	午申戌	子丑寅卯辰巳未酉亥
八	汲	子丑寅卯辰申戌亥	巳午未酉
八	祁	巳午酉戌	子丑寅卯辰未申亥

字畫	姓氏	喜用生肖年	忌用生肖年
八	官	子卯巳午未申酉戌亥	丑寅辰
九	秋	卯巳午未	子丑寅辰申酉戌亥
九	姬	丑卯巳未申酉戌亥	子寅辰午
九	柏	子丑辰巳亥	寅卯午未申酉戌
九	紀	寅辰巳午申酉戌	子丑未卯亥

字畫	姓氏	喜用生肖年	忌用生肖年
九	侯	午申戌	子丑寅卯辰巳未酉亥
九	咸	子寅卯巳午申戌	丑辰未酉亥
九	宦	丑卯巳午未申酉戌亥	子寅辰
九	計	子巳午申酉亥	丑寅卯辰未戌
九	姚	丑寅辰巳午未申酉亥	子卯戌

字畫	九	九	九	九	九
姓氏	柯	紅	弘	查	帥
喜用生肖年	子卯巳午未亥	寅卯辰巳午未	丑巳未酉戌	子丑寅卯辰巳午未亥	子寅辰午
忌用生肖年	丑寅辰申酉戌	子丑申酉戌亥	子寅卯辰午申亥	申酉戌	丑卯巳未申酉戌亥

字畫	九	九	九	九	九
姓氏	昝	宣	相	冠	哈
喜用生肖年	辰酉	子丑印巳午未申酉戌廳	子丑寅卯辰巳午未亥	子寅辰午	子卯巳
忌用生肖年	子丑寅卯巳午未申戌亥	寅辰	申酉戌	丑卯巳未申酉戌亥	丑寅辰午未申酉戌亥

字畫	姓氏	喜用生肖年	忌用生肖年
九	禹	子寅午辰	丑卯巳未申酉戌亥
九	韋	子卯巳午未申酉戌亥	丑寅辰
九	風	丑巳午未酉戌	子寅卯辰申亥
九	狐	子寅卯巳午戌	丑辰未申酉亥
九	柳	丑寅卯巳午未亥	子辰申酉戌

字畫	姓氏	喜用生肖年	忌用生肖年
九	皇	子寅午辰	丑卯巳未酉申戌亥
九	凃	子丑寅卯申戌亥	辰巳午未酉
九	柴	子丑寅卯辰巳午未亥	申酉戌
九	封	丑巳未申酉戌	子寅卯辰午亥
九	羿	丑寅辰巳午未申酉亥	子卯戌

字畫	姓氏	喜用生肖年	忌用生肖年
十	秦	子丑卯午未酉亥	寅辰巳申戌
十	花	子丑卯巳午未亥	寅辰申酉戌
十	馬	寅卯辰巳未申酉戌亥	子丑午
十	宮	子卯巳午未申酉亥	丑寅辰戌
十	烏	丑寅辰巳午申亥	子卯酉戌

字畫	姓氏	喜用生肖年	忌用生肖年
十	奚	子寅辰午	丑卯巳未申酉戌亥
十	孫	子寅辰申戌	丑卯巳午未酉亥
十	索	子寅卯辰巳午申酉亥	丑未亥
十	翁	丑辰巳午未申酉亥	子寅卯戌
十	家	子丑卯巳午未申酉戌亥	寅辰

字畫	十	十	十	十	十
姓氏	員	桂	祖	桑	倪
喜用生肖年	子巳午申酉亥	丑辰巳午未	子寅卯辰巳午申	子丑寅卯辰巳午未亥	午申戌
忌用生肖年	丑寅辰卯未戌	子寅卯申酉戌亥	丑未酉戌亥	申酉戌	子丑寅卯辰巳未酉亥

字畫	十	十	十	十	十
姓氏	芮	晏	宰	袁	殷
喜用生肖年	子丑卯巳午未申酉戌亥	辰酉	子丑寅卯巳午未申酉戌亥	子丑卯辰午未申酉戌	丑巳午未申酉
忌用生肖年	寅辰	子丑寅卯巳午未申戌亥	辰	寅巳亥	子寅卯辰戌亥

字畫	姓氏	喜用生肖年	忌用生肖年
十	席	子卯巳午申酉戌	丑寅辰未亥
十	夏	寅卯辰巳午未	子丑申酉戌亥
十	高	子卯巳	丑寅辰午未申酉戌亥
十	洪	子丑寅卯辰申戌亥	巳午未酉
十	耿	寅卯辰巳午未	子丑申酉戌亥
十	唐	子丑卬巳午未申酉戌亥	寅辰
十	時	酉辰	子丑寅卯巳午未申戌亥
十	凌	丑寅辰申戌亥	子卯巳午未酉
十	容	子寅卯巳午未申酉戌亥	丑辰
十	庫	子丑卯巳午未申酉戌亥	寅辰

字畫	姓氏	喜用生肖年	忌用生肖年
十	益	子寅辰午酉	丑卯巳未申戌
十	桓	子丑寅卯辰巳午未亥	申酉戌
十	祝	子卯辰巳申	丑寅午未酉戌亥
十一	張	子丑辰巳午未酉	寅卯申戌亥
十一	戚	子寅卯巳午申戌亥	丑辰未酉
十	晁	辰酉	子丑寅卯巳午未申戌亥
十	留	子丑卯巳午未酉戌亥	寅辰申
十一	胥	寅巳戌	子丑卯辰午未申亥
十一	曹	辰酉	子丑寅卯巳午未申戌亥
十一	許	寅卯辰巳午未申酉戌亥	子丑

字畫	姓氏	喜用生肖年	忌用生肖年
十一	苗	子丑卯巳午未酉戌亥	寅辰申
十一	范	子丑卯申戌亥	寅辰巳午未酉
十一	班	子寅辰午	丑卯巳未申酉戌亥
十一	浦	子丑卯申戌亥	寅辰巳午未酉
十一	梁	子丑寅卯辰申亥	巳午未酉戌

字畫	姓氏	喜用生肖年	忌用生肖年
十一	宿	子丑卯巳午未申酉戌亥	寅辰
十一	章	子卯辰巳午未申酉戌亥丑寅	巳
十一	符	午申戌	子丑寅卯辰巳未酉亥
十一	習	子丑寅辰巳午未申酉亥	卯戌
十一	扈	子丑卯巳午未申酉戌	寅辰亥

字畫	姓氏	喜用生肖年	忌用生肖年
十一	畢	子丑卯巳午未酉戌亥	寅辰申
十一	麻	子丑卯巳午未申亥	寅辰酉戌
十一	崔	丑寅巳未酉	子卯辰午申戌亥
十一	胡	寅巳戌	子丑卯辰午未申酉亥
十一	婁	子丑卯巳午未酉戌亥	寅辰申
十一	魚	巳戌	子丑寅卯辰午未申酉亥
十一	常	子寅卯辰巳午未申酉戌	丑亥
十一	康	子丑卯巳午未申酉戌亥	寅辰
十一	茅	子丑卯巳午未申酉戌亥	寅辰
十一	巢	申	子丑寅卯辰巳午未酉戌亥

姓氏	字畫	喜用生肖年	忌用生肖年
終	十一	子寅卯辰申酉戌	丑巳午未亥
那	十一	丑巳午未酉戌	子寅卯辰申亥
商	十一	子卯巳午未申酉戌	丑寅辰亥
紫	十一	子寅卯辰巳午申酉戌	丑未亥
涂	十一	子丑卯申酉戌亥	寅辰巳午未

姓氏	字畫	喜用生肖年	忌用生肖年
梅	十一	子午申	丑寅卯辰巳未申戌亥
國	十一	子卯巳午申酉戌	丑寅辰未亥
邢	十一	丑巳午未酉戌	子寅卯辰申亥
粘	十一	子丑卯午未酉亥	寅辰巳申戌
麥	十一	子丑卯午未酉亥	寅辰巳申戌

字畫	姓氏	喜用生肖年	忌用生肖年
十一	苑	子丑卯辰巳午未申酉戌亥	寅
十一	敖	丑巳午未申酉戌	子寅卯辰亥
十二	彭	子寅卯辰巳午申酉戌	丑未亥
十二	喻	子卯巳午未申酉戌亥	丑寅辰
十二	惠	寅巳戌	子丑辰午未申酉
十一	尉	丑卯巳未申酉戌亥	子寅辰午
十二	馮	寅卯辰申戌亥	子丑巳午未酉
十二	雲	子丑寅卯辰申亥	巳午未酉戌
十二	斜	子丑卯巳午未申酉戌亥	寅辰
十二	富	子丑卯巳午未酉戌亥	寅辰申

字畫	姓氏	喜用生肖年	忌用生肖年
十二	甯	子丑卯巳午未申酉亥	寅辰戌
十二	郱	寅卯巳午未	子寅丑辰申酉戌亥
十二	焦	丑辰巳午未	子卯申酉戌亥
十二	能	寅巳戌	子丑卯辰午未申酉亥
十二	茹	子丑卯巳午未申酉亥	寅辰戌
十二	郜	丑巳午未酉戌	子寅卯辰申亥
十二	荀	子丑卯巳午未申酉亥	寅辰戌
十二	堵	巳午未酉辰亥	子丑寅卯申戌
十二	屠	子丑卯巳午未申酉亥	寅辰戌
十二	喬	子卯巳申酉	丑寅辰午未戌亥

字畫	姓氏	喜用生肖年	忌用生肖年
十二	勞	寅卯巳午未	子丑辰申酉戌亥
十二	祁	巳午未酉戌	子丑寅卯辰申亥
十二	阮	子卯巳午申	丑寅辰未酉戌亥
十二	費	子巳午申酉亥	丑寅卯辰未戌
十二	項	子巳午申酉亥	丑寅卯辰未戌

字畫	姓氏	喜用生肖年	忌用生肖年
十二	景	辰酉	子丑寅卯巳午未申戌亥
十二	舒	子丑卯巳午未申酉戌亥	寅辰
十二	邵	巳午未酉	子丑寅卯辰申戌亥
十二	黃	子丑卯巳午未申酉戌亥	寅辰
十二	閔	子丑卯巳午未申酉戌亥	寅辰

字畫	姓氏	喜用生肖年	忌用生肖年
十二	賀	子巳午申酉亥	丑寅卯辰未戌
十二	盛	子寅卯巳午申戌	丑辰未酉亥
十二	邱	卯未酉	子丑寅辰巳午申戌亥
十二	程	子丑卯午未酉亥	寅辰巳申戌
十二	鈕	子丑巳申酉戌亥	寅卯辰午未
十二	單	子卯巳未酉	丑寅辰午申戌亥
十二	強	丑巳午未酉戌	子寅卯辰申亥
十二	賁	子巳午申酉	丑寅卯辰未戌亥
十二	童	子丑卯巳午未酉戌亥	寅辰申
十二	嵇	子丑午未酉亥	寅卯辰巳申戌

字畫	姓氏	喜用生肖年	忌用生肖年
十二	瘦	子丑卯巳午未申酉戌亥	寅辰
十二	越	丑辰巳午未申酉戌	子寅卯亥
十二	須	子寅辰巳午申酉	丑卯未亥戌
十二	斐	子卯寅辰巳午未申亥	丑卯酉戌
十二	傅	午申戌	子丑寅卯辰巳未酉亥
十二	訾	子巳午申酉亥	丑寅卯辰未戌
十二	曾	辰酉	子丑寅卯巳午未申戌亥
十二	辜	子卯巳午申酉戌亥	丑寅辰未
十二	荊	子丑卯巳午未申酉戌亥	寅辰
十三	楊	辰	子丑寅卯巳午未申酉戌亥

姓氏	字畫	喜用生肖年	忌用生肖年
雍	十三	丑寅巳午未申酉亥	子卯辰戌
詹	十三	子辰巳午酉戌	丑寅卯未申亥
農	十三	子巳午申酉亥	丑寅卯辰未戌
雷	十三	子丑寅戌亥	卯辰巳午未申酉
傳	十三	午申戌	子丑寅卯辰巳未酉亥
靳	十三	子寅卯辰巳午申酉戌亥	丑未
莊	十三	子丑卯辰巳午未申酉戌亥	寅
湯	十三	子辰亥	丑寅卯巳午未申酉戌
湛	十三	子丑寅卯辰申戌亥	巳午未酉
廉	十三	子丑卯巳午未申酉戌亥	寅辰

字畫	姓氏	喜用生肖年	忌用生肖年
十三	虞	子寅卯辰午未酉戌	丑辰巳卯未申亥
十三	郁	丑卯巳午未酉戌	子寅辰申亥
十三	路	子卯巳午未申酉	丑寅辰戌亥
十三	裘	子寅卯辰巳午申酉戌	丑未亥
十三	祿	子寅辰卯巳午申酉戌	丑未亥
十三	莫	子辰午	丑寅卯巳未申酉戌亥
十三	解	子丑卯巳申酉亥	寅辰午未戌
十三	賈	子巳午申酉亥	丑寅卯辰未戌
十三	經	子寅卯辰巳午申酉戌	丑未亥
十三	游	子丑寅申戌亥	卯辰巳午未酉

字畫	姓氏	喜用生肖年	忌用生肖年
十三	愛	子寅巳午戌	丑卯辰未申酉亥
十三	楚	子寅卯辰巳午申	丑未酉戌亥
十四	華	子丑卯巳午未申酉亥	寅辰戌
十四	郎	子丑巳午未酉戌	寅卯辰申亥
十四	滑	子丑寅卯辰申戌亥	巳午未酉
十三	塗	丑申酉戌	子寅卯辰巳午未亥
十三	莘	子丑巳申酉戌亥	寅卯辰午未
十四	鳳	丑巳午未申酉	子寅卯辰戌亥
十四	趙	子丑卯巳午未申酉戌亥	寅辰
十四	裴	子寅辰巳午申酉戌	丑卯未亥

字畫	姓氏	喜用生肖年	忌用生肖年
十四	甄	子丑巳午申酉戌	寅卯辰未亥
十四	郗	子寅卯辰巳午申酉戌	丑未亥
十四	郟	巳午未申酉戌	子丑寅卯辰亥
十四	翟	丑寅辰巳午未申亥	子卯酉戌
十四	壽	丑卯巳未申酉戌亥	子寅辰午

字畫	姓氏	喜用生肖年	忌用生肖年
十四	榮	寅卯辰巳午未	子丑申酉戌亥
十四	郜	子丑卯巳申酉	寅辰午未戌亥
十四	韶	酉	子丑寅卯辰巳午未申戌亥
十四	蓮	丑午戌	子寅卯辰巳未申酉亥
十四	萃	子丑卯巳午未申酉戌亥	寅辰

字畫	姓氏	喜用生肖年	忌用生肖年
十四	郤	子卯巳午未酉	丑寅辰申戌亥
十四	逢	丑巳午未酉戌	子寅卯辰申亥
十四	溫	子丑寅卯辰申戌亥	巳午未酉
十四	熊	寅卯辰巳午未	子丑申酉戌亥
十四	郝	丑巳午未酉戌	子寅卯辰申亥
十四	通	丑巳午未酉戌	子寅卯辰申亥
十四	聞	子丑卯巳午未申酉戌亥	寅辰
十四	臧	寅卯巳午未戌亥	子丑辰申酉
十四	齊	子寅辰午酉	丑卯巳未申戌亥
十四	管	子卯巳午未申酉戌亥	丑寅辰

字畫	姓氏	喜用生肖年	忌用生肖年
十四	福	子丑卯巳未酉戌亥	寅辰午申
十四	慎	寅巳戌	子丑卯辰午未申酉亥
十五	葛	子丑卯辰巳午未申酉亥	寅戌
十五	褚	子寅卯辰巳午申酉戌	丑未亥
十五	黎	子丑卯午未酉亥	寅辰巳申戌

字畫	姓氏	喜用生肖年	忌用生肖年
十四	廖	子丑卯巳午未申酉戌亥	寅辰
十四	超	子卯午未申酉戌	丑寅辰巳亥
十五	魯	辰酉	子丑寅卯巳午未申戌亥
十五	厲	子丑卯巳午未申酉戌亥	寅辰
十五	劉	子丑申酉戌亥	寅卯辰巳午未

字畫	姓氏	喜用生肖年	忌用生肖年
十五	滕	子丑寅卯辰申酉戌亥	巳午未
十五	樂	子丑寅卯辰巳午未亥	申酉戌
十五	談	卯辰巳午未	子丑寅申酉戌亥
十五	樊	子丑寅卯辰午申亥	巳未酉戌
十五	滿	子丑寅卯辰申戌亥	巳午未酉
十五	董	子丑卯巳午未申酉戌亥	寅辰
十五	葉	子丑卯辰巳午未申酉亥	寅戌
十五	郭	子辰巳未申酉戌	丑寅卯午亥
十五	萬	子丑卯巳午未申酉戌亥	寅辰
十五	廣	子丑卯巳午未申酉戌亥	寅辰

字畫	姓氏	喜用生肖年	忌用生肖年
十五	歐	子卯巳申	丑寅辰午未酉戌亥
十五	遂	丑卯巳午未酉戌	子寅辰申亥
十五	賞	子辰巳午申酉	丑寅卯未戌亥
十五	墨	丑寅辰申酉戌	子卯巳午未亥
十六	衛	午申戌	子丑寅卯辰巳未酉亥
十五	養	寅卯巳午未酉亥	子丑辰申戌
十五	鞏	子丑卯巳午未酉戌	申寅辰亥
十五	閭	子丑卯巳午未申酉戌亥	寅辰
十五	緱	子戌卯辰午申酉	丑巳未亥寅
十六	陶	子丑卯巳午未申酉戌亥	寅辰

姓氏	字畫	喜用生肖年	忌用生肖年
潘	十六	子丑寅卯辰申酉戌亥	巳午未
鮑	十六	巳戌	子丑寅卯辰午未申酉亥
鄂	十六	子卯巳午未酉	丑寅辰未戌申亥
賴	十六	子丑卯巳午申酉亥	寅辰未戌
燕	十六	卯巳午未	子丑寅辰申酉戌亥
陳	十六	子丑寅卯辰巳午未亥	申酉戌
錢	十六	子丑巳申酉戌亥	寅卯辰午未
陸	十六	丑卯巳午未申酉戌	子寅辰亥
蒲	十六	子丑卯未申酉亥	寅辰巳午未戌
蒼	十六	子丑卯巳午未申酉戌亥	寅辰

字畫	姓氏	喜用生肖年	忌用生肖年
十六	冀	子丑寅卯辰戌亥	巳午未申酉
十六	龍	子寅巳午申酉亥	丑卯辰未戌
十六	穆	子丑卯午未酉亥	寅辰申巳戌
十六	霍	子丑寅辰申亥	卯巳午未酉戌
十六	諸	子卯辰午申酉	丑寅巳未戌亥
十六	蒙	子丑卯午未申酉戌亥	寅辰巳
十六	陰	子丑卯巳午未申酉戌亥	寅辰
十六	閻	子丑卯巳午未申酉戌亥	寅辰
十六	盧	子丑寅卯午未酉戌亥	申巳辰
十六	駱	寅卯辰巳未申酉戌亥	子丑午

字畫	姓氏	喜用生肖年	忌用生肖年
十六	蒯	子丑卯巳午未申酉亥	寅辰戌
十六	融	丑卯巳午未酉戌	子寅辰申亥
十七	謝	子丑卯巳午申酉亥	寅辰未戌
十七	蓬	子丑卯巳午未申酉戌	寅辰亥
十七	蔣	子辰巳午申	丑寅卯未酉戌亥

字畫	姓氏	喜用生肖年	忌用生肖年
十六	衡	午	子丑寅卯辰巳未申酉戌亥
十六	都	丑辰巳午未酉	子寅卯申戌亥
十六	蓋	子丑卯巳午未申酉戌亥	寅辰
十七	鄒	子丑卯巳午未申酉戌	寅辰亥
十七	慕	丑卯巳午未申酉亥	子寅辰戌

字畫	姓氏	喜用生肖年	忌用生肖年
十七	鄖	丑巳午未申酉	子卯辰戌亥
十七	繆	子寅辰巳午申酉戌	丑卯未亥
十七	蔚	丑卯巳午未申酉戌亥	子寅辰
十七	鞠	子丑卯午未酉亥	寅辰巳申戌
十七	澤	寅申辰戌亥	子丑卯巳午未酉
十七	應	丑巳午未申戌亥	子寅卯辰酉
十七	蔡	子丑卯巳午未申酉戌亥	寅辰
十七	隆	子卯巳申酉亥	丑寅辰午未戌
十七	遠	子丑辰巳午未申酉戌	寅亥卯
十七	鴻	丑寅辰申亥	子卯巳午未酉戌

姓氏	字畫	喜用生肖年	忌用生肖年
齋	十七	子寅辰巳午	丑卯未申酉戌亥
鍊	十七	子丑巳申酉戌亥	寅卯辰午未
館	十七	子卯巳未申酉戌亥	寅辰丑午
陽	十七	辰酉	子丑寅卯巳未申戌亥
隗	十八	子丑卯巳午未酉戌亥	寅辰申
嶺	十七	寅卯未酉	子丑辰巳午未申戌亥
階	十七	子卯巳申酉戌亥	丑寅辰午未
韓	十七	子卯辰巳午未申酉亥	丑寅戌
魏	十八	子丑卯巳午未酉亥	寅辰申戌
濮	十八	子丑寅辰申戌亥	卯巳午未酉

字畫	姓氏	喜用生肖年	忌用生肖年
十八	瞿	丑寅辰巳午未申酉亥	子卯戌
十八	雙	丑寅辰巳午未申亥	子卯酉戌
十八	顏	子寅卯辰巳午申酉	丑未戌亥
十八	豐	子丑卯午未酉亥	寅辰巳申戌
十八	鄺	丑巳午未酉戌	子寅卯辰申亥
十八	璩	子寅辰午申戌	丑卯巳未酉亥
十八	戴	子丑辰巳午未酉	寅卯申戌亥
十八	蕭	子丑卯辰巳午未申酉戌亥	寅
十八	闕	子丑卯巳午未申酉戌亥	寅辰
十八	龐	子巳午申酉亥	丑寅卯辰未戌

字畫	姓氏	喜用生肖年	忌用生肖年
十八	叢	子寅辰午酉	丑卯巳未申戌亥
十八	歸	子卯巳午未申酉戌	丑寅辰亥
十八	濟	子丑寅卯辰申戌亥	巳午未酉
十九	鄭	丑辰巳午未申酉	子寅卯戌亥
十九	麴	子丑卯午未酉亥	寅辰巳申戌
十八	蕉	子辰巳丑午未申亥	寅卯酉戌
十八	鎗	子丑巳申酉戌亥	寅卯辰午未
十八	儲	午申戌	子丑寅卯辰巳未酉亥
十九	薄	子丑卯巳未申酉戌亥	寅辰午
十九	薊	巳戌	子丑寅卯辰午未申酉亥

字畫	姓氏	喜用生肖年	忌用生肖年
十九	譚	子丑巳午申酉亥	寅卯辰未戌
十九	譙	子辰巳午申亥	丑寅卯未酉戌
十九	遲	丑巳午未酉戌	子寅卯辰申亥
十九	遼	丑巳午未酉戌	子寅卯辰申亥
十九	鏡	子丑巳申酉戌亥	寅卯辰午未
十九	龐	子巳午申酉亥	丑寅卯辰未戌
十九	薛	子丑卯巳午未申酉戌亥	寅辰
十九	關	子丑卯巳午未申酉戌亥	寅辰
十九	類	子午寅亥	丑寅卯辰巳未申戌
十九	蟻	卯巳午未酉	子丑寅辰申戌亥

字畫	姓氏	喜用生肖年	忌用生肖年
十九	鄧	子丑午未酉	寅卯辰巳申戌亥
二十	嚴	子卯巳申亥	丑寅辰午未酉戌
二十	懷	寅巳戌	子丑卯辰午未申酉亥
二十	黨	子寅卯辰午申酉	丑巳未戌亥
二十	藍	子丑卯巳午未申酉亥	寅辰戌
二十	竇	子丑卯巳午未申酉戌亥	寅辰
二十	籍	寅卯辰巳午未申酉戌亥	子丑
二十	藺	子丑卯巳午未申酉戌亥	寅辰
二十	羅	子丑寅辰巳午申酉	卯未戌亥
二十	鐘	子丑巳申酉戌亥	寅卯辰午未

字畫	姓氏	喜用生肖年	忌用生肖年
二十	闞	子丑卯巳午未申酉戌亥	寅辰
二十	騰	寅卯辰巳未申酉戌亥	子丑午
二十	鐔	子丑申酉戌亥	寅卯辰巳午未
二十	邁	子丑卯巳午未酉戌	寅辰申亥
二十一	顧	子丑巳午申酉亥	寅卯辰未戌
二十	釋	子寅卯辰巳午申酉戌	丑未亥
二十	寶	子丑卯巳午未申酉戌亥	寅辰
二十	藏	子丑卯巳午未申酉戌亥	寅辰
二十	薩	子丑卯巳午未申酉戌亥	寅辰
二十一	饒	子寅辰午戌	丑卯巳未申酉亥

字畫	姓氏	喜用生肖年	忌用生肖年
二十一	巍	寅卯未酉	子丑辰巳午申戌亥
二十一	鶴	丑寅辰巳午未申亥	子卯酉戌
二十一	露	子丑寅辰申亥	卯巳午未酉戌
二十一	藥	子丑寅卯辰巳午未亥	申酉戌
二十二	龔	子巳午申酉亥	丑寅卯辰未戌
二十一	鐵	子丑申酉戌亥	寅卯辰巳午未
二十一	櫻	子丑寅卯辰巳午未	申酉戌
二十一	藩	子丑卯巳午未申酉戌亥	寅辰
二十二	蘇	子丑卯巳午未酉亥	寅辰申戌
二十二	權	子丑寅卯辰午未亥	申酉戌

字畫	姓氏	喜用生肖年	忌用生肖年
二十二	邊	丑巳午未酉戌	子卯寅辰申亥
二十二	鑑	子丑巳申酉戌亥	寅卯亥午未
二十二	灌	子丑寅卯巳申酉亥	辰午未戌
二十三	欒	子寅卯辰巳午未亥	丑申酉戌
二十三	巖	子寅卯未酉	丑辰巳午申戌亥

字畫	姓氏	喜用生肖年	忌用生肖年
二十二	襲	子巳午申酉亥	丑寅卯辰未戌
二十二	欉	寅卯巳午未亥	子丑辰申酉戌
二十二	酈	子丑卯巳午未酉戌	寅辰申亥
二十三	蘭	子丑卯巳午未申酉戌亥	寅辰
二十三	顯	子巳午申酉亥	丑寅卯辰未戌

本書參考書目

1. 姓名學之奧秘　白惠文編著
2. 命名學規範　朱勝華編著
3. 姓名學精粹　甘政弘編著
4. 富貴倉頡生肖姓名學　陳思茜、沉建宏編著
5. 甲子生肖姓名學　鄭宇寰編著

國家圖書館出版品預行編目(CIP)資料

簡單易學三合一姓名學 / 李國山著.
——第一版——臺北市：知青頻道出版；
紅螞蟻圖書發行，2011.7
面 ； 公分——(Easy Quick ; 113)
ISBN 978-986-6276-91-0（平裝）

1.姓名學

293.3 100011341

Easy Quick 113
簡單易學三合一姓名學
作　　者／李國山
美術構成／Chris' office
校　　對／楊安妮、周英嬌、李國山
發 行 人／賴秀珍
總 編 輯／何南輝
出　　版／知青頻道出版有限公司
發　　行／紅螞蟻圖書有限公司
地　　址／台北市內湖區舊宗路二段121巷19號（紅螞蟻資訊大樓）
網　　站／www.e-redant.com
郵撥帳號／1604621-1 紅螞蟻圖書有限公司
電　　話／(02)2795-3656（代表號）
傳　　真／(02)2795-4100
登 記 證／局版北市業字第796號
法律顧問／許晏賓律師
印 刷 廠／卡樂彩色製版印刷有限公司
出版日期／2011年 9月 第一版第一刷
2023年11月 第三刷（500本）

定價 360 元　港幣 120 元

ISBN 978-986-6276-91-0　　Printed in Taiwan